U0051657

卡內基成功學經典

人性的弱點

附全文配樂
朗讀線上音檔

扭轉人生的勵志聖經，影響全球三億讀者！

How to Win Friends & Influence People

戴爾・卡內基——著
盛世教育——譯

Dale Carnegie

笛藤出版

前　言

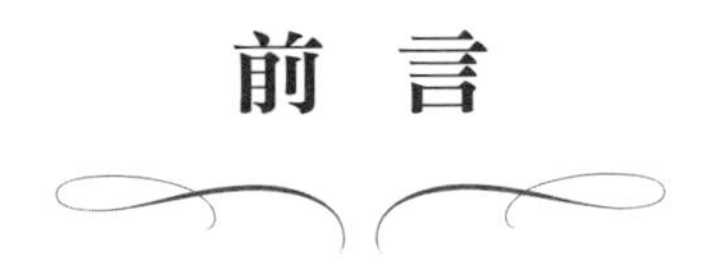

戴爾・卡內基（Dale Carnegie 1888-195）畢生致力於人性的研究，活用心理學與社會學理論，開創出獨樹一格的成人教育系統，激勵無數人邁向成功、獲得幸福。其暢銷著作有 「人性的弱點」、「人性的優點」、「人性的光輝」、「美好的人生」、「語言的突破」…等。

本社特別精選其中最經典的兩本代表作「人性的弱點」、「人性的優點」作為「卡內基成功學經典」系列出版。本書即為兩本書中的「人性的弱點」一書。「人性的弱點」是卡內基花費多年時間與心血所著作而成的一本「人際關係指導行動手冊」。書中揭示人性的共通點，並教導人們正確成熟的應對方法。卡內基強調掌握為人處事的技巧就能受人歡迎、感到幸福並肯定自已存在的價值，進而邁向成功！美國實業家，標準石油創辦人一約翰・洛克菲勒曾說：『處理人際關係的能力，同樣是一種能夠購買的商品，和糖、咖啡並沒有什麼不同。我願意購買這種能力，為它付出比這世界上任何東西都更為高昂的代價。』足見邁向成功人生，人際關係與溝通能力的重要性。

成功學大師卡內基在本書中，親授人際關係＆溝通技巧必修6堂課：

PART 1　與人相處的技巧

PART 2　讓人喜歡你的6種方法

PART 3　如何贏得別人的認同

PART 4　做一個有智慧的領導者

PART 5　創造奇蹟的信件

PART 6　構築幸福婚姻的7種訣竅

另外，書末專欄特別精選中英對照佳句，睿智的雋永話語，盡是人生經驗的珍貴累積，值得一再省思，深印您心。這本勵志聖經一生必讀，它將帶領您克服人性的弱點、扭轉人生，讓您圓融處世、邁向成功！

卡內基成功學經典導讀

由卡內基開創並倡導的個人成功學，
已經成爲這個時代有志青年邁向成功的階梯，
透過他的傳播和教導，無數人明白了積極生活的意義，
並因此改變他們的命運。卡內基留給我們的不僅僅是
幾本書和一所學校，其眞正價值是他把個人成功
的技巧傳授給了每一個嚮往成功的年輕人。
——約翰·甘迺迪

戴爾·卡內基，美國著名的演講口才藝術家，被譽為美國現代成人教育之父、人性教父、人性關係學鼻祖，20世紀最偉大的成功學大師。

現在世界上每天都有很多人在認真探討卡內基的教學課程，但他們也應該明白，卡內基自己的經歷就是一部活生生的教材。

1888年，卡內基出生於美國密蘇里州一個貧窮的農民家裡。他天性憂鬱。小時候他又寬又大的耳朵是同學嘲弄的對象，稍大以後他更加胡思亂想，想自己的衣著、舉止會不會被女孩子取笑，擔心沒有女孩子願意嫁給他……

成功的契機來自卡內基大學期間參加的演講比賽。高中畢業後，他就讀於密蘇里州華倫斯堡州立師範學校。為了出人頭地，他去參加演講比賽。但他沒有演說天賦，參加了12次比賽，都未勝出。卡內基後來回憶說：「當時我的確想過自殺……我那時才認識到自己是很差勁的……」歷經失敗後，卡內基奮發振作，重新挑戰自我。第二年，他獲勝了，這次獲勝不僅使他成為全院的風雲人物，還為他帶來前所未有的自信，「我雖然歷經了12次失敗，但最後終於贏得了辯論比賽。更讓我激勵的是，我訓練出來的男學生贏了公眾演說賽。女學生也獲得了朗讀比賽的冠軍。從那一天起，我就知道我該走怎樣的路了……」

然而，成功並未接踵而來，他之後又當過教師、推銷員和演員。這些工作都不合他的理想。他決心白天寫書，晚間去夜校教書，為商業界人士開設一個公開演講班，把自己在演講、人性方面的研究傳授給需要的人們，從而開始他為之奮鬥一生的事業。

卡內基的成功學研究讓他走向了成功，他也幫助了無數陷入迷惘者，鼓起他們的鬥志，激勵他們取得輝煌的成功。他運用心理學和社會學知識，對人類共同心理特點進行探索和分析，開創並發展出一套獨特且融演講、推銷、為人處事、智能開發於一體的成人教育方式。在他的作品中，「人性的弱點」和「人性的優點」是具有代表性的兩部巨著。

「人性的弱點」於1936年出版後，七十多年來暢銷不衰，被西方世界視為社交技巧聖經之一。本書透過展示許多人的真實經歷來傳達人生的智慧，如同一位閱讀豐厚的長者在訴說人生，娓娓道來，令人樂在其中、茅塞頓開。「人性的優點」主要講的是如何克服憂慮，也是一本記錄成千上萬人如何擺脫心理問題走向成功的實例匯集。該書一經出版，便在全球暢銷不衰，被譽為「克服憂慮狀態獲得成功的必讀書」、「世界勵志聖經」。

這些書的內容不是說教，也不是佈道，只是展示一個個不同的情境，它沒有強迫我們接受某種觀點，而是引領我們看到人性的弱點和優點，讓我們思考在各種情境下如何做才是最恰當的，透過這種方式，我們的品格將日臻完善。

人最大的敵人永遠是自己，人格魅力與良好的品性向來攜手而行。卓越之人一定有其人格的閃光處，正是這閃光處，讓其擺脫平庸，卓爾不凡。改善品性是一門藝術，而不是一門技術。品性的改善沒有捷徑，他人的人生感悟無法直接複製。我們需要自己去經歷，去體悟，久而久之，人性才會慢慢得到改善。讀一讀卡內基，看看這個曾經缺乏自信，被各種莫名其妙的憂慮纏繞的小伙子，是如何體味人生，最終成為給別人自信、讓人樂觀的心理激勵大師，相信會給你不同的啟發。

目錄

CONTENTS

【配樂朗讀MP3音檔請至連結下載】

https://bit.ly/deetenbd

※請注意英數字母大小寫區別

■MP3中文發聲|常青

此書的寫作過程與初衷

在20世紀的前35年裡，有20多萬部各種不同的圖書在美國出版商的手中面世，其中大部分枯燥乏味，還有很多血本無歸。「很多」，確實如此。前段時間，有一位足以列入世界第一流出版公司的負責人，對我坦白地承認，雖然他的公司在出版行業已經擁有75年的經驗，可是他們每出版8本書，仍舊有7本無法收回成本。

既然如此，我為什麼還要冒險來寫這本書呢？而且在我寫完它之後，你又為什麼要費心費力地去讀它呢？

這兩個問題都非常值得重視。下面我將盡力給出回答。

從1912年開始，我就在紐約為商界以及其他職業的男性和女性開設了一系列教育課程。最初的授課內容僅限於公眾演講。設立這一課程的初衷，是透過對實際經驗的運用來訓練成年人，使他們無論是在商業洽談還是公眾場合都能夠鎮靜自若，進而更清楚、更有效、更沉著地闡述自己的觀點。然而，經過幾季培訓之後，我漸漸意識到，這些成年人固然極其需要卓有成效的口才訓練，但他們更加需要日常商務以及社交中與人相處的技巧訓練。與此同時，我也逐漸認識到，我自己也迫切需要這種訓練。如今每當我再次回想起那時的情形，都會為自己當年貧乏的策略性與領會力而深感不安。如果20年前我手中有這樣一本書，那將是何等珍貴的一件寶物啊！如何與人相處或許是你所面臨的最大難題，倘若你還是個商人，那這個問題就更加重要了。當然，即使你是一位家庭主婦、建築師，或是工程師，情況也是相同的。幾年前，卡內基基金會曾經資助一個旨在提高教學的調查研究計畫，該計畫得出一個重要發現——這個發現後來又被卡內基技術研究院其他的研究所證實。調查所得的資料顯示，即使是在工程技術領域，一個人在經濟上取得的成功，也僅有15%真正出於他本人的知識和技術，而另外85%則都要歸功於「人性工程」的技巧，也就是他的人格魅力和領導才能。多年以來，我每個季度都會在費城的工程師協會開設課程，同時也為美國電機工程協會紐約分會舉辦講座。前後大約有1500名以上的工程師曾經學習過我所開設的課程。他們之所以來聽我的課，是因為經過多年的觀察和實際經歷，他們終於發現，那些薪水最高的工程師，往往並不是工程學識最為豐富的人。舉個簡單的例子，我們可以用名義性的薪酬雇用到具備工程、會計、建築或是其他專業技術的各種人才——市場上是永遠不會缺少專業人員的。但是如果有不僅精通技術，還善於表達自己的觀點和看法，具備領袖才能、能夠激發他人熱情的全能型人才，他自然值得更高的酬勞。約翰・洛克菲勒在他事業的巔峰時期，曾經說過這樣的話：「處理人際關係的能力，同樣是一種能夠購買的商品，和糖、咖啡並沒什麼不同。」他還說道：「我願意購買這種能力，為它付出比這世界上任何東西都更為高昂的代價。」

難道你不覺得世界上的每一所大學都應該開設專門的課程，來發展這種陽光下最具價值的能力嗎？然而，非常遺憾的是，據我所知，目前還沒有一所大學開設過一門此類實用且需求廣大的重要課程。芝加哥大學和青年會聯合學校曾經為確定成年人究竟想要學習哪些東西共同發起了一項調查。這項研究耗資高達25000美元，持續時間長達兩年。最後一部分調查是在康乃狄克州的米利頓舉行的。米利頓堪稱美國市鎮的典型代表，鎮上的每一位成年人都接受了訪問，在調查中他們需要回答156個問題。被問到的問題有「請問你的職業是什麼？你的受教育程度如何？你的閒暇時間如何度過？你的薪酬有多少？你有哪些愛好？志向是什麼？你有什麼需要解決的問題嗎？你最感興趣的學科是哪一個？」……諸如此類。此項調查的結果顯示，人們最為關注的事情是健康，而高居第二位的是人，是關於如何瞭解別人，如何與人相處，如何讓周圍的人喜歡你，以及如何讓他人認同你的想法等這些方面的問題。

於是，主持該項調查的委員會就決定為米利頓鎮的成人們開設這麼一門課程。他們堅持不懈地努力，想要找一本這方面的實用教材，然而始終一無所獲。最終，他們求教於一位享譽世界的成人教育權威，問他是否知道有哪本書可以滿足成年人的這些訴求。「沒有，」那位專家坦率地回答，「我的確知道那些成人究竟想要什麼，但是，能夠滿足他們需求的那類書，迄今為止還從未有人寫過。」

根據我自己的經驗，這位教育專家的話確是事實，因為我本人也花費了多年時間，希望找到一本可以操作、實用有效的人際關係手冊。

既然類似的書籍目前還未問世，我就試著自己寫了一本在我講習班的課程中使用的書，也就是你手中的這本書。我衷心地希望你能喜歡它。

為撰寫這本書做準備，我認真閱讀了我能找到的、與之相關的所有資料。包括報紙上的專欄、雜誌中的文章、家庭法庭的記錄，以及哲學家和心理學家的多種知名著述。此外，我還雇用了一位訓練有素的人專門負責這方面的研究和探索。他前後花費了一年半的時間，在各個不同的圖書館裡查閱我所遺漏的每一點線索，細細梳理卷帙浩繁的心理學集，悉心查找可稱數不勝數的雜誌文章，在無數名人傳記中上下求索，意圖探知各個時代的偉人是如何處理人際關係的。我們讀遍名人傳記，研究了從朱利斯·凱薩到湯瑪斯·愛迪生各時代全部偉人的生平紀事。現在回想起來，僅希歐多爾·羅斯福一人的傳記，我們就翻閱過100多本。我們下定決心，毫不吝惜時間和金錢，在古往今來各個時代中，任何一個人用過的任何一種方法，只要是有關如何贏得友誼和影響他人的切實有效意見，我們都一條不漏地找出來。

我還曾親身拜訪過數十位成功人士，其中有些人已經聞名世界——發明家如馬可尼和愛迪生；政治領袖如富蘭克林·羅斯福和詹姆斯·弗雷；商界精英如歐文·楊；影視明星如克拉克·蓋博和瑪麗·畢克馥；探險家如馬丁·詹森等等——盡可能地從與這些人的接觸中，探知他們所秉持的為人處世之道。

根據上述這些資料，我撰寫了一篇簡短的講稿，並將它命名為「如何贏得朋友和影響他人」。剛剛我說它短，起初這篇文章的確很短，但我很快擴展了它的內容，如今它已經是一篇長達1小時30分鐘的長篇演講稿了。多年以來，我每個季度都會在紐約「卡內基研究院」的課程中，為成年學員們發表這篇演講。

我向成年人演講，同時也鼓勵他們勇敢地走出去，在各自的工作和社交中實踐我所講的內容，然後回到課堂上來，說出自己的親身經歷和所取得的成就。這是一項多麼有趣的課題啊！那些渴望自我改善的男女學員們，為這個前所未有的全新實驗室深深著迷——這是有史以來第一個，也是唯一一個為成年人開設的、用於人際關係研究的實驗室。

本書的寫作過程同樣與眾不同，它並非如普通書籍那樣產生於辭彙的積累，而是像一個孩子一般逐漸成長起來。它吸納了成百上千人的實踐經驗，從嶄新的人際關係實驗室中生長發育、逐漸擴充而成的。

在多年前的起步階段，我們只是把一系列的規則印在一張明信片大小的卡片上；一個季度以後，我們就需要一張比較大的卡片來印刷；隨後發展成一本小冊子，再往後就形成了一套小書。在每一次改進中，它的篇幅和內容都進行了擴大和充實。直到今天，經過15年試驗與研究的積累，終於寫成了你手中的這本書。

書中提到的種種規則，決不是單純的理論或憑空臆測，它們就像魔法那樣神奇有效。或許聽起來覺得難以置信，可是我的確親眼見證，許多人正是由於應用了這些規律和原則，而使自己的生活發生了巨大的變化。

這裡就有一個現成的例子：有一次，一位擁有314名員工的老闆，參加了一期講習班的培訓。這個人多年以來，一直不加節制且毫無顧忌地驅使、批評和苛責手下的員工們，至於親切、讚賞和鼓勵的辭彙，從來沒有在他的話中出現過。在他學習完這部書中討論過的各項原則之後，這位冷面老闆的人生觀有了極大的轉變。今天，他的企業中洋溢著前所未有的忠誠、熱忱和團隊合作的精神；曾經的314個「仇敵」，變成了314個「朋友」。這位老闆在一次課堂演講中不無得意地說道：「以前我到公司裡視察的時候，根本沒有人理睬我，那些員工一看見我走近，馬上就把臉轉到另外一邊去了。可是如今他們都成了我的朋友，甚至就連外面守門的警衛，都喊著我的名字和我打招呼！」

現在，這位老闆有了更多的利潤、更多的閒暇，而更為重要的是，他在生意上和家庭中獲得了遠勝從前的快樂和幸福。

還有數不清的推銷員，由於運用了課上所講的規律，使他們的銷售額大幅提高。他們之中的許多人都拓展了自己的客戶網路，而那些新客戶大多都是他們過去根本不可能找到的。公司的經理和主管們，通過實踐這些原則，不僅得到了晉升，還提高了薪水。一位公司主管人員回饋說，正是由於應用了所學的各項規則，他的薪酬大幅增加。還有一位費城煤氣公司的經理，因衝動好鬥和領導無方而備受譴責，在65歲時面臨降職的危機。可是，通過參加課程的訓練，他不僅免除了降職的厄運，還獲得了晉升，薪水也隨之增加了。

還有無數次，在課程結束後所舉辦的宴會上，那些妻子或丈夫紛紛對我說，自從她（他）們的另一半參加了這項課程之後，就連家庭也變得更加美滿、快樂了。

人們往往會驚訝於自己所取得的新成就，甚至認為一切就像魔法那樣神奇。有時候他們會對自己的成績感到異常興奮，甚至在星期天就打電話給我，因為等到講習班正常上課還要48小時，而他們已經等不及了。

有一名學員曾經直到深夜還在與其他學員一起激動地討論課上所學的原則。當眾人散去時已經是淩晨3點鐘了，這名學員一方面震驚於自己的失誤，另一方面也振奮於眼前美好、充實的新天地，這使他久久難以入睡，甚至直到第二天、第三天，他依舊因為亢奮的心情而無法入眠。

這名學員是誰呢？他是那種未經世事、缺乏教育，以至於接觸一點新事物就興奮得不能自已的人嗎？不，與此完全相反。他是一位久經世故的藝術商人，社會交際面很廣，能夠流利地用3種外語交談，還擁有歐洲兩所大學的學位。

在本章的寫作期間，我正好接到了一封以前班上學員的來信。這名學員出生於德國的貴族世家，他的祖先曾世代服務於霍亨索倫王室，在軍隊擔任重要職務。來信是在一艘橫渡大西洋的渡輪上寫成的，在信中他幾乎懷著一種宗教般的虔誠和我談了自己實踐所學各項原則的情況。另外一名學員是個地道的紐約人，畢業於哈佛大學，目前是一家大型毛毯生產廠家的老闆，生活非常富有。他自己評價說，在我課堂上接受訓練的14周時間裡他所學到的影響他人的藝術，比他在大學4年裡所學到的東西還要多。這聽起來很荒謬嗎？可笑嗎？難以置信嗎？當然，你完全可以拒絕相信這些話，我只是將一位保守而且成就卓著的哈佛成功畢業生所說的話，原封不動、不加任何評論地轉述出來。下文所引用的正是這位知名人士1933年2月23日（星期四）晚上，在紐約雅爾俱樂部一次大約有600名聽眾的公開演講中的一段：哈佛大學一位著名教授威廉·詹姆斯曾經這樣說道：「與那些本來所能取得的成就相比，我們只能算是朦朧半醒的狀態罷了，我們僅僅利用了自己身心資源中很小的一部分。說得更清楚些，人類不過是生活在一片自我設限的狹小天地之中。人本來擁有各方面的潛能，卻往往安於現狀，『習慣性地』不去開發和利用。」本來擁有的、卻因為「習慣」不曾開發和利用的潛能！寫作本書的唯一目的，就是幫助你發現它、拓展它、利用它——那些是潛藏在你身心之中卻又未曾利用的珍貴財富！

前普林斯頓大學校長約翰·希本教授曾經說過：「教育是能夠應對生活中各種問題的關鍵能力。」

如果你讀完了這本書的前3章，依舊感覺難以應對生活中的各種狀況，或者說事情還是沒有一點好轉，那麼我認為，至少對你來說，這本書是一個完完全全的失敗！原因正如赫伯特．斯賓塞所說的：「教育的最大目的，不是尋求知識，而是實際的行動。」

這就是一本用來指導行動的書。

戴爾．卡內基 1936

9點建議——如何從本書中獲取最大益處

1 如果你想從這本書中獲取盡可能多的益處，有一個必不可少的基本條件，一個遠比任何原則或技術都更為重要的條件。如果你不曾具備這項基本條件，那麼，就算你通曉成百上千條學習法則也無濟於事。反之，如果你確實具有這種天賦的才智，你就能輕鬆創造奇蹟，而不必參考任何從書本得來的、所謂能使你受益最多的種種建議。

這個神奇的條件是什麼？其實很簡單，就是那種深入學習的迫切慾望，那種提高自己為人處世能力的強烈決心。

那麼，怎樣才能培養這樣的慾望和衝動呢？堅持不斷地提醒自己，時刻牢記這些原則對你有多麼重要。你可以在腦海中描繪這樣的圖景——如果能夠把書中所述的原則運用自如，你的生活將會更加充實完滿、更加幸福快樂、更加多彩多姿。你要一遍又一遍地對自己說：「我之所以能夠受人歡迎，生活快樂幸福，感到自己存在的價值，在很大程度上都是由於我掌握了為人處世的技巧。」

2 首先快速閱讀每一章，對它所講的內容有一個大致的把握。這

時你可能會急於去看下一章，但是，我希望你不要這樣做——除非你閱讀這本書僅僅是為了消遣。如果你是為了增進自己處理人際關係的技巧而進行閱讀，那麼你應當回過頭去，把方才看過的內容重新詳細研讀。因為從長遠來看，這才是既節省時間又卓有成效的好辦法。

3 在你閱讀的過程中，不妨不時地停頓一下，將自己讀過的內容仔細思索一番，在心裡問問自己——應當在何時何地、又該如何運用書中提到的每一項建議。

4 **閱讀這本書時，手邊最好準備上一支色筆、鉛筆、鋼筆、魔術筆、螢光筆或是別的可以做記號的東西——每當你看到一項你認為可以應用的建議時，就在旁邊劃上一條線。如果那是一項非常好的建議，就在句子下面劃一道線或是打上一排星號加以突出。在書上加記號和劃線是一種很好的方法，它不僅使你的學習更有趣味，日後溫習也將更加快速，你從閱讀中得益也更多。**

5 我認識一位女士，她在一家頗具規模的保險公司中擔任經理職務已有15年之久。她每個月都要把公司當月簽訂的保險合同全部翻看一遍。是的，她就這樣月復一月、年復一年地查閱保險合同，其中甚至有許多都是完全相同的。她為什麼會這麼做呢？因為經驗告訴她，只有這樣才能把所有保險條款都清晰地記在腦海裡，無論何時都不會忘記。

我曾經用將近兩年的時間，寫成了一部關於當眾演講的書稿。但是我發現自己必須反覆地重讀，才能記住那本書中究竟都寫了些什麼。我們遺忘的速度真是太過驚人了！

因此，如果你確實想要從這本書中獲得真實而持久的效益，就絕對不能天真地認為，只是把它浮光掠影地看過一遍就能夠起作用了。在把這本書詳細地通讀過後，你還應該每個月抽出若干個小時加以溫習。要把這本書放在你的書桌上，每天對著它，不時地翻看。要不斷地提醒自己，你的身心之中還潛藏著可供自我成就、豐富的可能性。不要忘記，只有經過持久和深切的溫習和應用，你才能夠習慣性地使用這些原則。除此之外再也沒有別的辦法了。

6 蕭伯納曾經說過：「如果你想教一個人去做某件事，那他永遠也學不會。」蕭伯納說得很對。**學習是一個積極主動的過程。其實我們總是在實踐中學習。所以，如果你想掌握在這本書中讀到的各項原則，那你就必須去做點什麼。也就是說，只要有機會就要把這些原則運用到實踐當中**。否則，你很快會將那些紙上談兵的東西忘得一乾二淨。只有切身運用過的知識才能深深印在你腦海裡。

或許你覺得要時刻牢記這些原則並加以應用非常困難。我能夠理解這樣的感覺，因為雖然本書出自我的手筆，但我也常常感到，要把我主張的每一項原則都加以實施實在不是件容易的事。所以當你閱讀時，有一點不要忘記，你不僅是透過閱讀獲得書中的知識，更要試圖培養一種新習慣。事實上，你是在嘗試一種全新的生活方式，而這無疑需要時間和毅力，以及每天堅持不懈的親身實踐。

因此你要經常翻閱這本書，把它看作一本指導你如何溝通人際關係的實用手冊。當你碰到困難時，一定不能放任自己的情緒，而要克制住衝動的感情。衝動往往招致錯誤。相反，你可以回憶這本書中那些你劃過標記的段落，並試著用這些新方法來解決問題，你將會看到它們奇蹟般的效果。

7 你可以做這樣的嘗試：當你的配偶、子女或是同事，發現你違反了書中的某項原則時，你不妨付給他們5塊或是10塊錢，作為對自己的罰款。這將使練習掌握這些規則成為一個輕鬆有趣的遊戲。

8 華爾街一家重要銀行的董事長曾在我的班上發表過一次演講，介紹他是如何自我激勵的。他接受的正規教育很少，但他現在是美國最重要的金融家之一。他認為，自己之所以成功，大部分應該歸功於經常自我克制。下面就是他的做法，我憑記憶用他的話敘述如下：「我這些年一直保存著一本約會小冊子，上面記錄了我所有的約會。我的家人從不會在週六晚上給我安排活動，因為他們知道我會在每週六晚上進行自省。晚飯後，我一個人待在房間裡，翻開我的約會簿，回想這一周所有的會談、討論及集會。我會問自己：『我做錯了什麼？』『我哪些做的是對的？怎樣才能有所改進？』『從這些經驗中我能獲得什麼教訓？』

「我發現，這種每週的自我反省常常讓我很不愉快。我對自己的錯誤常常感到痛心。但是幾年之後，這些錯誤少多了。現在，我在這種自省之後，有時會感到極大的寬慰。這樣長期堅持下來，這種自我分析、自我教育的方法，比我所用過的任何方法都更有效。」

「這種方法幫助我增強了決斷能力——對我的為人處世也有很大的幫助。我非常樂意推薦這種方法。」

那麼我們為什麼不用與這位銀行家類似的方法，來檢驗自己對本書所述規則的應用情況呢？如果你這麼做了，將會出現兩種結果：

第一，你會認識到自己正在接受一項有趣而又寶貴的教育過程。

第二，你會發現自己為人處世、待人接物的能力有了極大的提升。

9 記日記——你不妨把自己實踐本書介紹的原則後所取得的勝利成果記錄下來。你應當把包括日期、對方姓名和實踐效果在內的各項資訊都盡可能記載得清楚詳盡。堅持做類似的記錄可以激勵你更加努力。而當你在若干年後的某個晚上翻看這些東西時，將會感到多麼有趣啊！

為了讓你從這本書中獲得盡可能多的益處，你應當做到：

（1）培養自己強烈而深刻想要掌握人際關係處理原則的慾望。

（2）在你要進入下一章之前，先把當前這一章再仔細地讀兩遍。

（3）在閱讀時，要不時停下來問一問自己，如何才能將這本書中的每項建議都付諸實施。

（4）在每個有重要意義的觀點旁邊劃上標記。

（5）每個月都要溫習這本書。

（6）抓住每個可能的機會實踐書中介紹的這些原則，把這本書當作能夠幫你解決日常生活中所遇問題的工作手冊。

（7）當你的朋友抓住你違反了書中的某項原則時，給他或她5塊或10塊錢。把你的學習變成一項輕鬆有趣的遊戲。

（8）每星期自省一次，檢查自己是否有所進步。問問你自己又犯了哪些錯誤，有什麼改進，汲取了哪些教訓，將來應該如何去做。

（9）不妨在本書的後面做下筆記，寫明你是在何時，又是怎樣運用書中提到的原則的。

PART 1

與人相處的技巧

Fundamental Techniques in Handling People

1
如欲採蜜，勿蹴蜂房

30年前我就已經認識到，責備他人是件愚蠢的事。
我不會去抱怨上帝沒能把天賦和智慧平均分配，
因爲光是克服自己的缺陷就已經夠我忙的了。
——約翰·華納梅格

在1931年5月7日，紐約市上演了一場前所未有、駭人聽聞的圍捕格鬥！經過幾個星期的調查搜索，這名煙酒不沾、有「雙槍手」之稱的殺手克勞雷，在西末街——他情人的公寓裡落入了警方的重重包圍。共有多達150名的員警和偵探參與了圍捕克勞雷的行動，把他死死地困在了公寓頂層的藏身處。警方在公寓的屋頂上鑿了個洞，試圖用催淚瓦斯迫使這個「殺害員警的兇手」克勞雷出來。隨後員警們在四周的建築物上架設了多挺機槍。在一個多小時的時間裡，這個紐約市原本最為優美寧靜的住宅社區中，一陣陣驚心刺耳的機槍、手槍聲響成一片。克勞雷藏身在一張堆滿雜物的椅子後面，接連不斷地向警方開火射擊。周圍有成千上萬的人，懷著激動而興奮的心情，觀看這場驚心動魄的警匪槍戰。人們還不曾在紐約的人行道上目睹這樣的變故。

克勞雷被捕之後，員警總監馬羅南在談話中說道：「這個雙槍暴徒是紐約治安史上最為危險的罪犯之一。」這位員警總監又說：「克勞雷他隨時都會殺人，不需要任何理由。」可是，「雙槍手」克勞雷對自己的評價又如何呢？這我們已經知道了，因為在警方人員圍擊他藏身的公寓時，克勞雷寫出了一封公開信，而且寫信的時候他已經負傷，傷口流出的血染紅了信紙。克勞雷在信中這樣寫道：「在我的衣服裡面，是一顆疲憊的心——一顆仁慈善良、不願傷害任何人的心。」在圍捕克勞雷的行動之前不久，這名凶徒剛剛犯下一樁罪行。當時他正在長島的一條鄉村公路上與女友調情。突然，一個員警走到他的汽車跟前，對他說：「請讓我看看你的駕駛執照。」

克勞雷竟然二話不說就拔出了手槍，朝著那名值勤員警連開數槍，將他當場打死。員警倒下之後，克勞雷又從汽車裡跳出來，撈起員警的配槍，朝著地上俯臥的屍體放了一槍。而這就是克勞雷所謂的「在我衣服裡面，是一顆疲憊的心——一顆仁慈善良、不願傷害任何人的心。」經過審判，克勞雷被判電刑處死。當他走進星星監獄的行刑室時，他會悔恨地說：「這就是我殺人作惡的下場」嗎？根本沒有。相反，他說的是：「我只是想要自衛，竟然會得到這樣的結果。」

這件事的關鍵點在於：「雙槍手」克勞雷從頭到尾都沒覺得自己有什麼不對的地方。

克勞雷的這種態度是罪犯中的特例嗎？如果你這麼認為，那請再聽聽下面這段話：

「我把一生中最美好的歲月都奉獻給了大眾，只為了他們能夠輕鬆愉快地度過一段幸福時光。結果看看我所得到的，只有辱蔑謾罵和被四處追捕的生活。」

上文是阿爾・卡龐的一段自白，而這個人是美國最臭名昭彰的社會公敵，一個在芝加哥地區橫行無忌、窮兇極惡的匪首。然而，他不曾責備過自己。在他的眼中，自己是一個有益於公眾的好人——一個不被領情的、遭人誤會的社會慈善家。

荷蘭人蘇爾茲——這個紐約市最為聲名狼藉的惡棍——也有同樣的表現。那時他還沒有在紐華克的街頭被其他匪徒的槍彈擊中而送命，他在一次接受新聞記者的採訪時聲稱，自己是一位對公眾有益的人，而且他對這一點堅信不疑。

就這個問題，我曾經和路易斯．勞斯進行過饒有趣味的通信。路易斯多年來一直擔任紐約星星監獄的典獄長，那裡面全是些罪大惡極的罪犯。他告訴我：「在星星監獄中，幾乎沒有罪犯認為自己是壞人，他們覺得他們只是普通人，和你、我並無什麼不同。所以他們會提出各種各樣的辯護和解釋，把自己的罪行合理化。他們會告訴你，為什麼不得不把保險箱撬開，或是接連不斷地對旁人扣下扳機。他們大多數人都有自己的一套理論——有的合乎邏輯，有的荒誕不經——企圖為他們種種反社會的行徑辯護，甚至堅持自己根本就不應該被關進監獄。」

如果阿爾．卡朧、「雙槍手」克勞雷、荷蘭人蘇爾茲，以及其他在監獄高牆之下的亡命之徒們都完全不知自責，那麼你我所能接觸到的人們又如何呢？

華納梅格百貨公司的創立者約翰．華納梅格，有一次公開坦承說：「30年前我就已經認識到，責備他人是件愚蠢的事。我不會去抱怨上帝沒能把天賦和智慧平均分配，因為光是克服自己的缺陷就已經夠我忙的了。」

華納梅格很早就懂得了這個道理，然而我卻是在這古老的世界上跌跌撞撞地摸索了30多年之後才突然醒悟：100次中有99次，人們都不會為任何一件事情而批評自己，無論這個錯誤有多麼嚴重。

批評是徒勞無益的，因為它會使人披上一層防禦的鎧甲，並竭盡全力地替自己辯護。同時批評也是危險的，它打擊了一個人對自我的重視，對他寶貴的自尊造成了創傷，這無疑將激起他的反抗。

世界著名的心理學家斯金納曾經用實驗證明了，如果一隻動物在學習過程中總能由於進步而得到表揚，那麼它接受新知識的速度要比總因過錯而受到批評的情況快上很多，對所學內容的記憶也更加有效持久。進一步的研究證明了這個結論也同樣適用於人類。批評並不能使人發生持久的改變，往往只會招致忌恨。

另一位偉大的心理學家漢斯．塞理也說過：「我們都渴望被讚揚，同時畏懼被指責。」

批評所招致的不滿和憎恨只會使雇員、家人和朋友們情緒低落，士氣受挫，對於改正他們被指責的事情卻不會有任何幫助。

喬治．約翰斯頓住在奧克拉荷馬州的伊尼德，是一家工程公司的安全檢察員，而他工作的職責之一是監督工人們在野外作業時務必戴好安全帽。他在演講中說，以前每當他看到有工人不戴安全帽，都會用權威的口氣命令他們遵守規定。這樣做的結果往往是工人當時聽從了他的話，可是只要他一轉身，工人們馬上又摘掉了安全帽。後來他決定嘗試一種新的工作方式。當他再次碰到不戴安全帽的工人時，就詢問是不是帽子戴著不舒服，或是尺寸不合適。然後他用輕快的口氣提醒工人，安全帽能保護他們在工作中不致受傷，並建議他們一直戴著安全帽工作。這一次情況有了很大改善，工人們遵守了規章，也沒有產生不滿或抵觸的情緒。

指責他人是毫無益處的。你會發現在漫長的人類歷史之中，這樣的例子俯拾皆是。我們就以希歐多爾．羅斯福和塔夫特總統之間那場著名的爭論為例：那場爭論分裂了共和黨，讓威爾遜得以入主白宮，使他有機會在第一次世界大戰中寫下了自己勇敢、光輝的一頁，甚至還改變了歷史。讓我們簡單地回溯一下當時的情形：1908年，當羅斯福告別白宮之際，他支持塔夫特成為新一任總統，而自己跑去非洲獵獅。當回到美國，他卻對繼任者的表現大為不滿，暴跳如雷。他指責塔夫特因循守舊，想讓自己第三次當選總統，並組建了一個新的政黨——進步黨進行競選。這一切幾乎毀滅了共和黨。在那次大選中，塔夫特和共和黨只贏得了兩個州的選票——佛蒙特州和猶他州，造就了共和黨歷史上空前的慘敗。

希歐多爾．羅斯福指責塔夫特，可是塔夫特總統是否同樣感到自責呢？當然沒有。塔夫特雙眼含淚地為自己辯解：「我實在不知道在當時的情況下，除了那樣做我還能怎麼做。」

究竟誰應該為這災難性的後果負責？羅斯福還是塔夫特？坦白說，我不知道，也並不關心。在這裡我想要指出的是，希歐多爾．羅斯福作出的所有批評指責，都沒能讓塔夫特覺得自己有什麼不對。那一切只是讓塔夫特竭盡全力地為自己辯護，雙眼含淚地反覆強調：「我實在不知道在當時的情況下，除了那樣做，我還能怎麼做。」

或者，我們再來看看「茶壺蓋油田舞弊案」。在20世紀20年代開頭的幾年裡，它一直遭到公眾輿論的猛烈抨擊，可謂舉國震動。在當時人的記憶裡，美國政壇還從來沒有出現過如此嚴重的醜聞。下面就是這樁舞弊案赤裸裸的真相：哈丁總統內閣的內政部長亞伯特．福爾，當時負責主持政府在愛爾克山區和茶壺蓋地區油田保留地出租的各項事宜。那塊油田是政府準備留給未來的海軍使用的。這個項目的負責人——福爾是否進行了公開招標呢？他沒有。福爾部長把這份肥得流油的工程合約，很乾脆地交給了他的朋友愛德華．圖海尼。而圖海尼又是怎麼做的呢？他付給了福爾部長10萬美元，當然，他更樂意稱之為「貸款」。接著，我們的福爾部長不容分說地使出雷霆手段，命令美國海軍開進該地區，把其他競爭者通通趕走，因為他們位於鄰近地區的油井，同樣吸吮著愛爾克山區的財富。那些被槍口和刺刀強行驅逐的競爭者們，紛紛湧向法庭，揭開了茶壺蓋油田醜聞內幕。醜聞一經曝光，其影響之惡劣，毀滅了整個哈丁政府，全國群起譁然，公眾極其反感，共和黨也幾乎垮臺，福爾部長也因此鋃鐺入獄。福爾遭到了社會的猛烈攻擊和一致譴責，事實上，很少有哪個公眾人物曾經遭受過這樣嚴厲的譴責。可是，他本人可曾為自己的錯誤而悔恨呢？不，根本沒有！在舞弊案曝光幾年之後，胡佛總統在一次公開演講中暗示，哈丁總統的死是因為精神上的刺激和內心的憂慮，並將之歸咎於當年一個朋友對他的背叛。當時福爾的妻子也在座，一聽這話立刻從位子上跳了起來，大聲痛哭，緊握著拳頭尖叫道：「什麼？你說是福爾背叛了哈丁嗎？你錯了！我丈夫從來不曾辜負過任何人。即使這間屋子全部堆滿黃金，也休想誘惑我丈夫做任何壞事。他才是那個被出賣、被無情迫害而釘上十字架的人！」

這讓我們看到了一種人類的天性，做錯事的人都只會竭力指責他人，而絕不會責怪自己。其實我們每個人都不能免俗。因此當你我日後想要指責別人的時候，我們就想一想阿爾．卡龐、「雙槍手」克勞雷以及福爾這些人。我們要認清這一點：批評就像家裡養的鴿子一樣，牠們總有一天會飛回家的。我們還應該知道，我們想糾正或是譴責的人也必然會為自己的行為辯解，並且反過來譴責我們。或者，他們會像溫和的塔夫特那樣申辯：「我實在不知道在當時的情況下，除了那樣做，我還能怎麼做。」

那是1865年4月15日，那天早晨亞伯拉罕．林肯奄奄一息地躺臥在福特劇院對面一家廉價公寓的臥室裡。就在那家劇院中，林肯遭到了約翰．威爾克斯．布斯的狙擊。林肯斜躺在一張鬆垮下陷的床上，這張床對他瘦長的身軀來說實在太小了。靠床的牆壁上方掛著一幅波納爾的名畫——「馬市」的廉價複製品，一盞煤氣燈投射出幽暗慘澹的黃色光暈。

在林肯彌留之際，趕到床前的陸軍部長斯坦頓感嘆：「躺在這裡的，是世界上有史以來最完美的元首。」

林肯掌握了什麼與人交往的成功秘訣呢？我曾經用10年左右的時間來研究亞伯拉罕・林肯的一生，並花費了整整3年的時間，撰寫並修改了一部有關他的書，題名為「不為世人所知的林肯」。我相信自己已經對林肯的性格和他的家庭生活進行了徹底詳盡、鉅細靡遺的研究，任何人都無法再做得更多。而對於林肯為人處世的方式，我更是特別加以留心。林肯是否也會放任自己去批評他人呢？的確有過。當時林肯還很年輕，住在印第安那州的鴿溪谷，他不但會批評別人，而且還特意寫信做詩去譏諷對方，並把他寫好的信件詩作扔到人來人往的路上——在那裡是一定會被人撿到的。其中有一封信，竟然招致了對方終生的怨恨。

即使林肯成為伊利諾州春田鎮的一名執業律師以後，他仍時常在報紙上發表自己的文稿，公開攻擊他的對手。做這樣的事他簡直是樂此不疲，但也為他帶來了很多麻煩。

那是1842年的秋天，林肯寫了一封匿名信諷刺一個自大好鬥的愛爾蘭政客詹姆斯・西爾茲。林肯把這封信發表在「春田日報」上，鎮上的人讀了報紙後全都捧腹大笑。西爾茲是個敏感且驕傲的人，知道這件事後簡直氣炸了。當他查出寫這封信的人是誰後，就立刻跳上馬背找到林肯，要求與他決鬥。林肯本來不想打架，也反對決鬥，可是為了自己的名譽卻不得不答應下來。他的對手西爾茲允許他自由選擇武器。因為林肯的手臂特別長，他就選了騎兵對戰用的大劍，並向一位西點軍官學校的畢業生學習劍術。到了約定那天，他和西爾茲一同來到密西西比河的河灘上，準備一決生死。萬幸的是，就在決鬥開始前的最後一分鐘，他們雙方的同伴出面阻止了這場決鬥。

那次決鬥是林肯一生中最最可怕難堪的一件事。但是這件事也在與人相處的藝術上給林肯上了極其寶貴的一課。從那以後，林肯再也不曾寫過侮辱他人的信，再也沒有譏諷挖苦過別人。甚至從那個時候開始，他幾乎再也沒有因為任何事而指責過任何人。

在南北戰爭中，林肯一次次地委派不同的將領前去統率波托麥克的軍隊，例如：麥克里蘭、波普、伯恩賽德、胡克、米德等等，可是這些人卻接二連三地遭遇慘敗。嚴峻的形勢讓林肯憂心忡忡，他總是懷著失望而沉重的心情，一個人在辦公室裡來回踱步。這個國家有一半的人都在憤怒地指責那些不中用的將領，但是林肯依舊保持著他平和的態度，「對任何人不懷惡意，對一切仍心存寬厚。」他最喜歡的一句格言就是「不要批評別人，免得將來為人所批評。」

當林肯的妻子和其他人都在刻薄地談論南方人時，林肯總會這樣勸說他們：「不要指責南方人，如果我們處在同樣的情況下，也會做得和他們一樣。」

然而，如果說有人有資格有理由去指責他人的話，那一定就是林肯了。讓我們來看看下文這個例子：

蓋茨堡戰役發生在1863年7月最初的3天裡。到了7月4日晚間，南方軍的李將軍開始率眾向南撤退。當時全國烏雲籠罩，暴雨成災，當李將軍率領著敗軍之師退到波托麥克時，發現前方河水暴漲，根本無法通行；而勝利的聯邦軍隊又緊隨其後追擊而至，李將軍和他的軍隊陷入了進退維谷的窘境，無路可逃。林肯知道了這個情況，意識到這是個天賜良機，能夠把李將軍的軍隊俘虜，這場戰爭也就可以立即結束了。林肯滿懷著熱切的期望給米德將軍下命令，讓他不必召開軍事會議，立即向李將軍的軍隊發起進攻。林肯先用電報傳達了命令，隨後又派出一名特使敦促米德即刻採取行動。

可是我們的米德將軍又做了些什麼呢？他所採取的行動與林肯的命令正好相反。他先是召開了一個軍事會議，直接違反了林肯的指示，隨後居然還遲疑不決，一再延誤戰機。米德還發回電報，為自己的行動尋找各種藉口，甚至直截了當地拒絕進攻李將軍的軍隊。最後河水退去，李將軍就這樣帶著他的軍隊逃出了波托麥克。

林肯知道這件事後，大發雷霆。他控制不住地向他的兒子羅伯特大叫大嚷：「他這麼做是什麼意思？天哪，他究竟是什麼意思？李的軍隊已全在我們的手裡了，只要伸手，就能抓住他們了，可是不管我說什麼、做什麼都不能讓軍隊動一動！在那種情況下，任何一個將領都能把李將軍打敗，如果我在那裡的話，我自己就能夠捉住他！」

在痛苦和失望之際，林肯坐下來給米德寫了下面這封信。不要忘記，這個時候的林肯是極其穩重謹慎的，措辭表達非常克制，因此這封寫於1863年的信，可以稱得上是林肯所能做出最嚴厲的斥責了。林肯這封信的內容如下：

親愛的將軍：

我相信你一定無法意識到，由於李將軍的逃脫所帶來的巨大不幸。本來他已經在我們的掌握之中，假如能將他俘獲，再加上最近我們在其他戰場所取得的勝利，這場戰爭此時已經結束了。可是按照目前的形勢來推斷，戰事恐怕會無限期地拖延下去。如果在上星期一的情況下你都無法成功擊敗李將軍，你又怎麼可能在他渡河之後再向他發起進攻？何況如今你手中的軍隊是這麼的少，只相當於當時的三分之二。期盼你會成功是件荒謬的事，而我現在已經不再指望你能取得多少建樹。你已經將黃金般寶貴的機會白白浪費掉了，這讓我感到無比痛心。

你可以試想一下，如果米德看到這封信，他會作何反應呢？

可是米德並沒有看到過這封信，因為林肯根本不曾把它郵寄出去。這封信是林肯去世之後在他的檔案中發現的。

我做了這樣的推測——這僅僅是我的推測——林肯寫完了這封信後，站在窗邊眺望，一邊喃喃自語：「等一下，或許我不該這樣急躁輕率地下判斷。我在這寧靜的白宮裡坐著命令米德進攻，那是一件輕而易舉的事情；可是如果我到了蓋茨堡，我也像米德一樣在上星期看到過血流成河的場面，我的耳朵也如他一般聽到了傷兵和瀕死者的哀呼呻吟，或許我也不會急著向李的軍隊發起進攻。如果我也和米德一樣有著懦弱的個性，那麼我會做的事或許跟他也沒什麼不同。無論如何，如今木已成舟，無法挽回了，倘若我寄出了這封信，固然能夠發洩自己的不快，逞一時意氣，可是米德也肯定會為他自己辯解，甚至可能迫使他反過來譴責我。這會引發嚴重的負面情緒，損害他作為一名司令官的威信，甚至還可能逼得他乾脆辭去軍隊的職務。」

於是，就像我上文提到的那樣，林肯把信擱在了一邊，沒有寄出。因為此時的林肯已經從慘痛的教訓中學到了，尖銳的批評和斥責無論什麼時候都是無濟於事的。

希歐多爾・羅斯福總統曾經說過，在他任總統期間，他白宮辦公室的寫字臺上方，就掛著一幅林肯的巨幅畫像。每當遇到難以解決的問題時，他都會往座椅後面一靠，抬起頭仰望牆上那幅巨大的畫像，在心裡這樣問自己：「如果林肯處在我眼下這種困境之中，他會怎麼做？他會怎樣來解決這個問題？」

下次當我們再想要批評什麼人的時候，就從口袋裡拿出一張5美元的鈔票來，看著鈔票上的林肯頭像，這樣問問自己：「如果林肯遇到同樣的事，他又會如何應對呢？」

馬克·吐溫經常會大發脾氣，這個時候他就會寫信發洩情緒。比如，他曾經寫信給一個令他氣憤的人說：「你所需要的就是一張埋葬許可證。只要你開了口，我保證你絕對會得到它。」還有一次他給一位編輯寫信，提到有一個校對人員試圖「糾正我的拼寫和標點」，他用命令的語氣寫道：「這裡一定要按照我的原稿來，讓那個校對人員的想法留在他腐爛的腦袋裡吧！」寫這些言辭激烈的信使馬克·吐溫心情舒暢，非常爽快。它們很好地發洩了他的情緒，也不會造成任何實質性的傷害，因為馬克·吐溫的妻子會悄悄拿走這些信，它們永遠沒有機會寄出去。

你是否有過這樣的想法，希望一些你認識的人能夠有所改變和進步，矯正他某些不好的習慣？那實在是再好不過，我深表贊同。可是為什麼不先試試從自己這裡開始呢？站在純粹自私的立場上來看，改變自己要比糾正別人獲益更多，同時可能遭遇的風險也要小得多。中國的孔子就曾經說過：「各人自掃門前雪，休管他人瓦上霜。」

那是我還年輕的時候，還有非常強烈的自我表現慾，我曾給一位在美國文壇享有盛譽的作家——理查·哈丁·大衛斯寫過一封極其愚蠢的信。當時我正準備給某家雜誌社寫一篇有關作家的文章，因此我致信大衛斯，希望他能夠告訴我幾條他的寫作方法。在我聯繫大衛斯的幾星期之前，我曾經收到一封來信，信的末尾附注道：「信系口述，未經重讀。」這兩句話讓我留下了很深的印象，我感覺寫這封信的人一定是位事務繁忙的大人物。雖然當時我一點也不忙，但是我迫切地想要引起這位大作家大衛斯的注意，因此我給他寫了一封簡短的信箋，在末尾也注上了這麼一句：「信系口述，未經重讀。」

大衛斯根本不屑於給我回信，他只是把我的信原封不動地退了回來，並且在下面潦草地寫了一行字：「閣下態度之傲慢無禮，無以復加。」我的確犯了一個愚蠢的錯誤，或許這也是我自作聰明所應得的斥責。但是，人的天性使然，我對他感到極度怨恨。雖然我一直羞於承認，可是這怨恨是如此的強烈，甚至於在十年以後得知理查・哈丁・大衛斯去世的消息時，我的心中想到的依舊只是他給我帶來的傷害。

因此，如果你我將來想要招致他人的怨憤，讓人切齒痛恨幾十年，甚至是耿耿於懷、不死不休的話，我們就可以放任自己做出幾句尖酸刻薄的批評——無論我們是如何地肯定這些話本身有多麼正確合理。

當我們與人相處的時候，務必要記住，我們要面對的不是一種充滿邏輯和理性的生物，而是一種情感的動物，是懷著強烈的偏見、被驕傲和虛榮所驅使的人。

因為尖刻的批評，敏感的湯瑪斯・哈代——英國歷史上最偉大的文學家之一——永遠失去了執筆創作的勇氣。苛刻的指責使得英國詩人湯瑪斯・卡德登走上了自殺的道路。班傑明・富蘭克林在年輕的時候算不上一個精明伶俐的人，可他後來卻變得極有外交手腕，處世待人非常機敏老練，因此被任命為美國的駐法大使。他這樣介紹自己成功的秘訣：「我從不說任何人的壞話……只說我所知道每個人的一切優點。」

任何蠢人都懂得批評、斥責和抱怨——大多數蠢人的確是這樣做的。

然而要想做到理解和寬恕他人，就需要具備良好的品格和自我控制能力。

卡萊爾曾經這樣說過：「一個偉人的不同凡響之處，正是透過他對待小人物的方式體現出來的。」

鮑伯·胡佛是一名優秀的試飛員，經常在各大航空展上做飛行表演。有一次，當胡佛參加完在聖地牙哥舉行的空展，駕機返回洛杉磯住所的途中，正如事後在「飛行作業」雜誌中所描述的那樣，飛機在300英尺高空時，兩台引擎突然全部熄滅。多虧了胡佛高超的技術，使他們得以迫降成功。雖然萬幸的是無人傷亡，飛機卻遭到了嚴重的損壞。

胡佛在緊急迫降後所做的第一件事，就是檢查飛機的燃料。果然不出胡佛所料，他所駕駛的那架二戰時期樣式的螺旋槳飛機油箱裡竟然裝著噴氣式馬達所用的燃油，而不是這種飛機應該使用的汽油。

當胡佛回到機場時，他要求見一見為自己準備飛機的機械師。那個年輕人正為自己的過錯而自責不已，當胡佛走近他時小夥子不由得淚流滿面。他的錯誤剛剛毀了一架十分昂貴的飛機，還差點要了3個人的命。

你可以想像胡佛的憤怒，甚至可以預料到這位榮譽心強、嚴謹認真的飛行員會用怎樣嚴厲的口吻斥責粗心的機械師。但是胡佛並沒有責罵那名機械師，他甚至連一句批評的話都沒說。他只是環住年輕人的肩膀說：「我相信你不會再犯同樣的錯誤了。為了表示我對你的信任，我希望明天你能為我的F-51做保養。」

父母往往喜歡批評他們的孩子。你一定覺得我會勸說「不要這樣」。但我不會這麼做，我只是想說，當你批評孩子們之前，請先讀一讀這篇美國經典的雜誌文章「父親忘記了」，它原來是發表在「家庭記事」雜誌中的社論文章。我們已經徵得原文作者的同意，將「讀者文摘」中的精簡版重錄如下：「父親忘記了」是一篇小短文，因作者內心真實的情感衝動而誕生，發表以來感動了無數讀者，被許多報刊雜誌一再轉載。文章的作者利文斯頓・拉內德寫道：「自文章發表以來，全美國已經有成百上千的報刊雜誌和各種家庭組織的內部刊物轉載過，還被翻譯成多種外語廣為流傳。作為作者，我也允許過數千人在學校、教堂或演講臺上朗讀這篇短文，廣播和電視也播送過無數次了。令我感到奇怪的是，不只大學雜誌轉載它，連中學刊物也要求轉載。一篇如此短小的散文竟能引起這樣強烈的共鳴，不得不說是個奇蹟，可是它確確實實做到了。

父親忘記了

利文斯頓・拉內德

聽著，我親愛的兒子：在我和你說這些話時，你正在熟睡，那小小的手按在臉頰上，漂亮的金色捲髮被汗水打濕了，貼附在你的額頭上。我獨自一人悄悄走進你的房間。就在幾分鐘以前，我在書房讀報紙的時候，突然被自責懊惱的情緒所包圍，於是我在愧疚之心的驅使下來到你的床邊。

我的兒子，下面這些是我想到的事情，我總是對你發脾氣。在你穿衣上學時我會責罵你，因為你只是用毛巾胡亂抹了一把臉；在你沒有把鞋擦乾淨時，我又會對你發火；當你把自己的東西丟在地上時，我甚至會衝著你大聲怒吼。

吃早餐時我又挑出了毛病。你會把東西灑出來。你吃飯狼吞虎嚥，不知道好好咀嚼。你把手肘支在餐桌上。你在麵包上抹的奶油實在太多了……當你要出門去玩，而我準備去趕火車時，你轉過身向我揮手，響亮地說「爸爸再見！」我卻皺起眉頭，斥責你「挺起胸膛！」今天傍晚，這一切又開始了。我在回家的路上看到你跪在地上打彈珠，這讓你的襪子都磨出了幾個洞。我當著你夥伴的面把你押回家，讓你大大丟了面子；我甚至對你說，長筒襪很貴的，如果是你自己花錢買的，你就知道要注意一點了！唉，真難以想像，這樣的話竟然是一位父親對兒子說的！不知你是否記得，回家後不久，當我在書房看報的時候，你怯怯地走進來，用一種受傷的眼神看著我，在門邊躊躇猶豫。我從報紙間抬眼瞥見了你，對你的到來感到萬分不耐，喝斥說：「你想要幹什麼？」你一句話也沒說，卻突然跑過來投入我的懷中，用胳膊環住我的脖子親吻我。你用細嫩的臂膀緊緊地摟了一下，滿含著情愛，那是上帝播撒在你心田中的、不會因任何冷漠忽視而枯萎的純真情感。隨後你就轉身跑走，飛快地上了樓。我的孩子，在你跑開之後，報紙從我的手中滑落，一陣令人昏眩的恐懼自責深深攫住了我。天啊，我究竟形成了一種什麼樣的習慣？眼中只看得見缺點，動不動就橫加指責——這就是我對你一個小男孩所做的事情！這絕不是因為我不愛你，而是我對年幼的你期望太高，我在用要求自己同齡人的標準來要求你。你的性格充滿了真、善、美。你幼小的心靈就像群山之間的黎明曙光一般明亮寬廣。你會本能地衝進我的房間，和我親吻道晚安，就足以看出這一點。我的孩子，這讓今天晚上的一切都顯得不值一提了！因此我在一片黑暗中來到你的床邊，跪下來深深地懺悔。而這只是一種虛弱無力的彌補，我知道即使在你醒著的時候把這些事情講給你聽，你也不會明白。但是我已經下定決心，從明天開始我要做一位真正的父親！我會成為你親密的朋友，在你痛苦的時候為你分擔，在你歡笑的時候與你共用快樂。我絕不會再不耐煩地對你說話。我會像履行儀式一般時時告訴自己：「他只是一個孩子，一個小男孩！」

我想恐怕自己一直以來都是用一個大人的標準來衡量你的。可是現在當我注視著你，我的兒子，蜷縮著身體在小床上熟睡，我發現你還只是一個小孩。彷彿昨天你還在媽媽的臂彎裡，你的頭輕輕靠在她的肩上。以前我對你的要求實在是太多太多了。

我們不要動不動就去責備他人，而要試著去理解他們，弄清楚他們為什麼會那麼做。這比批評有效得多，也更動人，這能夠培育出同情、包容與和善。「瞭解一切，就會寬恕一切。」

正如詹森博士所說的：「我們要知道，在世界末日來臨之前，就連上帝也不打算審判世人。」

那麼，你我又為什麼要去指責別人呢？

原則一

不要批評、指責或抱怨。

2
與人相處最大祕訣

人類天性中最深層的本質就是渴望受到別人的讚揚。

——威廉・詹姆斯

凡是我遇到的人都必然有某些方面勝過我，

而我就向他學習那些比我強的地方。

——愛默生

天底下只有一種辦法能夠促使任何一個人去做任何一件事。你是否曾經靜下心來思考過這個辦法呢？是的，只有一個辦法，那就是讓他願意並且想要去做那件事。

請記住，除此之外別無他法。

當然，你完全可以拿著一支左輪手槍頂在一個人的腰上，對方也會非常「願意」把手錶給你。你也可以用解雇威脅你的雇員，讓他們在你的面前乖乖聽話，卻無法保證當你不在的時候他們依然如此。你也可以用鞭笞或是恫嚇的方法使一個孩子去做你想讓他做的每一件事。可是顯而易見的，這些粗暴的手段都會導致極度不良的後果。

而我能讓你去做任何事情的唯一方法，就是給你你想要的東西。

什麼是你想要的？

西格蒙德・佛洛伊德曾經說過：「你我所做的每一件事都只出於兩種動機：性衝動和成為偉人的慾望。」

較之佛洛伊德的理論，美國最有成就的哲學家之一——約翰・杜威的表述略有不同。杜威博士說：「人類天性中最為迫切強烈的衝動，是『成為對他人重要的人』。」請記住「成為對他人重要的人」這句話是十分關鍵的，你將會從本書中讀到很多有關這句話的內容。

什麼才是你所想要的？其實並不是很多，可是必須承認，有一些東西是你真正想要的、執著追求的。大多數人都想要的東西包括：

1. 健康長壽。

2. 食物。

3. 睡眠。

4. 金錢，以及金錢能買到的東西。

5. 來世的生活。

6. 性生活的滿足。

7. 子女們的幸福。

8. 被人重視的感覺。

一般情況下，這些需求幾乎都能得到滿足——只除了其中一點。而我們對於這種需求的渴盼又是如此深刻和熱切，幾乎同食物和睡眠一樣不可或缺，而又難以滿足，那就是佛洛伊德所說的「成為偉人的慾望」，也就是杜威所說的「成為對他人重要的人」。

林肯曾經在一封信的開頭這樣說：「沒有人不喜歡受到恭維。」威廉・詹姆斯也曾說過：「人類天性中最深層的本質就是渴望受到別人的讚揚。」他並沒有使用「願望」、「慾望」甚至「熱望」等詞語來表述，而是說了「渴望」受到別人的讚揚。

這是一種痛苦而持久的、極待滿足的人類饑餓，而只有極少數的人能夠切實地滿足他人這種內心的饑餓。這些人自然就可以將他交往的對象掌握於股掌之中，「甚至當他去世時，殯葬館的人都會為之嘆息」。

尋求被人重視的慾望是一項極其重要的指標，使得人類得以同動物區分開來。舉例來說，當我還是密蘇里州一個普通的農村少年時，我的父親在飼養純種的白臉牛和一種叫杜洛・傑塞的良種豬。那時我們經常在中西部的農村集市和家畜展銷會上展覽飼養的豬和白臉牛，經過評審評分，我們獲得許多頭等獎。我父親把這些繫著藍緞帶的獎章用別針別在一條白布上，每當有客人來我們家時，他都會取出這條白布，讓我握著其中一端，他就握著另一端，把所有頭等獎的藍緞帶獎章一一指給客人們觀賞。

當然，那些豬和牛根本就不在乎它們所贏得的藍緞帶，可是我的父親卻非常上心。因為這些榮譽滿足了他對於「被人重視」的需要。

試想一下，假如我們的祖先沒有這種對「被人重視」的熾烈慾求的話，文明也就不可能產生。而如果沒有文明，我們也就和其他動物沒有什麼兩樣了。

正是這種對於被人重視的渴望，驅使著一個從未受過正規教育、極其窮困的雜貨店夥計去鑽研幾本法律書籍，那些書是他在很久以前用50美分買下來的，後來他翻遍了店中堆滿雜貨的大木桶才找到。或許你曾經聽說過這個雜貨店的夥計，他的名字叫林肯。

正是這種對於被人重視感覺的渴望，給了狄更斯源源不斷的靈感，激勵他寫出那些不朽的名作。這種渴望還推動著克里斯多夫・雷恩爵士設計出了他的「石之交響樂」，促使洛克菲勒賺到了他一輩子也花費不盡的財富。同樣也是這種渴望，使城市裡的那些有錢人蓋起一座座豪宅，儘管那房子大得早已遠遠超出了他們的實際需要。

這種渴望使你希望能穿上最新潮的服飾，開最新款的汽車，喜歡和別人談論你聰明伶俐的孩子。

同樣出於這種渴望，誘使許多青少年成幫結夥地淪為盜匪，滑入犯罪的深淵。紐約市的前任員警總監馬婁尼曾這樣講道：「那些年輕犯罪者們大多非常自負，充滿著對虛名的盲目追求。他們被捕後提出的第一個要求，就是閱讀那些把他們渲染成英雄而聳人聽聞的報紙。他們只想著能夠看到自己的照片與那些體育健將、影視明星以及政壇要人們一起見諸報端，而隨之而來的牢獄之災彷彿離他們非常遙遠。」

如果你可以告訴我你是如何獲取這種被人重視的感覺，我就能夠說出你是一個怎樣的人。獲取被人重視的方式決定了一個人的性格。對你來說，這是生活中最為重要的事。舉例來說，約翰・洛克菲勒獲得被人重視的方式是捐錢在中國北京建造一座最新式的醫院，為千百萬他素未謀面、或許日後也永遠不會見到的貧困者治病。與他正好相反，狄林克選擇成為一個歹徒，搶劫銀行、殺人越貨，藉此滿足自己被人重視的感覺。當聯邦調查局的警員四處搜捕他時，他卻闖進了明尼蘇達州的一戶農家，大聲宣佈：「我是狄林克！」他顯然對自己成了頭號公敵頗感自豪，因此得意地聲稱：「我不會傷害你們，但我是狄林克！」

是的，狄林克和洛克菲勒之間最大的差別之一，就在於他們如何滿足自己被人重視的感覺。

歷史上有許多名人執著於被人重視的感覺而留下有趣的故事。就連喬治・華盛頓都希望別人稱呼他為「至高無上的美國總統」；哥倫布曾經懇求獲得「海軍上將」和「印度總督」的頭銜；女皇凱薩琳拒絕拆閱那些沒有尊稱她為「女皇陛下」的來信；而林肯夫人曾經在白宮展露她如同母老虎般兇悍的一面，向著格蘭托夫人吼叫說：「在我沒有請你坐下之前，你怎麼敢坐到我面前！」

那些百萬富翁們出錢資助拜德將軍1928年的南極探險活動，同時附帶了條件，要求用他們的名字來命名發現的冰山；而維克多，雨果則更進一步，他甚至希望巴黎能改成他的名字。就連「名人中的名人」莎士比亞也禁不住榮譽的誘惑，為了光宗耀祖而想辦法弄到了一枚盾形徽章。

人們為了博取他人的同情和注意會故意裝病，這也是一種獲得被人重視感覺的方式。就拿麥金利夫人來說，她曾強迫她的丈夫——當時的美國總統，放下國家的重要事務而去依偎在她的床邊，摟抱她，給她撫慰，直至她進入夢鄉，以此來滿足自己被人重視的感覺。在治療牙齒的時候，她堅持要求麥金利陪同在她的身邊，用這種方式來滿足她渴望被注意的強烈慾望。有一次由於麥金利與他的國務卿約翰·海有事相約而不得不把她一個人留在牙醫那裡，使得她大發脾氣，簡直成了一場災難。

作家瑪麗·羅伯特·萊因哈特夫人有一次告訴我，有一位聰明活潑的年輕女子，為了能夠獲得被人重視的感覺而偽稱自己生了重病。萊因哈特夫人說：「總有一天，這個女人將不得不面對這樣那樣的現實，也許是她的年齡。孤獨的日子在前方無限延伸，而留給她的希望卻寥寥無幾。」萊因哈特夫人說道：「前後有十年時間，她臥床不起，全靠年邁的母親每天在三層樓梯上來回奔波，端茶倒水去伺候她。有一天，這位老母親終於因為勞累過度而倒下，永遠地離開了這個世界。床上的那個病人呢，憔悴沮喪了幾個星期之後，不得不爬下床來穿好衣服重新開始生活，身上的病也全都消失了。」

有些專家聲稱人真的會為了獲得被人重視的感覺而精神異常，因為在瘋狂的幻境中，他們可以找到在冷酷的現實世界上所無法得到的被人重視的感覺。在美國，精神病患者的數目要比患其他所有疾病的人的總和還多。

人為什麼會精神失常？

沒有人能夠回答這樣籠統的提問，不過我們卻知道的確有某些疾病，比如梅毒，可以摧殘傷害人的腦細胞而導致精神失常。事實上，大約有一半的精神病患者是由於這類生理因素造成的，例如頭部受傷、醉酒、中毒或是由於其他原因而造成的損傷。可是令人感到惶恐不安的是那另外一半精神失常者，很明顯，他們的腦細胞在機能上並沒有什麼問題。也曾經有人在這類患者去世後對遺體進行過解剖研究，在檢驗過程中，即使用最高倍的顯微鏡觀察他們的腦細胞組織，我們也只會發現，他們的腦組織就像你我的一樣健全。

這些人為什麼會精神錯亂？

我曾經就這一問題，專程請教了一位任職於某著名精神病院的主任醫師。這位醫師曾因為他在精神病理方面的突出貢獻而獲得該領域內令人夢寐以求的最高榮譽和獎勵。他曾坦率地告訴我說，他也不知道人們為什麼會精神失常，可以說這其中的確切原因根本沒有人知道。可是他接著說，許多精神錯亂的人在自己瘋狂的幻覺中，找到了他在真實世界所無法獲得被人重視的感覺。這位醫師為我說了一個真實的故事：

「目前我手上正有個病人，她的婚姻是一場徹頭徹尾的悲劇。她渴望得到愛情、性生活的滿足、孩子以及良好的社會聲望。然而生活無情地撕碎了她所有的夢想。現實中她的丈夫不愛她，甚至拒絕和她一同用餐，並且強迫她到丈夫樓上的房間服侍他吃飯。她也沒有孩子，沒有社會地位。最後她終於瘋了。現在在她瘋狂的幻想中，已經跟丈夫離了婚並且恢復了自己婚前的姓名。如今她相信自己已經嫁給了一位英國的皇家貴族，並且堅持要求別人稱呼她為史密斯夫人。

「至於她所期盼的孩子，如今在她的幻想之中每天晚上她都會生下一個新的嬰兒。每次我前去探望她時，她都會對我說：『醫生，我昨晚生了一個孩子……』」

生活曾經讓她的夢想之舟在現實鋒利的岩石上撞得粉碎，但是在精神錯亂後，那陽光燦爛的幻想島上，她的夢想之舟卻在風兒歡快的歌聲中再度揚帆起航了。

這是個悲劇嗎？我不知道。她的醫師對我說：「如果我有辦法幫助她，讓她的精神恢復正常，我也不會那樣做。因為現在這樣的她要快樂得多。」

讓我們試想一下，有人如此迫切地需要被人重視的感覺，甚至於真的變成了瘋子，只為能夠得到它，那麼倘若你我能在他精神尚且正常的時候，就給予他真誠的讚揚，又將會得到怎樣奇蹟般的回報？

查理斯．司華伯是最早獲得百萬年薪的美國商人之一（當時還沒有個人所得稅，一個人如果每週能掙到50美元，就被認為是很富裕了）。1921年，他被安德魯．卡內基任命為新成立聯邦鋼鐵公司的首任總經理，當時司華伯才38歲（司華伯在離開聯邦鋼鐵公司之後，又轉而負責當時陷入困境的貝特勒海姆鋼鐵公司，透過他的經營使它重新成為美國利潤最高的公司之一）。司華伯究竟有什麼過人之處，使安德魯．卡內基願意付給他100萬美元年薪，也就是一天3000多美元呢？為什麼？因為司華伯是個天才嗎？不，不是的。那是因為他在鋼鐵製造方面的知識比別人豐富？絕對沒那回事。查理斯．司華伯曾親口告訴過我，他手下的很多員工對鋼鐵製造領域都要比他更為精通。司華伯坦承說他之所以能夠獲得如此高的薪資，很大一部分要歸功於他待人接物的高超技巧。我曾經問他究竟是怎麼做的。下面就是他對我「親口傳授」的秘訣——如果可能的話，這些閃光的字句應該被刻在銅牌上，並把這些牌子掛在全國每個家庭、學校、商店以及辦公室裡世代相傳，每個人在他還是孩子的時候，就應當背誦下來，而不是把寶貴的時間浪費在記憶拉丁動詞的變形或是巴西的年降雨量上面。如果我們真能按照這些話去做，你我一定可以過上與過去完全不同的生活。

司華伯這樣說道：「我認為自己擁有一種激發鼓動人們熱誠的能力，這是我最寶貴的資源。而使一個人充分發揮其才能的有效方法，正是讚賞和鼓勵。」「如果說世界上有什麼東西最容易摧毀一個人的雄心壯志，那就是上司對他的批評。我就從來不批評任何人，而相信老闆應該激勵員工去工作。因此我更熱衷於稱讚，而不願意挑剌。如果說我有什麼喜好的話，那就是『誠於嘉許，寬於稱道』。」

這就是司華伯平時所做的，但是一般人又做了什麼呢？非常遺憾的是，大多數人和他所做的正好相反。如果什麼東西不合他們的意，這些人會竭盡所能地吹毛求疵；如果他們的確喜歡它，反倒奉行「沉默是金」，話也不說一句。這正應了那句俗話：「好事不出門，壞事傳千里。」

司華伯還說道：「我一生中交友廣闊，拜會過世界各地不同領域的多位知名人士，迄今為止，我還沒有見過哪一個人，無論他的事業如何成功、地位如何尊崇，他在受到批評的狀態下工作時，能夠比在得到讚許的狀態下更有幹勁，或是做出更好的成績來。」

其實坦白說，司華伯所說的也正是安德魯．卡內基能夠取得其驚人成就的一個關鍵原因。安德魯．卡內基不僅僅在私人場合，而且還經常公開地稱讚他的同仁。

在墓碑上安德魯．卡內基也不忘稱讚他的夥伴，他為自己寫下這樣的墓誌銘：「長眠於此的是一個懂得如何同比自己更聰明的人相處的人。」

誠摯的讚賞也是約翰．洛克菲勒處理人際關係的成功秘訣之一。

例如，有一次他的一位合作夥伴愛德華・貝德福德由於決策失當，在南美搞砸了一筆大買賣，使公司虧損了上百萬美元。洛克菲勒完全可以嚴厲地指責對方，但他卻一句批評的話也沒有說。因為他知道貝德福德已經盡了最大的努力，同時整件事已經宣告結束，埋怨指責也於事無補。所以洛克菲勒轉換視角找出了些可稱讚的事情，他祝賀貝德福德說，幸虧他保全了投資金額的60%，並安慰他「這結果已經很不錯了，我們總不能在每件事上都稱心如意」。

在我收集的剪報中有這樣一個故事，我知道它並沒有真的發生過，可是它卻揭示了一條真理，因此我將這個故事記錄如下：

這個可笑的故事是說，有位農婦在一天艱苦的工作之後，在家裡的男人們面前放了一堆乾草。他們當然勃然大怒，問她是不是瘋了，農婦回答說：「有什麼不對嗎？我怎麼會知道你們在意這個呢？過去的20年裡我一直為你們做飯，你們誰也沒說過什麼，也沒人告訴過我說你們不吃乾草啊。」

幾年之前，有人對離家出走的主婦們做過研究。你覺得妻子們出走的最主要原因會是什麼？那就是「無人讚賞」。我敢打賭，那些離家出走的丈夫們也是基於同樣的原因。我們總是認為從配偶那裡獲取很多東西是件理所當然的事情，但是從沒有讓他們知道我們的感激之情。

我班上的一名學員對我們講起他妻子曾經提出過的一個要求。她和幾個同伴一起參加了她們教堂組織的自我提升訓練，因此希望她的丈夫能夠列出六件他認為可以幫助她成為一位更好的妻子的事情。那位丈夫在班上作報告時說：「我對這個要求感到非常驚訝。坦白說，為我的妻子列出六件我願意改變她的事對我來說實在太簡單了——上帝啊，她可以列出1000件她希望改變我的事情。可是我一條也沒說。

我對她說：『讓我考慮一下，明天早上再給你答案。』」

「第二天早上我早早起床，給花店打了一個電話，請他們送六朵紅玫瑰給我的妻子並附上一張卡片，上面寫著：『我想不出有哪六件事是我希望妳改變的。我喜歡妳現在的樣子。』」

「當我晚上回家時，你想想會是誰等在門前迎接我？沒錯，正是我的妻子。她感動地幾乎哭出來了。不用說，我也非常高興自己沒有按照她所要求的那樣去批評她。」

「第二個星期天在教堂彙報成果時，我的妻子講述了發生在她身上的故事，幾位與她一同學習的女士走到我面前感動地說，『這實在是我聽過最善解人意的事了。』那一刻我也感受到了讚美的力量。」

弗洛倫茲·齊格飛——這位風光無限的歌舞劇團老闆，可稱得上是百老匯最為耀眼炫目的名人。他斐然的成就來自於其驚人的敏銳，能夠讓一個美國女子一夜之間名揚海內。他曾屢次將人們不願意多看一眼的平庸女子，奇蹟般地變成舞臺上神秘誘人的絕妙尤物。他深刻地明白讚美與自信的價值，總是用殷勤的體貼和溫柔的關懷使手下的女演員們對自己的美麗深信不疑。齊格飛非常實際，他會增加那些歌女的薪資，從每星期30美元漲到175美元。他也具備騎士的風度與浪漫，在福利斯歌舞劇的開幕之夜，他會給劇中的明星致電祝賀，並且贈予每位表演的歌舞女郎一朵美麗的玫瑰花。

我曾經一度因為追趕流行風潮而進行節食，連續六天六夜沒有吃過東西。其實做到這個並不太難，到了第六天傍晚我並沒有感覺自己比第二天的時候更為饑餓。可是，我們都知道，如果有人讓他的家人或是員工連續6天不吃飯，那絕對就是犯罪。可是他們卻會連續6天、6星期甚至是60年都不對家人或員工講一句讚美的話，而人們對於真誠讚美的期盼絲毫不亞於對食物的渴望。

阿爾弗雷德・朗特——一位他那個時代中最偉大的演員，在「維也納的團聚」一劇中擔任主角時曾經說過：「我最迫切的需要是對我自尊的滋養。」

我們供養我們的孩子、朋友以及雇員，為他們提供身體所需的營養，可是我們對他們自尊所需營養的提供又是多麼少？我們供給了他們牛排、馬鈴薯等食物來保證他們的體力，卻忽略了供給他們讚賞和溫和的言語，而正是這些如晨星般閃爍的優美旋律，將會長久地迴響在他們的內心深處。

保羅・哈威有一次在他主持的廣播節目「故事的啟示」中，講到了真誠的讚美能夠在多大程度上改變一個人的生活。他報導說，多年以前在底特律有一位教師，她請史蒂夫・莫里斯幫她找一隻在教室裡丟失的小老鼠。要知道，她讚美史蒂夫說上帝賜給了他屋子裡其他人所沒有的寶貴天賦——作為雙目失明的補償，賦予了他一副無比靈敏的耳朵。但當時卻是第一次有人讚美史蒂夫過人的聽力。如今，許多年過去了，史蒂夫說那次讚美成為了自己新生活的開端。就像我們所知道的那樣，從此以後史蒂夫開始專注開發自己聽力上的才能，並以史蒂夫・王爾德的藝名成為了70年代最優秀的流行歌手和作曲家。

讀到這裡，有些讀者或許會說：「這都是老一套，諂媚、阿諛奉承、拍馬屁，這些我早就試過了，一點用處也沒有。這種方法也就對付幾個蠢人，對聰明人來說根本不管用。」

當然，逢迎拍馬那一套是騙不了明白人的。拍馬屁不過是膚淺、自私和虛偽的表現，理應遭到失敗，而且生活中它也的確經常失敗。的確，有些人是如此饑渴地希求他人的讚賞，為了得到真誠的讚美他們簡直願意付出一切，就如同將要餓死的人即使給他草或魚飼料都會毫不猶豫地吞下去一樣。

即使是維多利亞女王也容易被恭維所打動。英國的前首相班傑明・迪斯雷利坦承，他經常對女王說恭維的話。引用他的話來說，就是「簡直奉承得過了頭」。但是迪斯雷利是曾經統治過疆域廣闊的大不列顛帝國的眾多統治者中最優美文雅、善於機巧、精明老練的人之一，他堪稱是一個天才，但是對他有用的事情不一定對你我也有用。從長遠來看，恭維對你總是弊大於利的，因為恭維的話是虛假的，就像假鈔一樣，如果你把它用到別人身上，那麼總有一天會給你帶來麻煩。

讚賞和諂媚的區別究竟在哪裡呢？其實非常簡單，很容易就能識別出來。讚賞是出於內心熱切真誠的，而諂媚卻是虛偽的、違心的；一個發自肺腑，一個只停留在嘴上；一個是無私的，一個是自私的；一個不管到哪裡都會為人所欽佩，一個無論到何時都會遭到唾棄和譴責。

前幾天我到了墨西哥城，在查普特佩克宮看到了一座墨西哥英雄奧伯利根將軍的半身雕像。在半身像的下部鐫刻著奧伯利根將軍的至理名言：「別怕攻擊你的敵人，提防諂媚你的朋友。」

不！不！不！我寫下這些話的目的絕不是叫人去恭維諂媚，絕對不是。在這裡我只是在講一種全新的生活方式。請允許我再重複一次，我在談論的只是一種新的生活方式而已。

英國的皇帝喬治五世在白金漢宮書房的牆上掛著6條格言。其中有一條寫道：「教導我不要奉承他人，也不要接受廉價的讚美。」此處「廉價的讚美」，正是恭維諂媚的意思。我曾經讀過一句對於諂媚的定義，或許值得在此處重提：「諂媚就是清楚明白地告訴對方他是如何看待自己的。」

拉爾夫・沃爾多・愛默生曾經說過：「不管使用什麼樣的言語，

你都只是說出了你自身的種種。」

如果只需用恭維和諂媚就能達到我們的目的，而這又是如此容易學會，那麼隨便一個人都可以成為「人際關係學」的專家了。

如果我們沒有在思考某個特定的問題時，往往就會使用95%的時間來思考與我們自身有關的事情。現在，如果我們能夠將思緒從自己身上稍稍抽離片刻，轉而想想別人的優點和長處，那麼在有所需要時我們就不必刻意造出那些甚至羞於啟口、虛偽廉價的諂媚之辭了。

我們在日常生活中最容易忽略的美德就是讚美和欣賞。不知道出於什麼原因，當兒女帶回家一張優秀的成績單時，我們疏忽了對他們的讚揚；當孩子第一次成功地烤出蛋糕或是搭好一間小鳥舍時，我們忘記給他們鼓勵。而對孩子們來說，沒有什麼比父母的關注和讚揚更值得高興的了。

下一次，當你在俱樂部享受菲力牛排時，請對廚師說一句這做得真不錯；當一位疲憊的售貨員為你提供了格外親切周到的服務時，不要忘記稱讚他。

每一位牧師、演講者或公眾發言人都知道，當他們的演說得不到聽眾的回應或讚美時，會感到多麼挫敗。而發生在這些專業人士身上的事情如果放到辦公室、商店或工廠的職員身上，或者放到我們的家人朋友身上，造成的影響會是他們的兩倍甚至更甚。我們在人際交往過程中一定要時刻牢記，我們接觸到的都是人，都渴望得到讚美。讚美是一種誰都喜歡的、正當合理的美德。

在你每天的生活之旅中，請盡力多燃起幾處讚美的火花，留下一些溫馨的痕跡。你會驚訝地發現，這些小小的友誼之火在你下次造訪時已經變成了朵朵怒放的玫瑰。

住在康乃狄克州新費爾菲爾德市的帕米拉．杜哈姆，她每日的職責之一就是監督一位工作表現很差的看門人工作。其他員工總是嘲弄那名看門人，甚至在通道中亂扔垃圾，讓他知道自己的工作表現有多麼不好。這對他來說實在是太糟糕了，一生中最能做出成績的時間都浪費在了商店裡。

帕米拉試了許多方法來激勵看門人，但都沒有成功。後來，她注意到看門人偶爾也會做一兩項很漂亮的工作，於是她抓住機會當眾讚揚了他。看門人的工作每天都能取得進步，很快他不管處理哪項工作都非常快速有效。現在他工作表現非常優秀，每個人都給予他肯定和讚美。真正的讚美所達到的效果是批評和嘲諷無法企及的。傷害別人不僅不能改變他們，更無法鼓舞他們。我把下文引述的這條古老格言寫成紙條貼在了鏡子上，保證自己每天都能看到它。

> 我的人生只有一次，因此所有能奉獻給他人的美德與善行，我都會立即去做。不要猶豫，不容忽視，因為我的人生只有一次。

愛默生有句名言：「凡是我遇到的人都必然有某些方面勝過我，而我就向他學習那些比我強的地方。」

如果這見解對於愛默生來說都是一句真理，那麼對於平凡的你我來說難道不是千倍萬倍的真理嗎？讓我們不要繼續沉浸在自身的成就和需要裡，而去試著研究別人的優點，關心一下他們的需要。拋開恭維諂媚的語言，而給予他人真實誠摯的讚美。如果你能做到「誠於嘉許，寬於稱道」，人們將會珍視你所講的每一句話，把它們銘記在心直至終生；即使你自己早已忘記，可是別人仍會牢牢記著你所說的每一個字。

原則二

向別人獻出你真實誠摯的讚美。

3
掌握了這門技巧就能掌握世界。若不懂這門技巧將會孤獨而終。

如果能夠找到一個成功秘訣的話，
那就是充分把握對方觀點的能力，
我們要同時站在對方和自己的立場上看待問題。
——亨利・福特

每年夏天，我都會去緬因州釣魚。就我個人來講，我非常喜歡吃草莓和奶油，可是我知道出於種種原因，水裡的魚更愛吃小蟲。每次去釣魚，我並不以自己對食物的愛好為準，而是琢磨魚都想要吃什麼。所以我從來不用草莓或奶油作魚餌，而會在魚鉤上穿上一條小蟲或是一隻蚱蜢放進水裡垂到魚兒面前，對牠們說：「你要吃這個嗎？」當你想要「釣」一個人時，你為什麼不按照同樣的道理來試試呢？

一戰時期的英國首相勞埃德・喬治正是這樣做的。曾經有人問他說，其他在戰爭中成為領袖的人如威爾遜、奧蘭多和克裡蒙梭等都已經黯然退場的時候，他為何還能夠身居高位、大權在握？喬治回答說，他之所以能夠成為政壇常青樹，可能要歸功於他很早就明白了一個道理：釣魚時，魚餌一定要合乎魚的口味。

為什麼我們要喋喋不休地對自我需求高談闊論呢？其實這是一種非常幼稚可笑的行為。當然，你肯定會關注自己的需求，而且還會長久地關注下去，這是無可厚非的。但是其他人卻對它漠不關心。要知道，其他人其實都和你一樣，他們注意的只是他們自己的需求。

因此，世界上唯一一個能夠影響他人的方法，就是談論他的需求，並且告訴他怎樣才能滿足他的需求。

以後如果你再希望別人為你做些什麼，就請把這句話牢牢記住。比方說，如果你不想讓你的孩子吸煙，請不要忙著去訓斥他；你只需要告訴他，吸煙可能會導致他無法參加籃球隊，或者難以在百米賽跑中獲得勝利。

不論你是要應付孩子、小牛或是黑猩猩，這一招都同樣有效。例如，有一次，拉爾夫·沃爾多·愛默生和他的兒子想趕一頭小牛進入牛棚，但是他們犯了一個常識性的錯誤，只想到了自己的需要，沒有考慮那頭小牛的反應。於是愛默生推，他兒子拉，忙得滿頭大汗。但那頭小牛正和這兩父子一樣，也只想著牠自己的需求，於是僵直著4條腿，頑固地拒絕離開那塊草地。一旁有個愛爾蘭女傭看到了他們的困境，雖然她不懂得寫書做文章，可是至少在這一次，她卻比愛默生更為理解馬、牛這類牲畜的感受，她是從這頭小牛的需求出發考慮問題的。只見這個女傭把她的拇指伸入小牛的嘴裡，一面讓小牛吮吸著她的拇指，一面溫和地將小牛引進了棚裡。從你來到這世界上的那天起，你所做的每一件事、你的每一個行為，其出發點都是你自身的需求。你贈給紅十字會一大筆捐款的時候是怎樣想的呢？不錯，這種行為也同樣符合上述原則。你之所以會捐錢給紅十字會，是因為你想向處於困難中的人們伸出援手，你想做一件美好的、無私的、神聖的事情。正如「聖經」中所說的那樣：「這件事是為了我的兄弟做的，也就是為了我做的。」

假如行善所帶來的感覺及不上金錢在你心中的地位，你是絕對不會拿出捐款的。當然，這也可能是因為你不好意思拒絕，或者因為一個客戶請你出資捐助，不得已而為之。可是有一件事是可以肯定的，那就是你捐款一定是由於你需要些什麼的緣故。

哈利．奧弗斯特裡特教授在他那部極具啟發性的著作「影響人類的行為」一書中寫道：「行動產生於我們最基本的慾望……而無論在商場、家中、學校還是政治領域，對於那些想要在將來說服他人的人們來說，我們所能給予的最好建議，就是要先激發出對方某一種迫切的需求。如果掌握了這門技巧，就能夠掌握世界。如果不懂得這門技巧，將會寸步難行，孤獨而終。」

安德魯．卡內基曾經是個貧苦的蘇格蘭少年，他剛開始工作的時候，他的報酬每小時只有兩美分，可是這個人後來竟然賺到3.65億美元。他很早就已經知道，影響他人的唯一方法就是讓話題時刻圍繞著對方的需求。雖然他又讀過4年書，可是他卻能夠抓住與人相處的關鍵。

舉例來說，安德魯．卡內基的嫂嫂因為她的兩個兒子憂思成疾。這兩個孩子當時都在耶魯大學就讀，或許因為他們整天忙著自己的事情，甚至忘了寫上一封家信，而對於家裡焦急掛念的母親寄來那充滿焦慮的信件，他們也都置之不理，不予回覆。

安德魯．卡內基聽說這件事後說，他願意賭100美元，他可以在不要求回覆的情況下收到這兩個侄兒的來信。有人和他打了這個賭。卡內基給侄兒寫了封信，隨便閒扯些話題，並在信後附帶提了一句，說是給他們每人寄去了一張5美元的鈔票。

然而，他並沒有把錢裝進信封。

他兩個侄兒很快就回了信，他們在信中問候「親愛的安德魯叔叔」，感謝他的來信，並且——後面的內容不用我說你也知道了。

另一個關於說服他人的例子來自俄亥俄州克利夫蘭市的斯坦．

諾瓦克，他也是我班上的一名學員。有一天斯坦從公司回到家中，發現自己的小兒子蒂姆在客廳地板上滾來滾去，又哭又叫的。蒂姆第二天該去幼稚園了，可是他不想去。如果在平時，斯坦先生會命令孩子回自己的房間，並對他說他是一定要去幼稚園的，最好早點想通，他沒有別的選擇。可是這天晚上，斯坦先生意識到這種做法並不能使蒂姆心情愉快地去幼稚園。於是斯坦先生在沙發上坐了下來，認真地思考：「如果我是蒂姆，什麼能夠吸引我到幼稚園去呢？」他和妻子一起列了一張清單，將蒂姆去幼稚園後會做的、有意思的事情全部寫出來，例如用手指畫畫、唱歌、交新朋友等等，然後他們就把這些付諸實踐。「我妻子、莉莉、另一個兒子鮑伯還有我都開始在廚房的餐桌上用手指畫畫，顯得非常開心。很快，蒂姆開始在角落裡偷偷看著我們，過了一會兒他終於忍不住要加入我們。『哦，這可不行，你必須先去幼稚園學習怎麼用手指畫畫。』接著我又用蒂姆能聽懂的方式，熱情地向他描述了清單上所列的有趣的事情，並告訴他如果去幼稚園就可以獲得這些樂趣。第二天早上，我本以為自己是全家起床最早的人，可是下樓後我吃驚地發現，小蒂姆竟然在客廳的沙發上坐著睡了一夜。當被詢問這樣做的原因時，孩子回答，『我在等著去幼稚園。我可不想遲到。』全家人的熱情喚起了蒂姆去幼稚園的強烈願望，而如果採用的是討論或強迫的辦法，就很可能會徒勞無功。」

或許明天你就需要勸說某人去做某件事，在你開口之前，不妨先停下來問問自己：「我該怎樣才能讓他自己想要做這件事？」

這個問題能夠阻止我們匆匆忙忙地跑到對方面前，冒冒失失、毫無結果地談論我們自己的願望。

曾經我因為要舉行一系列的演講活動而需要租下紐約某家酒店裡的大舞廳，每個季度都要佔用20個晚上。

在某一季剛開始的時候，我突然接到那家酒店的通知，說我必須付3倍於過去的租金才能繼續使用他們的大廳。當我得知這個消息時，演講的通告已經公佈出去，入場券也印發完畢了。

我當然不願意多付租金，可是和酒店申訴我想要的東西又有什麼用呢？酒店所關注的只會是他們自己的需要。於是，幾天之後我去拜訪了那家酒店的經理。我對那位經理說：「坦白說，收到你的信時我真的有點吃驚。當然我並不是在責怪你，如果我們易地而處，很可能我也會做出同樣的事情。為這家酒店創造利潤正是你作為經理的職責所在。倘若你不這樣做，就會被撤職，而且也的確應該被撤職。那麼，現在讓我們拿出一張紙，把你堅持加租所帶來的利弊一條一條地羅列出來。」

於是我取出一張紙，在紙的中間劃出一條線，一邊的上端寫上「利」，另外一邊寫上「弊」。

我在「利」的那一欄裡寫上「舞廳無人使用」這幾個字，然後對他說：「這樣你就可以自由地把舞廳出租給任何人，作跳舞以及各類聚會之用，這的確是一個很大的優勢。在這種情況下，你的收入顯然要比租給一個單純以演講集會為目的的組織要賺得更多。假如在這一季中有20個晚上都是我來佔用你的舞廳，你一定會失去了這筆龐大的利潤。」

我接著說：「現在我們來談談如果不把舞廳租給我們，會帶來哪些弊端。首先，由於我無法接受你加租的要求，你會連原本我付給你的那份租金也失去了。從我的角度來看，由於我無法付出你所要的租金，不得已只有把演講遷往別處舉行。」

「另外，不知你是否想過這件事帶來的另外一項不利之處。透過我舉辦的這些演講，把大量受過高等教育的上流人士吸引到你這家酒店來，對你來說難道不是相當於做了一次極為成功的廣告？實際上，即使你花上5000美元在報紙上登廣告，來光顧你酒店的人也不會有我的演講所吸引來的人那樣多。而這對於一家酒店來說是非常有價值的，難道不是嗎？」

我一邊說一邊把這兩項不利之處寫在紙上相應的標題下面，隨後把那張紙交給了經理，對他說：「我希望你能仔細考慮一下我們討論過的這些利弊，當你做出最後決定後請給我一個通知。」

第二天我收到那家酒店寄來的一封信，告訴我租金上漲了50%，而不是原來的300%。

請注意，在上述的說服過程中，我對自己的需要隻字未提，卻非常順利地達到了目的。這是因為自始至終我所說的都是對方所需要的東西，以及他該如何去得到它。

想想看，如果我像一般人通常會做的那樣，直接闖進那位酒店經理的辦公室吵嚷著說：「你明明知道我早就印好了入場券，通知都已經公佈出去了，卻突然說什麼提高租金，而且是3倍，究竟是什麼意思？3倍的租金！簡直是荒謬！可笑至極！我不會付給你的!」

如果我這樣做了，事情又會如何發展呢？那無疑將會爆發一場激烈的甚至是氣急敗壞的爭吵，而這場爭執的結果你一定能夠猜到——即使我可以使這位酒店經理相信自己確實是錯誤的，他的自尊也不會允許他讓步和屈服。

關於與人交往的藝術，這裡有句至理名言。亨利·福特曾說過：

「如果能夠找到一個成功秘訣的話，那就是充分把握對方觀點的能力，我們要同時站在對方和自己的立場上看待問題。」

這句話實在是太精闢了，在此我再重複一次：

「如果能夠找到一個成功秘訣的話，那就是充分把握對方觀點的能力，我們要同時站在對方和自己的立場上看待問題。」

這道理是如此簡單、淺顯，任何人只需看一眼就可以明瞭其中的意思。但是，在這個世界上有90%的人在90%的時候，都不約而同地把這件事忽略了。

我們可以舉出許多例子來證明這一點。看看明天早上出現在你辦公桌上的來信，你就可以發現大多數的信件都違反了這重要的常識性原則。就拿下面這封信來說，它出自一位供職於某廣告公司的無線電部主任的手筆，而那家公司規模龐大，分公司遍及全國各地。信是寫給全國各家無線電臺負責人的，其內容如下：（我在括弧中所加的注解，是我自己讀完每一段文字後的想法和反應。）

約翰．布萊克先生
布萊克維爾
印第安那州

親愛的布萊克先生：

本公司希望能夠保持其在無線電界廣告業務的領袖地位。

（誰會關心你們公司有什麼希望？我自己這裡的問題就已經夠煩的了！銀行眼看就要取消我抵押房產的贖取權了，我的花草正飽受害蟲侵害之苦，昨天的股票大跌，今天早晨我又沒趕上8：15的那班火車，昨晚鐘斯家開舞會竟然沒邀請我，而且醫生還說我有高血壓，神經炎和頭屑過多的毛病。然後呢，看看發生了什麼事，當我滿心煩亂地走進辦公室，打開我的郵件時，竟然看到一個連紐約的名字都沒聽說過的傢伙，絮絮叨叨地對我說他們公司想要怎樣！呸！要是這個人知道別人對他寫的信會作何評價的話，他會乾脆放棄廣告這一行，找點別的力所能及的活幹幹。）

本公司遍及全國的廣告客戶是廣播電視網路的堅強保障。我們廣播時間所創造的利潤使本公司的營業額每年都保持在同類公司的前列。

（哦，你炫耀自己規模大利潤高，一切都遙遙領先，是不是？但那又怎麼樣？就算你的公司有通用汽車公司、通用電氣公司和美國陸軍總部合起來那麼大，也跟我毫無關係。只要你腦子裡的東西有一隻智障的蜂鳥那麼多，那你就該想到，我只關心我自己有多大，而不是你有多大。你對於自己豐功偉績的炫耀只會讓我感到渺小和卑微。）

我們希望能夠提供各家無線電臺的最新消息來為廣大客戶服務。

（你希望！你希望！你簡直是頭笨驢。不管是你的希望還是美國總統的希望，我都完全不感興趣。我可以直截了當地告訴你，我只關心我所希望的東西。而在你這封荒謬可笑、愚蠢至極的信裡，到現在也沒有提過一個字。）

因此，我們希望你們能將本公司列入優先名單，以獲取每週電臺資訊，這些資訊包括廣告公司在登載廣告時能派上用場的每一個細節。

（「優先名單」，你真有膽量啊！替你們公司自吹自擂，簡直讓我感到自慚形穢，渺小卑微。然後你還想讓我把你列入什麼「優先名單」，而且有求於人的時候居然連個「請」字都不說。）

即予函覆，把你們最近的「活動」告知我們，這樣對我們彼此都有好處。

（你這個蠢貨！你寄了一封簡單廉價的格式信件給我——一封就像秋天的落葉那樣全國各地四處紛飛的信，而你還想讓正在為房產被抵押、花草遭害蟲、血壓太高而焦慮憂愁的我，在這個時候坐下來特意為你寫信，回覆你那封寄給過無數人的格式信件，而且還命令我向你「即予函覆」！「即予」是什麼意思？難道你沒想過我也和你一樣忙嗎——或者至少我認為自己和你一樣的忙？另外我想知道，在這個問題上，是誰給你這樣一個權利命令我做這做那的？你說「這樣對我們彼此都有好處」，這信都已經結尾了，到最後你才稍稍考慮了一下我的利益。可是究竟對我能有什麼好處，你卻又含糊其辭，不做任何具體說明。）

您忠實的朋友
約翰·杜伊
無線電部主任

再啟：隨信附上「布萊克維爾日報」副本一份，如果你對它感興趣、願意在你的電臺中廣播的話，可以作為參考。

（天哪，在最後的附記裡面，你終於提到了一點可以幫助我解決一些問題的東西。那麼你為什麼不用這些來做你這封信的開頭呢？不過，那又有什麼用處呢？任何一個廣告公司的人如果犯了像你寄來的這封信中這種種愚蠢的錯誤，他一定是腦神經不正常。你根本就不需要什麼關於我們最新行動的回信。所有你所需要的就只是一品脫的碘，好注射進你的甲狀腺。）

現在我們看看，如果有個一生都從事廣告事業的人，他自以為是這方面的專家，有能力說服他人掏出錢包購買自己的產品，可是卻寫出這樣一封信來，我們還能指望屠夫、麵包師或汽車工程師寫出什麼來呢？

我這裡還有另外一封信，它是一位頗具規模的貨運站的總監寫給我課堂上一個名叫維米蘭的學員的。這封信又會為它的收信人帶來怎樣的影響呢？請先把這封信讀完，我再來告訴你。

首雷格公司
前街28號
布魯克林，紐約州，11201

致：愛德華．維米蘭先生：

尊敬的先生

敝處外運收貨站的工作，因為大部分的客戶都是直到傍晚時分才會把貨送到，受到了極大困擾。因為貨物的堆積會引起我們周轉停滯，造成敝處的員工延長工作時間，卡車調派不開，導致運貨延遲的不利結果。在11月10日我們剛剛收到了貴公司交運的共計510件貨物，但是送達敝處時已經是下午4點20分了。

為了減輕貨物延遲帶來的不良影響，我們希望貴公司能夠與敝處展開充分合作。日後如果有大批貨物需要交運時，能否請貴公司儘量趕出時間提早送達我們這裡，或是在上午先送達其中一部分？

採取這項措施於貴公司的業務同樣大有裨益，可以讓貴公司的載貨卡車不致耽擱而迅速駛回，同時敝處也可鄭重保證，收到貴公司貨物的當天會立即發出。

您忠誠的朋友

總監J.B.

讀完這封信後，任首雷格公司銷售部經理的維米蘭先生寫下了下面這些話，並做出評論：

我想這封信所帶來的後果與對方的初衷正好相反。信的開端對自己貨運站的困難大談特談，而一般來說我們並不會關心這些事。緊接著對方又要求我方對他們的工作進行配合，很顯然他們根本就沒有想過，這是否會對我們造成任何不便。在信末尾的一段終於寫到了，如果我們能夠與他合作，可以讓卡車不受耽擱地迅速返回，也可以保證收到我公司貨物的當天會立即發出。

換句話說，作為收信人的我們所關注的事情卻是在最後才提了一句，這使得來信造成了極大的負面影響，只會加深敵對，無法促成合作。

下面我們看看能否重寫這封信，對它加以完善，更好地達到其原本的目的。我們不要浪費時間喋喋不休地絮叨自己的問題，而要像亨利・福特曾經說過的那樣，「我們要同時站在對方和自己的立場上看待問題」。下面給出了一種修改方法，或許這並不是最好的方法，但你可以感受一下，是不是已經有了一定程度的改善？

愛德華・維米蘭先生
首雷格公司
前街28號，
布魯克林，紐約州，11201

親愛的維米蘭先生：

14年來，貴公司一直是我們非常歡迎的好主顧。當然，對你們的光顧我們深表感激，並且極其願意為你們提供更為迅速高效的服務。然而，現在我們感到非常抱歉的是，假如貴公司的卡車總會像11月10日那樣直到傍晚的時候才運來大量的貨物，我們就不可能再為貴公司提供一直以來的優質服務了！為什麼呢？這是因為有許多其他客戶也喜歡選在傍晚時分交貨，這樣自然就容易發生交通擁堵的現象，使得貴公司的運貨卡車也難免在碼頭受阻，甚至會耽擱發貨的進度，使你們的貨物無法按時送達目的地。

這是一種非常糟糕的情況，但它實際上是可以避免的。如果貴公司能夠在上午碼頭相對空閒時將貨物交送到敝處，這樣貴公司的運貨卡車可以迅速返回，保持流暢的運轉；貴公司交運的貨物也可以立即得到處理和發送，而敝處的員工們每晚還可以早些回家，品嚐貴公司出品的美味餛飩和麵條。

當然，無論貴公司的貨物在何時到達，我們都很樂意竭盡全力地為你們提供迅捷高效的服務。

您公務繁忙，不必費神賜覆！

您忠實的朋友

總監J.B.

芭芭拉・安德森在紐約一家銀行裡任職，但為了兒子的健康著想，她打算遷居到亞利桑那州的鳳凰城去。於是，她利用在我講習班中學到的原則，向鳳凰城的12家銀行都寄去了這樣一封信：

尊敬的先生：

我已經有10年的銀行工作經驗，相信像你們這樣發展迅猛的銀行會對我這樣的人感興趣。

此前我供職於紐約一家銀行信託公司，曾負責過許多方面的工作，因良好的表現被提升為分部經理。我熟悉銀行的各項業務，例如客戶關係、信用、貸款以及銀行行政管理等。

我將於今年5月遷往鳳凰城定居，我深信自己能夠對貴行的業務發展和利益有所貢獻。我會在4月3日那個星期先行抵達鳳凰城，如果能夠榮幸地獲得機會，展示我將如何為貴行的發展出力，我將會不勝感激。

您忠實的朋友

芭芭拉・安德森

你認為安德森女士能夠收到回信嗎？事實是，12家銀行中的11家都約她前往面談，她完全可以自主選擇要去哪一家工作。為什麼會有這樣理想的結果呢？這是因為安德森女士在信中完全沒提到自己的要求，只是強調了她會如何幫助對方銀行的發展。她始終關注著對方需要的東西，而不是自己所需要的。

今天有成千上萬的推銷員在路上疲於奔命，他們筋疲力盡、垂頭喪氣，依舊無法領到足額的工資。這是什麼原因？很簡單，因為他們的腦袋裡永遠只裝著他們自己的需求和打算，卻完全沒有注意到其實你我都不想買他們所推銷的任何東西。如果我們有什麼想要的東西，就會自己出去買了，根本等不到他們上門。我們所關注的一直是如何解決我們自己的問題。但是如果有某個推銷員能夠向我們展示他的服務或商品將是如何幫助我們解決所面臨的問題，那他根本用不著喋喋不休地對著我們推銷，我們自然會掏出錢包購買。而且，顧客們都喜歡主動購買的感覺，而不是由於推銷的因素。

然而，有很多推銷員窮其一生都在從事銷售工作，卻依舊不能掌握「要站在買主的立場看問題」這個簡單的道理。例如，我曾經在紐約市中心的林邱社區裡居住過很多年。有一天，我匆匆忙忙地往車站走的時候，正巧碰到一個房地產公司的經紀人，多年來他一直在這一帶推銷房產。他對我所在的林邱住宅區非常熟悉，所以我趕緊向他打聽我住的那種房子是用什麼材料建造的，是鋼筋還是空心磚。他對我說不知道，隨後告訴我我早就知道的事情——我可以打電話向林邱花園協會諮詢。第二天早晨，我收到了他寫的一封信。那麼這封信是否回答了我前一天提出的問題呢？其實如果他想知道答案，只需花上60秒鐘打個電話就可以了。但是他並沒有那樣做，在信中他再一次告訴我可以向那個機構致電諮詢，然後就試圖說服我讓他來為我辦理保險業務。

可以看出，他對如何幫助我不感興趣，只想著怎樣才能幫到自己。

霍華德．盧卡斯是阿拉巴馬州伯明罕市人，他向我們介紹了同一公司的兩名推銷員在處理同類問題時的不同做法。他說：

「幾年之前，我還在一個小公司做管理人員。在我們公司附近有家大型保險公司的分公司，其業務代表是按照地區分配任務的，我們公司所在的地區由兩名業務員負責。在這裡我姑且稱他們為卡爾和約翰。

「一天早上，卡爾造訪我的辦公室，在談話中偶然提到他們公司剛剛計畫了一項針對公司高級負責人的人身保險業務，或許我們會對此感興趣，並說等他拿到詳細資料以後再來找我們。

「就在當天，在我們出去喝完咖啡回公司的路上碰到了約翰，他馬上朝我們大喊，『嗨，請稍等，我有個好消息要告訴你們！』他急急忙忙地跑過來，非常興奮地告訴我們公司新增了一項高管人員的人身保險業務（實際上就是卡爾在閒談中提到的那個）。約翰希望我們能成為首批參保人員，給了我們一些關於承保範圍的重要資料，最後還說，『這種保險剛剛開始辦理，明天我會請總公司的人過來作個詳細的介紹。如果現在先在申請單上簽上名，到時候就會有更多資料供來的人作分析了。』儘管我們還不瞭解保險的詳細情況，可是他的熱情卻喚起了我們購買保險的強烈慾望。當保險合同送達時，我們發現它和約翰當初的介紹完全一致。所以約翰不僅讓我們每個人都購買了新的保險，後來還擴大了承保範圍。

「卡爾本來應該能說服我們加入保險，但是他沒有試圖激起我們加入該保險的慾望。」

世界上到處都充滿著自私和貪婪的人。因此那些極少數以無私胸懷服務他人的人，反而能夠獲得非常豐厚的回報。他面臨很少的競爭。著名的律師、美國最偉大的商業領袖之一，歐文．楊曾經這樣說過：「一個能夠設身處地為他人著想、理解他人想法的人，永遠不必擔憂自己將來的前途會如何。」

如果你讀過這本書後只有一項收穫——學會了永遠站在對方的立場去考慮和設想，並從對方的角度出發去看待事物——如果你真的從本書中學會了這件事，那它必將成為你一生事業轉變的關鍵。

仔細分析他人的看法，喚起他對某樣事物的強烈需求，不應該理解為是要利用這點去控制他，使他做出對你有利但對他自己有損的事情。通過協商，任何一方都應該有所得。前文中在給維米蘭先生的信中，寫信者和收信者都將因為達成的建議而有所收穫。同樣，安德森夫人和銀行雙方都通過她的信受益，銀行獲得了一位經驗豐富的工作人員，安德森夫人則找到了一份理想的工作。約翰向盧卡斯推銷保險的例子中，最後的結果也是雙贏的。

另外一個例子也是關於激發他人的迫切需求從而使雙方都從中受益的事情。羅德島威克市的邁克爾·威登先生為我們講述過這麼一件事：威登是殼牌石油公司的一名地區推銷員。邁克爾想要成為該地區最出色的推銷員，但是在一間加油站那裡碰了釘子。那個加油站的經理是一位年邁的老人，不管邁克爾如何想辦法勸誘，他就是不肯主動打掃自己的加油站，讓它保持清潔。髒亂的環境使得這裡的汽油銷售大受影響。

不管邁克爾怎麼勸說，老人就是不肯動手提升加油站的環境品質。在多次誠懇的溝通都以失敗告終之後，邁克爾想了一個新辦法：他決定邀請老人去參觀自己負責區域內最新的一家殼牌公司加油站。

所參觀的加油站整潔美觀的環境讓那位老人留下了深刻的印象。當邁克爾再次拜訪時，他發現他的加油站已經整理得乾乾淨淨了，汽油銷售量也隨之創下了新高。這也幫助邁克爾成功地成為了本地區業績最好的推銷員。他從前的勸說和討論都沒有奏效，但是他帶著老人參觀現代化的加油站，激發了老人心中迫切的慾望，終於實現了自己的目標——邁克爾與那位經理都從中獲得了益處。

大多數人受過大學教育，研讀維吉爾的詩歌，並且精通微積分，但是他們從來不曾發現自己的大腦是如何工作的。例如有一次，我去為一群剛剛大學畢業、即將到大型空調生產廠商——卡瑞爾公司工作的年輕人開設講座，演講的題目叫「有影響力的語言」。到場的聽眾中有一個學生，他想要勸別人在空閒時間裡和他一起去打籃球，然而他是這樣說的：「我想要你們一起去打籃球。我非常喜歡打籃球，可是前幾次我去體育館的時候人數都不夠，沒辦法分隊打對抗賽。還有一天晚上我們只有兩三人一起投籃，結果不小心把我的眼睛打出個黑眼圈來。我希望明晚你們全都能來，我想打籃球。」

在上面這段話裡，這個學生提到了任何你需要的東西了嗎？你當然不想去那個沒人願意光顧的體育館，不是嗎？你肯定不關心他想要怎樣，而且你一定不想把眼睛打得瘀青。

那麼，這個學生是否有可能透過表達來讓你確信，到體育館去確實可以滿足你的某些需求？他當然可以。比如他可以告訴你，到體育館打籃球是能夠使你精力充沛、胃口大開、頭腦清醒、心情愉快的遊戲。

在這裡有必要重述奧弗斯特裡教授的至理名言：

「首先必須激發對方某種迫切的需求。如果掌握了這門技巧，就能夠掌握世界。如果不懂這門技巧，將會寸步難行，孤獨而終。」

在我的成人訓練班上有一名學生為了他的小兒子而愁眉不展，原因是這孩子的體重輕得超乎尋常，可他又不願意乖乖吃東西。他的父母採用了通常慣用的手法：責罵和嘮叨。「媽媽要你吃這個、吃那個！」「爸爸希望你將來能夠長成一個高大的人。」

那個孩子聽得進去這些話嗎？他根本不會理會這些嘮叨，就好像你不會費心留意沙灘上的一粒沙一樣。

一個人只要有一匹馬的常識，就不會指望讓一個3歲孩子對一個30歲父親的觀點產生什麼反應。可是這正是那位父親所期望的。它本身就是不合情理的，所幸那位父親終於認識到了這一點。於是他對自己說：「我的孩子究竟需要什麼？我應該如何把我的需要和他的需要結合在一起？」

當那位父親開始從這個角度考慮問題時，事情就非常容易解決了。他的兒子有一輛三輪腳踏車，那孩子非常喜歡在他們位於布魯克林的房子前的人行道上來回騎著這輛三輪車玩。在那條街上的不遠處住著一個大一些的男孩，總是欺侮比他小的孩子。他經常把我們的小男孩推下三輪車，搶過車來自己騎著玩。

自然，小男孩會哭著跑回家向自己的母親告狀，然後他的母親就得出門讓那個欺負人的大孩子從三輪車上下來，再把自己的孩子放上車。像這樣的情景幾乎每天都會上演。

這個小男孩需要什麼？這個問題可用不著歇洛克·福爾摩斯來回答。他的自尊、他的憤怒、他希望獲得尊重的慾望——所有這一切他心中最強烈的情感——驅使著他想要報復，給這個惡劣的壞蛋迎頭痛擊。而這時如果他的父親告訴他，他只要吃了母親讓他吃的那些東西，他就會很快長大，將來總有一天能夠把那個一直欺負他的大孩子痛揍一頓，當他的父親向他許下這樁諾言後，孩子吃飯就再也不是問題了！為了能讓自己快快長大，好去打那個一再欺侮他的壞蛋，不管是菠菜、白菜、鹹魚還是其他別的什麼東西，小男孩都會去吃。

解決了吃飯的問題以後，父親著手處理另一個問題：這個小男孩有尿床的壞習慣。

平時小男孩與他的祖母一起睡，當祖母清早醒來疊被子時，總是會摸摸床單，然後問小男孩說：「約翰你看看，昨天晚上你又做了什麼。」

小約翰總是這樣回答說：「沒有啊，不是我做的。那是你弄濕的。」

父母親曾經罵他、打他、羞辱他，無數次地申明他們不希望他繼續這樣做，可是這些沒有一樣能讓第二天清早的床單是乾的。於是約翰的父母問自己：「怎樣才能讓約翰這孩子改掉晚上尿床的壞習慣？」

那麼約翰想要的東西是什麼？第一，他要和父親一樣穿睡衣睡覺，而不喜歡穿祖母所穿的那種睡袍。祖母早就受夠了這小孩在夜間的搗蛋行為，因此提出如果約翰能夠改正，她會非常樂意為他買套睡衣。

第二，他要求有一張屬於自己的小床——祖母當然也沒有提出反對。

母親帶他來到布魯克林的一家百貨公司，用目光示意售貨小姐，嘴上說：「這位小紳士要買點東西。」售貨小姐用能讓他產生自重感的恭敬語氣問：「年輕人，你想買什麼？」

為了讓自己顯得高一些，小約翰踮起腳來對售貨小姐說：「我想為自己買一張床。」

在挑選時，母親看到自己希望約翰買的床時又向售貨小姐使了個眼色，售貨小姐就向約翰著重介紹那張床的好處，說服他買了下來。

床在第二天送到了。當天晚上父親回到家裡的時候，約翰跑到門口興奮地大聲叫著說：「爸爸，爸爸！快點上樓來看我買的新床！」

父親看到新買的床後，就按照司華伯「誠於嘉許，寬於稱道」的理論，對小男孩點頭讚許。

隨後他又問兒子：「你不會再像以前那樣尿濕床了，對不對？」

「啊，是的，我當然不會了！」小約翰連連搖頭說，「我以後再也不會把床弄濕了。」為了他的自尊心，小男孩守住了自己的諾言。因為那是他的床，是他獨立買下的。現在約翰睡覺穿著睡衣，就像一個小大人一樣，他想讓自己的行為也像個「大人」，而他也確實做到了。

我的訓練班中還有一位名叫得施曼的父親，他是一位電話工程師。困擾他的難題是他3歲的女兒無論如何都不肯吃早餐。夫婦倆試用了各種方法，通常人們會採用的責罵、請求或是哄騙的方法，全都無濟於事。最後，這對父母停下來問自己：「我們怎樣才能讓她自己想要吃早餐呢？」

這個小女孩非常喜歡模仿自己的母親，享受那種「自己已經長大了」的感覺。所以某天早上，這對夫婦把女兒放到一張椅子上，讓她自己動手做早餐。這正好符合小女孩心理上的需求。當她正在埋頭苦幹時，父親走進了廚房。看到父親進來，小女孩一邊攪拌著早餐一邊招呼說：「嗨，爸爸你看！我正在做早飯呢！」

當天早上，小女孩不需要任何人哄騙或勸誘就乖乖地吃了兩大碗飯。這是因為她對這件事非常感興趣，而且滿足了她的自重感。小女孩在早餐的製作過程中找到了表現自己的途徑。

威廉・溫特爾曾經說過：「自我表現是人類天性中最為重要的一

項必需品。」為什麼我們不能在事業之中也應用同樣的心理學呢？當我們想到一個絕妙的主意時，為什麼不讓對方自己說出來，並且讓他們覺得是自己而不是我們想到了解決的辦法呢？他們一定會感到非常高興，可能還會因此「多吃兩大碗」呢！

請記住：首先，要激發他人迫切的需求。如果你掌握了這門技巧，就能夠掌握世界。如果你不懂得這門技巧，將會寸步難行，孤獨而終。

原則三

引發他人迫切的需求。

PART 1

小結

與人相處的基本技巧

原則一

不要批評、指責或抱怨。

●

原則二

向別人獻出你真實誠摯的讚美。

●

原則三

引發別人迫切的需求。

PART 2

讓人喜歡你的6種方法

Six Ways

to Make

People Like You

1
能使你處處受歡迎的做法

如果你能夠真誠地關心他人、關注對方的需要，
那麼你在兩個月內交到的朋友，絕對比那些只等著別人來關心、
期待對方對自己的需要產生興趣的人還要多。

我們為什麼要透過讀一本書來學習如何獲得友誼，而不向這世界上最善於交友的人來學習這個重要的技巧呢？誰又是世界上最擅於交友的人？或許你明天走在街上就能夠碰到他。當你走近他身邊十英尺左右的範圍內時，他就會開始搖尾巴了。這時如果你願意停下來輕輕拍拍他，他簡直就會高興得跳起來了，用實際行動向你表示他有多麼喜歡你。而且你也清楚地知道，在他這般親熱的舉動背後並沒有隱含其他的目的：他並不打算向你推銷一處房地產，也不是想要和你結婚。

你是否曾經在忙碌的生活中停下腳步靜心想過，其實狗是唯一不需要為生活而奔波勞動的動物？至於其他的動物，母雞要下蛋，母牛要產奶，金絲雀要唱歌取悅人們。然而一隻狗卻不需付出任何勞動來維持牠安逸無憂的生活，只要能把牠的「愛」獻給你。

在我5歲那年，父親用50美分為我買了一隻黃毛小狗。牠為我的童年帶來了無限的光明和歡樂。每天下午4點半左右，牠都會坐在庭院前面，用牠那雙清澈美麗的眼睛盯著門前那條小路，靜靜地等候我回來。只要一聽到我的聲音或是看到我拎著飯盒出現在山上的那叢矮樹林前，它就會像一支離弦的箭一樣飛快地奔上小山，氣喘吁吁地來到我的身邊，興奮地跳著、叫著來歡迎我。

在5年的時間裡，迪貝一直是我親密的好朋友。可是在一個我永遠無法忘懷的悲慘夜晚，迪貝在離我不到10英尺的地方被閃電擊死了。迪貝的死絕對是我童年時代的一場悲劇。

親愛的迪貝，你從來都不曾讀過一本心理學的書，你也根本沒必要去讀。你有著絕妙的本能與天賦，懂得如果一個人真誠地關心他人，那麼他在兩個月的時間內交到的朋友，一定會比那些等著別人關注他、對他產生興趣的人在兩年之中所能交到的朋友還要多。請允許我再重複一遍：如果你能夠真誠地關心他人，關注對方的需求，那麼你在兩個月內交到的朋友，要比那些只等著別人來關心、期待對方對自己的需求產生興趣的人在兩年時間裡所能交到的朋友還要多。

但是，你我都知道，有些人終其一生都無法領悟這個道理，始終想讓別人對自己的需要產生興趣。

當然，這種期望是不會有結果的。因為人們根本不會關心你的事，當然，他們也不會關心我的事。他們就只對自己的事情感興趣——不管是早晨、中午還是晚上。

紐約電話公司進行過一項詳細的調查，日的是研究在電話交談中究竟哪個字最常用。或許你已經猜到答案了：它就是人稱代詞中的「我」。人們在反覆地重複著「我」、「我」、「我」，在500次電話談話之中這個字被足足使用了3900次。

當看一張包含自己在內的團體照時，你最先尋找的人會是誰？

如果我們只是一味地想著讓人們關注自己，對我們的需求產生興趣，那麼我們將永遠無法交到真正的、忠誠的朋友。真摯的友誼是無法透過這樣的方法獲得的。

拿破崙就曾經做過這樣的嘗試。在他與約瑟芬最後一次的會面中，他對她說：「約瑟芬，我曾經是這個世界上最為幸運的人，可是，此時此刻，妳是這世界上我唯一可以信賴的人了。」然而歷史學家卻紛紛對此提出質疑，在他們眼中，拿破崙是不是真的可以信任約瑟芬還是個疑問呢！

阿爾弗雷德．阿德勒是維也納的著名心理學家，他曾經寫過一本名叫「生活的意義」的書。他在書中說道：「一個對周遭的人漠不關心的人，他一生中必然會遇到重重的困難，同時還會為他人帶來非常大的傷害與困擾。迄今為止，人類所遭遇的失敗全都是這樣的人造成的。」

你或許已經讀過了幾十本深奧的心理學著作，但你可能無法找到一句話比上文所記對你我意義更加重大的了。阿德勒這句話是如此意味深長，使得我有必要在下面重述一次：

> 一個對周遭的人漠不關心的人，他一生中必然會遇到重重的困難，同時還會為他人帶來非常大的傷害與困擾。迄今為止，人類所遭遇的失敗全都是這樣的人造成的。

我在紐約大學讀書的時候曾經選修過短篇小說寫作課，在課程中有一位主流雜誌的編輯來為我們作演講。他說他的桌上每天都堆著幾十篇小說，而他不管撿起其中的任何一篇，只需讀上幾段就能夠判斷出這個作者是不是喜歡人。「如果那個作者自身不喜歡別人，那別人也肯定不會喜歡他寫的作品。」

這位業務嫻熟且飽經世故的編輯在他那次關於小說寫作技巧的

演講過程中，曾經有兩次稍稍停頓下來，為他說教般的大道理致歉。他說：「現在我對你們說的這些話，就像你們的牧師所告訴你們的一樣。但是你們不要忘記，如果想成為一位成功的小說家，你首先必須對別人的事情產生興趣。」

如果這就是文學創作的秘訣，那麼可以確定，你在與他人面對面的相處中就更應該如此了。

上一次當塞斯頓在百老匯演出時，我到他的化妝室中拜訪了他，用了一個晚上和他聊天談心。塞斯頓是公認的魔術大師，40年來他的足跡遍及世界各地，以其驚人的魔術絕技一次次地創造出如夢似幻的情景，使觀眾如癡如醉，為他高超的技巧而驚歎不已。迄今為止已經有超過6000萬的觀眾掏錢觀看過他的表演，為他創造了大約200萬美元的收入。

我請塞斯頓先生向我傳授一下他成功的秘訣，他欣然同意了。不出所料，他的學校教育與他目前的成功一點關係也沒有，塞斯頓很小的時候就離家出走，成了一個四處漂泊的流浪兒。他曾經扒過火車，整晚只能在草堆上過夜，挨家挨戶地乞討過活，透過看車窗外鐵路兩邊的看板學會了識字。

那麼是因為他的魔術知識比旁人豐富嗎？不是的。他親口告訴我說，目前已出版的有關魔術的著作有數百本之多，在魔術界造詣與他相當的魔術師也有幾十個。但是他有兩點是別人所不具備的。首先，他天生是表演的大師，有著在舞臺燈光下展現自己獨特個性的非凡能力。因此，他在臺上的每一個手勢、每一聲語調，甚至每抬一次眼眉都經過事先嚴格的練習，他的表演動作環環相扣，一舉手一投足都配合得分秒不差。除了這些，塞斯頓還有一個過人之處，就是他對人真誠的熱情。他對我說，許多魔術家會看著台下的觀眾，對自己自語道：「他們全是些傻瓜、鄉巴佬，我可以完美地騙過他們。」可是塞斯頓的做法與這些人完全不同。他告訴我，每次當他站在舞臺上時，他一定會先對自己說：「觀眾們願意來觀看我的演出，我非常感激。是這些捧場的觀眾給了我舒適愜意的生活，因此我要竭盡所能給他們一場最棒的表演。」

他對我說，每次他走到聚光燈下的時候，都會一遍遍地對自己說：「我愛我的觀眾，我愛我的觀眾。」你是否會覺得這種行為荒謬可笑？你怎麼想都可以。對我來說只是單純地把這位最著名魔術師一直以來所採用的秘訣，不加任何評論地介紹給了你。

喬治・戴克住在賓夕法尼亞州的北華倫城，在一家服務站工作了30年。但是由於新修的一條高速公路搶走了服務站的好地勢，他不得不提前退休。不久之後，他就感到終日沒有工作的無聊生活簡直無法忍受，於是他選擇了演奏自己那把舊小提琴來打發時間。很快他開始四處旅行，找機會聽好的音樂，並向那些造詣精深的小提琴家們請教。雖然他不是什麼著名的演奏者，但他態度謙遜和善，對音樂充滿熱情，對自己請教的每一位小提琴家都真誠地尊敬和結交。如此一來，他很快有了許多水準高超的朋友。他還去參加了比賽。不久，美國東部的鄉村音樂迷們都知道了「金茲阿村的小提琴手喬治叔叔」。當時喬治已經是72歲高齡，卻依舊快樂地享受著生命的每一分鐘。由於他始終對他人保持著關注和興趣，使得他在許多人都認為再也不可能有所建樹的人生階段裡，為自己開創了一個嶄新的天地。

而這也是希歐多爾・羅斯福總統取得驚人成就且深受人民愛戴的秘訣之一。即便是他的僕人也都非常敬愛他。他的男僕詹姆斯・愛默士曾經寫過一本關於羅斯福的書，題名為「希歐多爾・羅斯福——他僕人心中的英雄」。在那部作品裡愛默士記述了一件非常具有啟發意義的事情：

有一次，我妻子向總統請教關於美洲鶉鳥的事情。因為我妻子從來沒有見過這種鳥，所以羅斯福總統講解得非常詳細。過了一會兒，我房間裡的電話響了起來。（愛默士與他的妻子都住在羅斯福總統牡蠣灣住宅中的一間房間裡。）電話是我妻子接聽的，令她吃驚的是，那居然是羅斯福總統親自打來的。羅斯福總統說他打電話是要告訴她，這會兒我們窗外正好有一隻鶉鳥，假如她此時朝窗外看一眼，或許就能見到牠了。雖然只是這樣一件小事，卻體現了羅斯福總統性格中非常具有代表性的一面。總統無論什麼時候經過我們的屋子，有時他並沒有看到我們，但我們仍然能夠聽到他招呼我們的聲音「哦，愛默士，」、「嗨，安妮。」那只是他經過時對我們親切的問候和致意。

像這樣的主人怎麼可能不受僕人的愛戴？又有誰會不喜歡他呢？

曾經有一次羅斯福到白宮去拜訪塔夫特總統，不巧塔夫特總統和夫人都外出不在。羅斯福對下層民眾的真誠熱愛此時得到了鮮明充分的體現：他能夠叫出所有在白宮工作的僕人的名字——哪怕她只是一個做雜務的女僕，一路上他向遇到的每一個人打招呼問好。亞切·白德曾經做過這樣一段記述：

「當他見到在廚房工作的女僕愛麗絲時，他就問她現在還做不做玉米麵包。愛麗絲對他說，雖然她有時會做那種麵包，但也是為了給僕人吃，樓上的人已經不吃這種東西了。

「羅斯福聽後大聲對她說：『是那些人沒有口福，等見到總統後，我會和他說的。』

「愛麗絲用盤子盛了一塊玉米麵包遞給他，他一邊吃一邊朝辦公室走去，並向一路上碰到的每一位園丁、工友打招呼問好。

「羅斯福和碰到的每一個人都親切地問候談話，就像他從前做的一樣。有個叫艾柯．胡佛的老僕人，已經在白宮做了40年的招待員了。他眼中含著淚水說：『這是我們近兩年來唯一一天快樂的日子，即使有人拿一張100美元的鈔票來，我們也不會願意和他交換。』」

也正是這種對那些看上去微不足道的人們真誠的關懷，使愛德華．賽克斯先生重新贏回了一筆生意。賽克斯是紐澤西州查特姆市的一名業務代表，他回憶當年的事情時說：「許多年以前，我為強森公司去拜訪在馬塞諸塞州的一位客戶。那個客戶是住在印姆城的藥店老闆，每次我到商店去拜訪他時，總會先和店裡的夥計聊上幾句，再找店主商量訂貨的事。有一天我又去了這位客戶的店裡，可是他卻讓我走開，還表示以後再也不會買強森公司的產品了，因為他覺得公司日益把精力放在食品店和折扣店上，這對自己這種小藥店的利益造成了損害。我黯然地離開了，去城裡面轉了幾個小時。最後我還是決定再回去一趟，向店主解釋公司對於他們這類客戶的定位，最後再爭取一下看看。

「我回到藥店，像往常那樣向夥計們打招呼。當我轉身想找店主說話時，他卻微笑著迎上來，給了我兩倍於從前的訂單。我驚訝極了，問他在我出去的這短短幾小時裡究竟發生了什麼事。老闆指著那個賣冷飲的年輕夥計說，剛才我走後店夥計告訴他我是少數向他們打招呼的推銷員之一。他對店主說，如果有哪個推銷員是值得和他做生意的，那無疑就是我了。店主覺得他說得很有道理。直到現在他還是我的忠實客戶。我永遠不會忘記，對他人保持真誠的關注是一個推銷員所必備最重要的品格——嚴格說來對任何人都一樣，並不只就這件事如此。」

我從自己的親身經歷中也發覺到，如果我們能夠給予他人真誠的尊敬和關注，就有可能吸引那些最受歡迎同時也是最為繁忙之人的注意，佔用他們的時間，使之與我們合作。下面就以我的一次成功經驗為例：

幾年前，我曾在布魯克林的藝術科學研究院開設過一門教授小說寫作的課程。為了教學的需要，我希望請到一些當時最為著名——當然也非常忙碌——的作家如凱薩琳·諾裡斯、範尼·赫斯托、艾達·塔勃爾、魯珀特·休斯等來布魯克林為我們講述他們的創作經驗。為此我向他們每人寫了一封信，在信中我懇切地說自己非常仰慕他們，深切地期望他們能夠抽出一些時間來布魯克林，以便給我們一些創作上的意見和建議，讓我們聆聽他們成功秘訣的寶貴機會。

那些給作家們的每一封信上面都有大約150個學生的簽名。在信中還說我們知道作家肯定非常忙，以至於沒有時間來準備一次演講，因此在每封信中我們都附上了一張寫有請求、問題的問卷調查表，請他們撥冗填寫，為我們介紹一些自己的情況以及創作的方法等，再把那張表寄還給我們就可以了。作家們都非常喜歡這樣的信。當然，這樣的請求沒有人能夠拒絕。因此他們都從家中趕很遠的路來到布魯克林為我們提供建議和幫助。

運用與之相同的辦法，我們還曾經請到了希歐多爾·羅斯福總統內閣的財政部長萊斯利·肖、塔夫特總統內閣的司法部長喬治·威克薩姆、威廉·詹寧斯·布賴恩、富蘭克林·羅斯福以及其他許多著名人物來我的課堂上為同學們演講。

我們所有人——不管他是工廠裡的工人、辦公室職員，甚至是坐在寶座上的國王，沒有人不喜歡那些尊敬仰慕自己的人。德國皇帝威廉就是這樣一個例子。第一次世界大戰結束的時候，所有人無不指責德皇是大戰的罪魁禍首，認為他冷酷殘暴。而且他很可能也是全世界最受鄙視的人，在他為了保住性命而逃亡荷蘭後，就連德國的人民也紛紛起來反對他。對他的憎恨是那樣的強烈，有千百萬人都希望把他抓來碎屍萬段，或是綁在火刑柱上燒死。然而在這足以燎原的怒火中，卻有一個小男孩向德皇寄去了一封簡單真摯的信，字裡行間充滿了對他的敬愛和仰慕。這個小男孩說，不管其他人是怎麼想的，他都會永遠愛威廉，希望他來做自己的皇帝。德皇讀了這封信後深深地感動了，他邀請這個小男孩去見他。小男孩真的來了，在他母親的陪同之下一起受到了德皇的接見。後來德皇與孩子的母親結了婚。這個小男孩完全不需要去學習一本怎麼交友或是如何才能影響他人的書，他天生就知道該如何去做。

如果我們真心想要結交朋友，就應該先為別人做些事情——需要耗費時間精力、無私奉獻和思慮周到的事情。當溫莎公爵還是威爾士皇儲的時候，他曾經有過周遊南美洲的計畫。在踏上旅途之前，他特意花了幾個月的時間專門去學習西班牙語，為的就是可以直接用當地語言在南美各國發表演講。也正是由於這一點，他深受南美人民的歡迎和愛戴。

多年以來我一直非常認真地打聽朋友們的生日。這件事是如何進行的呢？通常的情況是，雖然我根本就不相信那些「星相學」之類的見解，但當我遇到朋友時，我會問他們是不是相信一個人的生日與他的性格脾氣相關，隨後我會問起朋友出生的年月日。例如，倘若朋友說自己是生在11月24日，我就會悄悄對自己重複「11月24日、11月24日」，等朋友轉過身去時，我會立刻把他的姓名和生日寫下來，稍後再謄寫到一本專門的「生日簿」上。在每年年初的時候，我都會特地花時間把這些生日一一標注到辦公桌前的檯曆上，這樣它們就可以第一時間跳到我的面前。等到哪一天有人過生日，我就會發給他一封賀函或是致一封賀電。可以想像在生日當天接到我的賀函或賀電時，那人會有多麼高興和感動！對於很多人來說，我恐怕就是這個世界上唯一記得他生日的人。

如果我們真心想要結交朋友，就要用最為活潑熱情的態度去對待他們。當有人打電話給你時也應該用同樣的心理狀態去應對，以愉快的口氣說上一句「你好」，告訴對方你接到他的電話是多麼高興。許多公司都會訓練他們的電話接線員，要求他們始終用洋溢著關懷和熱誠的語調接聽客戶的來電，使打電話來的人都能感受到公司對他們的關注。以後再接聽電話時，我們也應該記住這一點。

向他人表示出你真誠的關注，不僅會為你贏得許多知心好友，也能大大增加客戶對你公司的忠誠度。聯邦銀行北美分部紐約分行的內部刊物曾經刊載了一封來自儲戶梅德蘭·羅斯黛的信，信中這樣寫道：

「我真希望能告訴您我是多麼欣賞貴行的員工。他們每一個人都是如此的熱情有禮、服務周到、助人為樂。要知道，在排了很久的隊之後，有一個人願意過來和你愉快地打招呼，那是一件多麼令人高興的事啊！

「去年我母親曾經住院5個月，那段時間我經常見到貴行的一位出納員瑪麗。她非常關心我的母親，數次問到她的病情。」

關於羅斯黛女士是否會與這家銀行保持業務往來的問題，誰還會懷疑呢？

查理斯·沃爾特在紐約市一家聲譽良好的大銀行裡就職，有一次他被委派了一項困難的任務——調查並作出某家公司業務情況的秘密報告。沃爾特知道只有一個人清楚地瞭解這家公司的情形，於是沃爾特在某一天登門拜訪了這位知情的企業董事長，希望可以獲得一些他所急需的重要資料。就在沃爾特被引進董事長辦公室時，有個年輕的女子從門外探進頭來，對那位董事長說那天她沒什麼好郵票可以給他。

董事長向沃爾特解釋：「我在幫我12歲的兒子收集郵票。」

沃爾特坐下來說明來意，接著就開始向那位董事長提問。可是對方的言辭卻含混不清，不著邊際地敷衍應付。很明顯地，這位董事長不願意透露消息。沃爾特使盡了渾身解數也無法讓他說得更多，整個會面過程簡短枯燥，完全沒有得到一點要領。

沃爾特在我的研修班課堂上提起這件事的時候說：「說實在的，當時我真不知道該如何才能打破僵局。不過後來，我突然想起那個董事長秘書告訴他的話，收集郵票、12歲的小男孩……而我又想起我們銀行的外匯兌換部由於工作需要經常收到世界各地的來信，平時也積攢了不少從信封上取下的罕見外國郵票，這回正好可以派上用場了。

「第二天下午我再次拜訪那位董事長，並請接待人員轉告他我這裡有許多郵票，是特地帶來送給他兒子的。你覺得我會不會受到熱烈的歡迎呢？那是當然的，就算那位董事長想要競選國會議員，他也不可能用比那更大的熱情與我握手了。他的臉上漾滿了善意的喜悅笑容，愛不釋手地撫摸著我帶去的郵票，一再地說：『我的小喬治一定會喜歡這張的……噢，看看這張！這可是罕見的珍品啊！』

「在那次談話中，我們用了半個小時的時間討論郵票，還看了他兒子的照片。後面的事情完全不需要我再開口提什麼問題了。他耗費了一個多小時的時間鉅細靡遺地為我提供了我需要的所有資訊。當把自己所知道的事情向我和盤托出後，他又把公司裡的員工叫來詢問，接著還向他幾個合作夥伴打了電話，把與那家公司財產狀況有關的各項事實、資料、報告甚至通信全部給了我。用新聞記者的行話來說，就是我得到了一個『大豐收』。」

下面我們來看看另外一個例子。

克納夫爾先生是費城一家煤廠的推銷員，多年以來他一直想把煤賣給一家連鎖經營的大型企業，可是那家公司始終不肯在他那裡買煤，而是每一年都向一家外地經銷商洽談購買。更讓克納夫爾先生嚥不下這口氣的是——每次運煤時正好經過他的辦公室門口。有一次，克納夫爾因為這件事在課堂發言中大發牢騷，把矛頭指向連鎖公司，憤怒地指控他們是國家的一顆毒瘤。

儘管如此，克納夫爾依舊想要弄明白為什麼無法賣出自己的煤。

我勸他採用另外一種不同的策略。簡單地說，後來的事情是這樣的：我決定在自己的課堂上展開一次辯論會，論題是「連鎖公司業務範圍的不斷拓展對國家而言害多益少」。班裡的學員被分成了兩組，分別擔任辯論中的正方和反方。

克納夫爾先生聽從了我的建議參加了反方隊伍，同意站在那家公司的立場上為他們辯護。然後，他徑直前去拜訪了那位曾經被他輕視譴責的連鎖公司負責人。克納夫爾這樣對那位負責人說：「這次我登門拜訪不是要你買我的煤，而是有另外一件事想請你幫忙。」然後他解釋了那場即將到來的辯論賽，接著又說：「我來向你尋求幫助是因為我知道在這個問題上再也沒有人能夠知道得像你一樣多，比你更適合為我提供所需的各種資料。我非常想在辯論賽中獲勝，無論你能給我什麼程度的幫助，我都將萬分感激。」

克納夫爾這樣描述當時發生的事情：

我請那位負責人撥出一分鐘的談話時間給我。有了這樣的約定後他才答應見我。當我說明來意之後，那位負責人請我坐下，和我談了整整1小時47分鐘。不僅如此，他還打電話向另外一家連鎖公司的負責人詢問，那個人曾經寫過一本關於連鎖公司的書；後來他又寫信給全國連鎖公司聯合會，為我找來不少與這個論題相關的辯論記錄。他認為連鎖公司為社會提供了真正人性化的服務，他的工作正在為成千上萬的人提供便利，並因此深感驕傲和自豪。在他談論這些的時候，雙眼都煥發出熱忱的光彩。就我個人而言，必須承認這次談話大大開闊了我的眼界，使我知道了許多以前做夢都想不到的事，也從根本上改變了我對他原有的看法。

在我打算離開的時候，那位負責人親自把我送到門口，親切地摟著我的肩膀，預祝我能在辯論賽中獲得勝利，並邀請我下次再來看他，告訴他辯論賽的結果。最後他對我說：『等到春末的時候請你再來找我一趟，我願意在你那訂購一批煤。』

這結果對我來說簡直就是奇蹟。在談話中對於煤的事我隻字未題，可他竟然主動提出說要買我的煤。由於我對他及他的問題產生了興趣，投入了真誠和熱情，使得我在短短兩個小時內所取得的進展，比過去我試圖讓他對我和我的煤感興趣的十年中所得到的總和還要多。

克納夫爾先生所發現的並不是一條全新的真理，因為在很久以前，遠到基督降生前的100年，古羅馬一位著名的詩人普布里烏斯·西羅斯就曾經說過這樣的話：「別人對我們產生興趣的時候，就是我們對他們產生興趣的時候。」

表達對他人的關注，這與其他人際交往的原則相同，都必須真心誠意。這樣不僅付出關懷的人能夠得到回報，受到關懷的人也同樣能從中受益。這是一種雙贏的相處模式。

我在紐約長島開設的講習班中有一名學員叫馬丁・金思伯格，他在報告中講到自己從一位護士那裡得到的真誠關懷是如何深刻地影響了他的一生：

「那是在我10歲那年的感恩節當天，我住在市內一家醫院的福利病房裡，第二天就要安排我做一個大的整形手術。我知道由於手術的原因，在未來幾個月裡我都只能看著前面，康復的過程還會很疼。我的父親很早就過世了，只有母親和我共同住在一間小公寓裡，靠社會救濟金過活。而我母親那天卻不能來醫院看我。

「一天時間漸漸過去，我陷入了無邊無際的孤獨、沮喪和恐懼的情緒之中。我也知道母親一定獨自在家為我擔心，沒有人陪伴她，甚至可能沒有足夠的錢去買感恩節的晚餐。

「淚水在我的眼中打轉，我轉身把頭埋進枕頭下面，無聲地哭泣。我哭得很厲害，全身都在不停地顫抖。

「一位年輕的實習護士聽見了我的啜泣聲，走過來看我出了什麼事。她把枕頭從我的臉上拿開，輕輕地為我擦乾眼淚。她告訴我，她也覺得非常寂寞，在感恩節當天不得不值班工作，無法陪伴在家人身邊。她又問我是否願意與她共進晚餐。然後她端來了兩盤食物，有火雞切片、馬鈴薯泥、草莓醬，還有冰淇淋作為甜點。她和我聊天幫助我平復恐懼。雖然她本來下午4點就可以下班，但她依舊用自己的時間陪我到晚上11點。她和我一起玩遊戲、聊天，等到我入睡後才離開。

「我在10歲以後又過了許多個感恩節，但我始終無法忘記那特別的一年。當時挫敗、恐懼、孤單的感覺以及從陌生人那裡得到的那份溫暖和關懷，我至今記憶猶新。正是她對我無私的照顧使那些負面情緒都變得微不足道了。」

如果你希望他人喜歡你，如果你希望獲得真正的友誼，或是希望能夠在幫助他人的同時有益於自己，就請牢牢記住下面這條原則：希望別人喜歡你，必須遵守的

原則一

真誠地關注他人。

2
給人留下好印象的捷徑

一個人臉上流露出的表情，遠遠比穿著打扮要重要得多。
行動比語言更響亮。
微笑遠比皺眉更能傳達情意。

前幾天我在紐約的一場晚宴上看見一位客人，她是一位剛剛繼承了一大筆遺產的女士。因為急於給別人留下一個好印象，她花了許多錢把自己埋在了貂皮大衣、鑽石、珍珠的圍繞之中，但是她偏偏不曾留意到自己臉上的表情。自始至終她的臉上都明顯地流露出尖酸乖戾、刻薄自私的神色。這位女士並沒有領悟到一個人人都明白的常識：也就是說，一個人臉上流露出的表情，遠遠比穿著打扮要重要得多。

查理斯．司華伯曾經對我說，他的微笑有100萬美元的價值。或許他還低估了事實。正是司華伯的性格、個人魅力，以及他那種能夠輕易博得他人歡心的特異能力，為他帶來了今天這樣驚人的成就。而在他的性格特點之中最能打動人心的因素，正是他那迷人的微笑。

有句話說得好：「行動比語言更響亮。」人們臉上的微笑也就是在說：「我喜歡你，你讓我感到快樂，能見到你我感到非常高興！」

在動物之中，狗格外討人喜歡，我想應該也是基於同樣的因素。牠們是那麼高興看到我們，激動得上竄下跳。因此，我們當然也非常樂意與牠們在一起。

一個嬰兒的微笑也有同樣的效果。

你是否有過這樣的經歷：在醫院候診室裡無聊地等待，周圍的人全都面色陰沉，迫不及待地希望可以馬上看診？住在密蘇里州雷頓市的獸醫史蒂芬·史波爾曾經說過這麼一件事情：那是一個平常的春天，他的候診室裡全是帶著寵物來注射疫苗的客人。當時所有人都默然無聲，或許大家都在想著應當做點什麼，而不是在那裡乾坐著浪費時間。史波爾在某次上課時描述當時的情景說：「有六七個人等在候診室裡，後來又進來一位年輕的女士，帶了一個9個月大的嬰兒以及一隻小貓。她在一位男士的邊上坐下，而她的鄰居正好等得頗不耐煩，四處東張西望。當他轉頭看到那個小嬰兒時，看到孩子正在天真無邪地看著他，給了他一個大大的微笑，是嬰兒標誌性的微笑。心情煩躁的男士做出了什麼反應呢？就像你和我會做的那樣，他也對孩子報以笑容，隨後就與孩子的母親聊起她的孩子，並說起了自己的小孫子。很快地，整個候診室裡的人都開始相互攀談，氣氛一下子活躍起來，原本無聊和緊張的氣氛變得愉快起來。」

那麼，沒有誠意的微笑又是怎樣的呢？那是不行的。我們知道沒有誠意的微笑是機械的、敷衍的，所以我們憎惡它。在這裡我所說的是真正的、發自肺腑的、可以溫暖人心的微笑，是在商業場合中極具價值的微笑。

詹姆斯·麥克奈爾是密歇根大學的心理學教授，他談了自己對微笑的感受。麥克奈爾教授說：「那些每天笑臉迎人的人更容易在教育和推銷當中取得成功，更容易撫養出快樂的孩子們。微笑遠比皺眉更能傳情達意，這正是鼓勵教育比懲罰教育效果要好的原因所在。」

一位在紐約一家規模龐大的百貨公司任職的人事部經理告訴我，

她寧可雇用一個小學都沒有畢業但有著可愛微笑的人做售貨員，也不願意雇用一個一臉陰鬱冷淡的哲學博士。

微笑的力量是非常強大的——即使在我們無法看到它的時候。遍佈全美國的電話公司都有一個專案叫「電話的魅力」，是專門為用電話推銷產品和服務的業務員開通的服務專案。在這個專案裡，電話公司都建議業務員在透話中儘量保持微笑。即使對方無法看到，這個微笑也能夠通過聲音傳達過去。

俄亥俄州辛辛那提市的一名電腦部門經理羅伯特·克雷爾，為我們講述了他是如何成功地找到一位能夠勝任有難度工作的人：

「我曾經非常希望為自己的部門招募一個電腦科學博士，最後終於把目標鎖定在一個即將從普度大學畢業、素質不錯的年輕人身上。透過電話談了幾次以後，我得知他還收到了另外幾家公司的錄用通知，其中好幾家公司的規模和知名度都甚於我們。我非常高興他選擇了我的公司。在他開始上班之後，有一次我問他為什麼選擇了我們而不是其他公司，他沉默了片刻後回答說：『我想或許是因為其他公司的經理們在電話中都用冷冰冰的、公事公辦的語氣講話，讓我覺得這也不過是一筆交易罷了；而你的聲音聽起來就像很高興與我通話的樣子……你是真正希望我能成為這個集體的一分子。』你絕對可以相信，直到現在我依舊會帶著微笑接聽每一通電話。」

美國規模最大的橡膠公司的董事長曾經對我說過，根據他的觀察，一個人如果想要取得事業的成功，就一定要對自己從事的工作感興趣。這位工業巨擘並不十分相信那些古老的格言，說什麼唯有埋頭苦幹才是打開成功大門的魔法鑰匙。他這樣說道：「我也認識很多人，他們在開始一樁事業的時候都對它懷著極大的興趣和熱情，因此在發展初期獲得了烜赫一時的巨大成就。可是不久之後，當他們失去了所有奮鬥的樂趣，變得為了工作而工作的時候，他們的事業也開始走下坡，他們失去了樂趣，最終都失敗了。」

如果你希望他人用開心愉快的態度來對待你，那麼首先你要保持心情的愉悅，用同樣的態度對待他人。

我曾經對成百上千商界人士提過建議，希望他們能在一個星期的時間裡，無論是哪一天哪一個小時、遇到的人是誰，都保持輕鬆愉快的微笑。這樣實踐一星期以後到講習班的課堂上作發言，總結自己的心得和笑容產生的效果。這樣做效果怎麼樣？下文是一位紐約的股票經紀人威廉．司丁哈丹先生寄來的信。他的情況不是特例，事實上，信中所敘述的事情是幾百個案例中的典型代表。

司丁哈丹先生在信上這樣寫道：「我結婚已經超過18年了。這麼多年來，從我起床到準備離家去公司上班的這段時間內，我幾乎從來沒有對我太太微笑過，說的話也絕對不會超過20個字。我肯定是大街上來來往往的人群中脾氣最壞的那一個。

「當你讓我就我的微笑經歷在班上作一次演講時，我想那就嘗試一個星期看看。於是第二天早晨我梳頭的時候，看著鏡子裡那個神色陰沉的人對自己說：『比爾，今天你一定要把憂愁陰鬱的神色從你那張苦瓜臉上徹底掃除乾淨。你要對人們微笑，而且就從現在開始。』當坐下來享用早餐的時候，我臉上帶著一副輕鬆的笑意向我太太問候說：『早安，親愛的！』

「你事先曾警告過我，說她或許會感到非常驚訝。事實上你完全低估了她的反應。當時她感到震驚和迷惑，甚至都呆住了。我告訴她以後每天都會如此，這將成為家中的一個慣例。現在我保留了這個習慣，每天早上都會微笑著向我妻子問候。

「在我的態度改變後的兩個多月裡，我和家人從中得到的幸福和快樂比我們過去一年裡得到的還多。

「如今，每天我要去辦公室的時候，都會對開電梯的工作人員報以微笑，問候一句：『你早！』我見到看門人也會微笑打招呼。我到地鐵售票處去換零錢時，面對裡面的收銀員，我臉上也洋溢著笑容。當站在工作的交易所裡，我也會對那些此前從來沒有見我笑過的人們露出笑臉。

「不久以後，我發現每一個人在見到我時都會回報我一個友善的笑容。對那些來向我發洩自己牢騷和委屈的人，我會用愉快和悅的態度聆聽他們的抱怨。在他們訴苦時我也保持著微笑，那些他們所認為苦惱的事，在笑容之中也變得容易解決了。我發現微笑使我獲得了財富，而且每天都是很多很多的財富。

「在交易所裡我與另外一個股票經紀人共用一間辦公室。那位經紀人雇了一個可愛的年輕人做他的助理。我對自己最近的成就感到得意和自豪，所以經常興高采烈地向那個年輕人說起『人際關係學』。那位年輕人也曾經對我坦承說，起初我剛剛來與他的老闆共用辦公室時，他覺得我是一個滿腹牢騷、脾氣極壞的人，可是經過最近一段時間的接觸，他已經徹底改變了對我的觀感。他告訴我說，我的微笑很有人情味。

「除了保持笑容之外，我也不再隨意地批評斥責別人，取而代之以善意的讚賞和鼓勵。我學會了避免去談及我需要些什麼，而是儘量去站在別人的立場上考慮問題。事實證明，這一切使我原有的生活發生了革命性的變化，現在的我已經跟過去完全不同了。我成了一個比過去更充實、更幸福的人，比以前擁有更多的快樂和朋友——而這些比什麼都重要。」

如果你覺得自己不愛笑，又該怎樣去做呢？你不妨試著做兩件事：第一，強迫自己微笑。在你一個人獨處的時候，強迫自己吹吹口哨或是哼一個調子、唱一首歌，就好像你真的非常快樂一樣，而這種做法真的能使你感到快樂。下面是著名哲學家、心理學家威廉・詹姆斯教授提出的辦法：

「從表面上看，行動似乎是由於人的感受而產生和發出的，可是實際上，行動與感受是同步的。而透過調節那些受意志直接控制的行為，我們也可以間接地調節那些不直接受意志控制的感受。」

「因此，如果我們不快樂，主動地讓自己變得快樂起來的方法就是高高興興地坐起來，開心地說話和行動，就好像我們真的很快樂一樣。」

這世界上的每個人都想得到幸福，而這裡就有一個可靠的方法可以獲得它，那就是控制自己的思想。幸福和快樂並不仰賴於外界的條件，而是由你內在的心情所決定。

你幸福與否並不是由你的身份、你擁有的東西、你所處的位置或者你的工作和職業等等諸如此類的外界因素決定的，它只取決於你內心的想法。只要你想幸福，你就能得到幸福。比如說，兩個人可能在同一個地方，做著同樣的工作，而且他們的聲望和收入也是相同的，可是依然可能會有其中一個每日輕鬆快樂，另外那個卻整天愁眉不展。為什麼呢？造成這種差別的原因其實很簡單：他們兩個的心態不一樣。我曾經見過許多貧苦的農民，即使是炎炎的烈日之下用落後簡陋的農具在田間辛苦勞作，他們的臉上依舊洋溢著幸福的笑容，與那些在紐約、芝加哥或洛杉磯安裝了空調的辦公室裡工作的白領並沒有什麼不同。

莎士比亞曾說：「並沒有好與壞的區別，只是不同的想法使然。」

亞伯拉罕・林肯也曾經這樣說過：「大多數人所感受到的快樂，其實跟他腦中所想出來的感覺相差不多。」林肯說的是對的，最近我就發現了一個生動的例子來證實這條真理。當時我正順著紐約長島車站的石臺階往上走，在我的正前方有三四十個拄著拐杖的殘障兒童正在吃力地攀爬階梯。由於不得不用拐杖支撐著行走，他們每爬上一階都非常辛苦，甚至有一個小男孩還需要讓人抱著上去。可是他們歡樂的笑聲和愉快的心情使我感到非常吃驚。我曾經向一位負責管理這些男孩的老師說起我的感受，他回答說：「的確，當一個小孩子意識到他將一輩子都是一個殘廢時，起初他會感到震驚和不安。可是這種強烈的衝擊過去以後，他一般都會選擇面對自己的命運，並像正常的兒童一樣感受到幸福和快樂。」

聽了他的話，我真想對那些身負殘疾的小孩子們致敬，他們為我上了一堂我希望自己永遠都不會忘記的珍貴課程。

一個人獨自在一間封閉的辦公室裡工作，不僅孤單寂寞，而且這種工作方式也等於拒絕了與公司同事成為朋友的機會。墨西哥瓜達拉哈拉市的西羅拉・瑪利亞女士就是在獨立辦公室中工作的人，當聽到門外其他同事快樂的聊天聲和笑聲時，她總是感到非常羨慕。上班的頭幾個星期，當在大廳裡碰到同事時，她都會害羞地轉過頭去。

過了幾個星期，她對自己說：「瑪利亞，妳不能等著別人先來找妳，妳必須主動去和他們打招呼才行。」下一次當她去倒水時，臉上帶著迷人的微笑問候每一個碰到的同事說：「嗨，你今天好嗎？」這樣做的效果是立竿見影的。同事都回應了她的笑容和招呼，就連通道都好像一下子明亮了許多，工作氣氛也融洽多了。同事中的熟人越來越多，有些人甚至成了瑪利亞的親密朋友。她的工作和生活都多了許多樂趣。

讓我們再細讀一遍散文家、出版商埃爾伯特・哈伯特所說過的那條睿智的忠告吧——不過你要記住，你必須把它真正付諸實踐，如果你只是想看一看，它是不會產生效果的。那項賢明的建議是這樣的：

> 無論何時，只要你走出家門，都要把下巴往裡收，抬起頭來做個深呼吸，讓你的肺部充滿新鮮的空氣，享受一下戶外明媚的陽光。微笑著招呼每一個遇到的朋友，用力與他握手，把你的心意充分地傳達過去。不要害怕被誤會，不要浪費哪怕一分鐘的時間去想你的仇敵。要在心中明確你自己喜歡做的事情究竟是什麼，然後就堅持不懈、勇往直前地向著目標前進，不要左顧右盼。當你全神貫注於自己所熱愛的事業時，隨著歲月的流逝，你會驚訝地發現，在不知不覺中你已經抓住了所有你渴望的機會，實現了所有你期盼的願望，就像珊瑚蟲從潮水中吸取它生長所需的營養一樣。在心中時刻把自己想像成你所希望的富有才幹、真誠熱情、於社會有益的樣子，有了這種想像後，它會時時刻刻地改變你，讓你漸漸變成想像中的那種人。……思想是一種至高無上的力量。一定要保持一種健康正確的心態，一種勇敢、誠實和樂觀的人生態度。正確的思想就相當於一種創造。一切都是由願望而來，每一個真誠的祈求者都會獲得回報。我們想要成為什麼樣的人，只要把這種信念牢牢刻在我們心裡，我們就會變成這樣的人。因此——收起你的下巴，抬高你的頭，我們就能成為明天的主宰。

古老的中國人非常睿智——他們富於生活的智慧，他們有一句格言值得你我剪下來貼在帽子裡時時銘記。那句話是這樣說的：「人無笑臉莫開店。」

你的微笑是善意的傳遞者。你的微笑能夠照亮所有見到它的人的人生。對那些見過太多愁眉苦臉或是不以正臉迎人的人來說，你的微笑就像穿透濃雲的燦爛陽光。特別是當人處在老闆、客戶、老師、父母或子女帶來的重重壓力之下時，一個微笑可以讓他意識到事情還沒有到絕望的程度——世界上還是有歡樂存在的！

幾年前，紐約的一家百貨商店意識到在耶誕節大採購的時候，雇員面臨很大的壓力，就為雇員們特地張貼了一則廣告標語，其中充滿了平實而寶貴的哲學道理：

聖誕微笑的價值

它沒有耗費，卻能回報你很多。
它讓獲得者受益，而對施予者無損。
它的發生只是一剎那，卻能長久地閃耀在人的記憶之中。
沒有人會富有到不需要它，
也沒有哪個貧窮的人不因它的益處而變得富有。
它能在家庭中創造歡樂，在商場上贏得好感，
在朋友間是友誼的證明。
它是疲憊者的港灣，是失望者的曙光，
是哀傷者的太陽，也是解除人自然困擾的良藥。
但它買不到，求不來，不能去借，更無法去偷，
因為當它被送出之前，誰都不能從中得到好處。
如果當耶誕節擁擠繁忙的採購到了最後一分鐘時，
我們的店員由於太過疲倦以致未能向你展露一個微笑，

能否請你留下自己的微笑？
因為無法給人微笑的人，
更加需要別人的微笑。

原則二

微笑！

3
如果不這樣做，就是自找麻煩

人們是那樣的重視自己的名字，以致於爲了
使自己的名字能夠流傳下去而願意付出任何代價。
一個人的名字對那個人來說是所有
語言中最甜蜜、最重要的聲音。

那是在1898年，紐約州的洛克蘭村發生了一樁悲劇：一個小孩不幸夭折，而葬禮當天，村裡的左鄰右舍都準備前去送殯。吉姆．法萊也是這些人中的一個。他到馬棚裡把馬牽出來，準備騎著牠去參加葬禮。當時正值隆冬，地上積雪非常厚，寒風凜冽刺骨。那匹馬已經有很多天沒出過馬棚了，不由得興奮不已，當牠被拉到水槽邊上時，馬高興地不停打轉，還把兩隻前蹄高高舉起在空中踢蹬。這時不幸發生了，吉姆．法萊一不小心竟被馬活活踢死。因此，在洛克蘭這個小小的村莊中，短短一周內舉行了兩場葬禮，而不是原來的一場。

吉姆．法萊去世後，身後留下了妻子和3個孩子，以及少得可憐的幾百美元保險金。

吉姆．法萊的長子小吉姆當時還只有10歲，卻迫於生計不得不去一家磚廠工作，每天搬運沙子，把沙土倒入模具中壓制成磚坯，再將磚坯拿到太陽底下曬乾。由於艱辛的童年，吉姆從來沒有機會去接受更多的教育，但是他天生有著親切溫和的好個性，能夠自然而然地贏得人們的親近和喜愛。後來他步入了政壇，經過多年的磨練，小吉姆漸漸培養出了一種善於記住他人姓名的神奇能力。

小吉姆從沒進過中學，然而在他46歲以前，就已經有4個大學爭相授予他榮譽學位。他還擔任過民主黨全國委員會主席和政府郵政總長。

我曾經專程去拜訪小吉姆．法萊先生，詢問他成功的秘訣。法萊先生簡潔地告訴我：「埋頭苦幹！」而我當然不會把他這個回答當真，當即搖搖頭說：「您別開玩笑了。」

於是他轉而問我，在我看來他成功的原因是什麼。我回答說：「先生，我知道你可以叫出10000個人的名字。」

「不，你的消息不準確。」他對我說，「我能叫出50000個人的名字來。」

你可千萬不要小看這一點。要知道，在1932年小吉姆．法萊主持富蘭克林．羅斯福的競選活動時，正是憑著這種本領才幫助羅斯福順利地入主白宮。

小吉姆曾經在一家石膏公司做了幾年推銷員，時常為了工作四處奔波；他還曾在家鄉洛克蘭村做過幾年公務員。正是這些工作經歷使他漸漸摸索出了一套記住別人姓名的方法。

起初，這個方法操作起來非常簡單。每當法萊先生遇到一個陌生人時，他都會問清楚對方的全名，瞭解一些他的家庭情況、職業和政治觀點。他得到這些資訊以後，就把它們牢牢地記在心裡。當第二次遇到這個人時，即使已經過了一年多的時間，他依舊能和對方親切地招呼握手，詢問他的家人，還可以順便聊聊他後院裡種著的花草。難怪他會擁有那麼多擁護者！

在羅斯福開始總統競選活動的前幾個月，吉姆．法萊每天都要寫幾百封信郵寄給美國西部、西北部各州的人們。然後他又跳上火車，在19天之內訪問了美國20州，行程12000英哩。一路上他除了火車之外，還坐過輕便馬車、汽車、輪船等等。吉姆會造訪城鎮，和人們一起共進早餐或是午餐、茶點、晚餐，在席間雙方進行一次坦誠相見的誠懇談話，接著他就要急匆匆地踏上行程，趕往下一個目的地。

法萊在經過忙碌的訪問回到東部後，第一時間寫信給他曾造訪過的各城鎮中的一個人，請他們把所有曾與他會面談話的客人名單寄一份給他。最終名單之中包含了不計其數的受訪者，然而每個人都收到了一封來自小吉姆的私人信函，信中懇切地表達了他對他們的讚美之情。這些信件都以「親愛的比爾」或「親愛的珍」等作為開頭，結尾的署名也一直是「吉姆」。

小吉姆．法萊很早就已經發現，人們往往非常關注自己的名字，甚至認為它比世界上所有其他的名字堆在一起的總和都更加重要。牢牢記住一個人的名字，在恰當的時機很自然地叫出口來，其效果就相當於你對他進行了巧妙有效的恭維。但是反過來講，如果你忘記了對方的名字或是不小心叫錯了，不僅會讓對方感到難堪，你自己也會立刻陷入一種不利的境地。我的一次親身經歷就是很好的例子。我曾經在巴黎開設過一個有關公共演講的講習班，還給每一個居住在巴黎的美國人寄了信。可是我雇的那個法國打字員根本不懂英文，在打姓名時自然發生了很多錯誤。其中有個人在美國一家大銀行巴黎分行任經理，他為我寄來了一封措辭嚴厲的責備信，原因就是那個法國打字員拼錯了他的名字。

有時候記住別人的名字的確不容易，當這個名字特別不好唸時更是如此。碰到這種情況，很多人都忽略它或是願意用一個較易發音的暱稱稱呼對方，而不是費力去記他的名字。錫德．利維有段時間要去拜訪一位客戶，他的名字是尼科迪默斯・帕帕佐普洛斯，大多數人都只是叫他「尼克」。利維對我們說：「在去拜訪他之前我特意花了些力氣反覆默念他的名字。當我見到他時，就用他的全名和他打招呼，說『午安，尼科迪默斯・帕帕佐普洛斯先生』。他甚至震驚得愣住了，好幾分鐘都沒有反應過來。最後，他淚流滿面地對我說：『利維先生，我在這個國家已經住了15年，可是從來沒有人願意花些力氣用我真正的名字來稱呼我！』」

安德魯・卡耐基成功的原因是什麼呢？

卡耐基被人稱作「鋼鐵大王」，但是他其實對鋼鐵製造懂得很少。他手下有上百個員工為他工作，這些人對於鋼鐵製造都要比安德魯・卡耐基知道得多。

但是安德魯・卡耐基懂得如何與人相處，而這才是他驚人財富的泉源。在他小的時候就展露出了非凡的組織才能和領導天賦。當他只有10歲的時候就已經認識到人們對自己的名字異乎尋常地重視，並懂得利用這個發現去爭取夥伴的合作。下文是這位天才企業家童年的一頁回憶：當還是個普通的蘇格蘭小男孩時，他曾經抓到過一隻懷孕的母兔子，不久之後他又得到了一窩小兔。可是他找不到東西可以餵給小兔吃。不過，安德魯・卡耐基很快想出一個絕妙的主意來。他對那些鄰居的孩子們說，如果誰能去採到足夠的苜蓿或是蒲公英等來餵小兔吃，他就會用這個人的名字命名一隻小兔作為獎勵。

這個辦法的效果太神奇了，使安德魯・卡耐基終身難忘。

許多年後，卡耐基在他經營的各項產業中也運用了這種心理戰術，為他贏得了數百萬美元的收入。例如：他想出售鋼軌給賓夕法尼亞鐵路局，當時這家鐵路局的局長是愛德格・湯姆森先生。於是安德魯・卡耐基在匹茲堡設立了一所大型鋼鐵廠，而且就把它命名為「愛德格・湯姆森鋼鐵廠」。

下面是我們的問題：你猜猜看，當賓夕法尼亞鐵路局想要採購鋼軌時，湯姆森局長會向哪一家訂貨？是西爾斯・羅巴克公司嗎？不對，你答錯了。再猜猜吧！

後來，當卡耐基和喬治・普爾曼在臥車車廂的訂購業務上爭得不可開交時，卡耐基又想起了兔子事件的經驗。

安德魯・卡耐基經營的中央運輸公司與普爾曼所經營的公司之間競爭異常激烈，雙方都想爭得太平洋鐵路聯合公司的臥車業務，於是相互排擠，連番降價，最後幾乎到了無利可圖的地步。有一天，卡耐基和普爾曼都到紐約去會見太平洋鐵路局的董事會。當天晚上，卡耐基在聖尼古拉大飯店約普爾曼會談，他直截了當地說：「晚安，普爾曼先生。這段時間我們兩個是不是都表現得好像傻瓜一樣？」

普爾曼問：「你究竟是什麼意思？」

接下來卡耐基說出了自己的看法——希望雙方的業務能夠合併起來，利益上也就沒有衝突了。他描繪出一幅美好的圖景，說如果雙方能結束對抗轉向合作，彼此都能獲得更多的好處。普爾曼聽得非常專心，不過他並沒有表示出完全的贊同。卡耐基的演說結束後他問：「這家新公司你準備叫什麼名字？」卡耐基馬上回答說：「為什麼這麼問，那個當然是普爾曼皇家汽車公司。」

普爾曼那張繃得緊緊的臉上頓時露出興奮的笑容說：「卡耐基先生，請到我的房間來，我們詳細談談！」正是那次的談話改寫了美國工業的歷史。

安德魯・卡耐基有著很強的記憶力，並且非常尊重他朋友和生意夥伴的名字，這些都是他能成為一位領袖人物的秘訣之一。他能夠叫出大多數工人的名字，這是他引以為豪的。他還得意的提起，在他親自管理公司事務期間，他的公司從來不曾發生過擾亂鋼鐵生產的罷工事件。

班頓・拉夫是德州商業股份有限公司的董事長，他的觀點是公司越大越冷清。他說：「一個使公司變得溫暖一點的辦法，就是記住人們的名字。如果有一個高級管理人員告訴我他記不住人的名字，那等於是在對我說他無法記住自己工作至關重要的一部分，他所做的事根本是白費力氣。」

生活在加州蘭克帕羅市的凱倫・科瑟奇女士是環球航空公司的一位空姐，她經常練習盡可能的記起飛機上旅客的名字，並儘量在服務時稱呼他們的名字。因為這個習慣，有的旅客會當面給她讚揚，有的旅客會對公司反映。一位旅客曾寫信給公司說：「我已經有段時間沒坐過環球航空公司的飛機了，但從此以後我只會選擇你們公司的飛機出行。你們公司航班的服務非常個性化和有人情味，而這對我來說非常重要。」

人們是那樣的重視自己的名字，以至於為了使自己的名字能夠流傳下去而願意付出任何代價。就連脾氣暴躁的巴納姆先生——那個時代最偉大的馬戲導演，也因為沒有兒子延續自己的名字而深感遺憾，他甚至對外孫西雷說，只要他願意把自己的名字改為巴納姆・西雷，他就會付給他25000美元。

幾個世紀以來，貴族和富豪們常常出錢資助那些藝術家、音樂家和文學家，希望這些人能夠將創造性的作品獻給他們。

圖書館或博物館中最有價值的藏品，往往是由那些不能忍受自己的名字隨著時間流逝而被遺忘的人主動捐贈的。紐約公立圖書館中保存著愛斯德家族和利諾克斯家族的珍藏；大都會博物館使得班傑明・奧特曼和摩根的名字長久流傳。幾乎每一座教堂都被用來紀念它們的捐贈者的彩色玻璃窗所美化；許多大學的建築上也銘刻著贊助者的名字——他們付出了大筆的金錢才贏得了這一榮耀。

大多數人記不住別人的名字，僅僅是因為他們不願意耗費時間和精力去專心地、一遍一遍地記憶。他們總是為自己尋找各種藉口，例如說他們實在是太忙了。

但是他們大概不會比富蘭克林·羅斯福更忙，而羅斯福甚至會花時間去記憶和回想一個他曾接觸過的技工的名字。

事情的經過是這樣的：由於羅斯福總統雙腿癱瘓，克萊斯勒汽車公司曾經專門替總統製造了一輛特殊的汽車。張伯倫和一位技工把這部車子送到了白宮。後來張伯倫為我寄來了一封信，在信中他敘述了當時的經歷。「我教羅斯福總統怎樣駕駛那輛配備了許多特殊裝置的汽車，而總統卻教了我許多為人處世的藝術。」

張伯倫先生在信中這樣寫道：「當我造訪白宮的時候，總統顯得非常高興。他親切地直呼我的名字，讓我覺得非常舒服。更為重要的是，當我講解那輛車子相關的每一個細節時，總統都極其注意地聆聽，這給我留下了非常深刻的印象。那部車子設計得非常巧妙，用手就可以完成全部駕駛操作。很多人圍在汽車四周觀看，羅斯福總統就在圍觀的人面前稱讚說：『我認為這部車本身就是一個奇蹟，只需按下一個按鈕它就可以自己開動，駕駛它根本不費吹灰之力。它的設計實在是棒極了。我實在想像不出其中的原理，真希望有時間能夠拆開看看，研究一下它是如何工作的。』

「當羅斯福總統的朋友與白宮的官員們都爭相讚美這部車時，總統又在他們面前說：『我非常感謝你，張伯倫先生，這部車子耗費了你無數的時間和精力才得以設計完成，而它堪稱是一項無可批評、極其完美的工程。』他對車中的每一樣東西都大加讚賞，從散熱器、特製反光鏡、時鐘、照明燈，到車內裝潢、駕駛座的位置以及車廂裡印有他姓名縮寫的特製衣櫃等等。也就是說，羅斯福總統注意到了車子裡每一個細微的地方，也知道我在它們上面花費了不少心血。

「他特別把這些特殊的設計指給羅斯福夫人、波金女士、勞工部長以及他的秘書，請他們特別留心。他甚至還提醒白宮的老搬運工說：『喬治，請你格外小心這些經過特殊設計的衣箱。』

「在我把有關駕駛方面的注意事項全部講完以後，總統轉向我說，『好了，張伯倫先生，我已經讓聯邦儲備委員會等了30分鐘了，我想我該回去工作了。』

「我是和一位技工一起去白宮的，在那裡我將他介紹給羅斯福總統認識。那個技工並沒有與總統交談；而羅斯福總統也只聽過他的名字一次。這個技工是個很靦腆的人，整個過程一直躲在後面。可是當準備離開時，總統竟然尋找這個技工，與他握手道別，親切地叫著他的名字，感謝他到華盛頓來。我能夠感覺得出來，總統對這個技工表達的謝意絕不是表面上的敷衍，而是真心實意的。

「我返回紐約後沒過幾天，就收到了一張羅斯福總統親筆簽名的照片以及一封簡短的便箋，總統對我當日的協助再次表達了他的謝意。他是怎麼抽出時間來做這些事的，對我來說至今還是個謎。」

富蘭克林·羅斯福總統知道一種最簡單、最顯著而又是最重要的獲取他人好感的方法，那就是牢牢記住他的名字，讓別人感到自己在你心目中很重要。這個辦法說來容易，可是我們又有幾個人能做到呢？

有一半的時候事情會這樣發展：朋友向我們介紹一個陌生人彼此認識，聊上幾分鐘然後分開——分手時就把對方的姓名忘得乾乾淨淨了。

一個政治家要學習的第一堂課就是：「記住選民的名字是一項重要的政治才能，反之如果你忘了，那麼你會被漠視、拋棄，很快沒沒無聞。」

牢記他人姓名的能力在商業上和人際交往中的地位，與它在政治領域是同等的重要。

法國皇帝拿破崙三世——也就是偉大的拿破崙的侄子，曾經不止一次得意地自誇說，雖然他國務繁忙，日理萬機，但依然能記住自己所見過的每個人的姓名。

他有什麼特別的技巧嗎？其實他用的方法非常簡單：如果他沒聽清楚對方的名字，就會問：「對不起，我剛剛沒聽清楚。」如果那個姓名並不常見，他還會這麼問：「對不起，請問你的名字怎麼拼？」

在談話中他會不厭其煩地把剛剛問到的姓名反覆回想很多次，同時在腦海裡設法把這個人的姓名與他的長相、表情以及整體外貌聯繫起來。

如果這個人比較重要，拿破崙三世就會耗費更多的心思了。

當皇帝獨自一人的時候，他會立刻把對方的姓名記錄在紙上，聚精會神地仔細觀看，並把它們牢牢刻在腦海裡，然後撕掉那張紙。這樣一來，他對這個名字就不僅在聽覺上存有印象，在視覺上也同樣留下了印記。

當然這些都需要花費相當的時間，可是愛默生說過：「良好的禮貌和舉止是需要一些小小的犧牲的。」

記住他人的名字不僅對於國王或公司的高級管理人員有重要的意義，它也能讓我們每一個人都從中受益。肯·諾丁漢是通用汽車印第安那州分公司的一名雇員，他經常在公司的自助餐廳裡用午餐。他留意到櫃檯後面的那個女服務員總是陰沉著臉，一副非常不快的樣子。

「她已經做了幾乎兩個小時的三明治，而我對她來說也不過是另一個三明治罷了。我告訴她我要吃哪些東西，她就按我說的把火腿放在一個小秤上秤好，然後夾上一片生菜葉，又拿出一些馬鈴薯片，把這些都遞給了我。

第二天我又排入了同一隊，遇到了同一個服務員，看到了同一張鬱悶的臉。唯一的不同是我看到了她胸牌上的名字，於是微笑著對她說：『你好啊，尤妮絲』，然後告訴她我點的菜單。結果呢，她完全忘了秤的存在，給了我一大堆火腿、3片生菜葉，還一直給我裝馬鈴薯片，多得讓它們從盤子上滾了下去。」

我們應當充分認識到名字中所包含的魔力，領會這個道理：名字是我們正在打交道的人自己完全擁有的東西，其他任何人都不具備。名字使人與人能夠有所區別，一個人可以在集體之中顯得與眾不同。當我們記住了一個人的名字，我們傳遞給他的資訊或是對他的要求就會變得異常重要。在我們的人際交往中，不論對方是服務生還是高級主管，記住他們的名字都能收到神奇的回報。

原則三

請記住：一個人的名字對那個人來說，是所有語言中最甜蜜、最重要的聲音。

4
成為健談者的簡單祕訣

很少有人能夠抗拒那聚精會神之中所隱含的恭維。

——傑克·伍德福德

專心致志地聆聽對方和你所說的話是最重要的。
因爲再也沒有比這更好的恭維了。

——查理斯·伊裡亞特

不久前，我應邀參加一次橋牌聚會。我不會打橋牌，湊巧的是，在場還有一位漂亮小姐也不會打橋牌。她聽說在洛厄爾·湯瑪斯從事無線電行業以前，我一度做過他的私人助理，我曾經隨著湯瑪斯走遍歐洲各地，並在旅行期間幫助湯瑪斯將他沿途所見所聞整理成後來播出的演講稿。這位漂亮的小姐知道我有過這段經歷，就對我說：「卡內基先生，我非常想聽一聽你的旅途見聞，能否請你為我說說那些年你所見過的名勝古蹟和瑰麗景色呢？」

我們在一旁的沙發椅上坐下之後，她接著說起她與她的丈夫剛剛結束了一次非洲之旅。我當即感嘆說：「噢，非洲！實在太有意思了！我一直想去非洲旅遊一趟，可是至今除了曾在阿爾及爾停留了24小時外還從沒去過非洲任何地方。告訴我，你都去過哪些值得回味的地方？你是多麼幸運啊，我都感到嫉妒了，請你務必為我說說非洲的事情。」

上面那些話讓這位小姐不停地說了45分鐘。她再也沒有問過我曾去過哪些地方或看見過哪些東西。她其實並不想聽我談論我的旅行經歷，她所需要的只是一個興致勃勃的聽者，藉此擴張她的「自我意識」，講述她那些曾經造訪過的地方。

這位小姐是個特例嗎？不是的。其實很多人都和她一樣。

舉例來說，前幾天我在一位紐約出版商的晚宴上見到一位著名的植物學家。我以前從沒和植物學學者談過話，因此覺得他說的話極具吸引力。當時我就像入了迷似的，身子前傾地坐在座椅邊緣，靜靜逐字聆聽他大講特講珍異的植物和研發植物新品種的實驗以及室內花園（他還向我講述了廉價馬鈴薯的驚人內幕）。之後當我提到自己也有個小型的室內花園時，他非常熱心地為我講解應該如何解決我所遇到的那些問題。

就像我剛才所講的那樣，在晚宴上至少還有其他十幾位客人在座，可是那次我違反了社交的禮節，忽略了其他人，同這位植物學家交談了數小時之久。

很快到了午夜，我站起來向每個人道過晚安後離開了。我走後那位植物學家到宴會主人面前對我大加讚賞，賦予我「極富激勵性的人」以及其他溢美之詞，最後，還讚揚我是一個最有意思的談話者。「最有意思的談話者」？要知道，整個過程中我幾乎一句話也沒說！老實說，在那次談話中如果我不設法轉換話題的話，就算我想插話也說不出什麼來。原因是我對植物學知識就像對企鵝解剖學一樣，根本一無所知。但是我做到了認真專注地聆聽。而我之所以那樣投入，是因為我發現自己對他講的內容確實產生了興趣，這種情緒同時傳達給了講話者，自然使他興高采烈。這種心無旁騖的靜聽本身就是我們可以給予任何人的最高恭維。傑克．伍德福德在其所著的「陌生人的愛」一書中曾經這樣寫道：「很少有人能夠抗拒那聚精會神之中所隱含的恭維。」而我做的比聚精會神地聽還要更進一步。我的做法是

「誠於嘉許，寬於稱道」。

我告訴那個植物學家，他的談話令我非常開心，並極大地開闊了我的眼界——我的確這麼想；我對他說，我衷心希望能擁有他那樣豐富的學識——我的確這麼希望；我還告訴他希望能和他一起到田野裡散步——我的確想去；我還表達了希望能再次見到他的願望——我也的確期待。

正由於這樣的原因，植物學家覺得我是一個善於談話的人，可是實際上，我僅僅是一個善於聆聽的人，而且真心地鼓勵他說話而已。

使商業談判得以成功的神奇秘訣究竟是什麼呢？用前哈佛校長查理斯．伊理亞特的話來說，就是：「商業往來的成功其實並沒有什麼神奇之處……專心致志地聆聽對方和你所說的話是最重要的。因為再也沒有比這更好的恭維了！」

實際上，伊理亞特本人就是一個深諳傾聽藝術的人，美國最偉大的小說家之一，亨利．詹姆斯曾回憶說：「伊理亞特的傾聽不是一味沉默，反之，那是一系列的活動。他坐在那裡，自始至終背挺得筆直，雙手放在膝蓋上，除了兩根拇指相互間或快或慢的摩擦之外，沒有任何多餘的手勢或動作。他總是面對談話者，似乎不只用耳朵聽，他也能透過眼睛與對方交流。他很用心地聽人講話，注意對方的意圖，往往對方還沒開口，他就能想到對方將要講些什麼。在每次面談結束後，與他談話的人都會覺得已經把自己的想法充分表達出來了。」

這道理實在是不言自明，不是嗎？根本不需要你花4年時間到哈佛大學去學習。可是你我都知道，有很多百貨公司的經營者租用黃金地段，壓縮進貨成本，設計吸引眼球的漂亮櫥窗，不惜花費巨額資金去打廣告，但是他們所雇用的，卻是那些不懂得聆聽顧客說話的售貨員，那些售貨員會打斷顧客的陳述、反駁顧客、激怒顧客，似乎要把顧客趕出商場大門才甘心。

位於芝加哥的一家百貨商場，曾經因為售貨員不能認真傾聽而險些失去一位常客，而這位客人每年都會在他們商場裡消費好幾千美元。我在芝加哥講習班的一位學員亨麗埃塔·道格拉斯女士就遇上了這種情況。她買了一件特價的大衣，可是回到家才發現衣服的襯裡撕開了口。第二天她拿著衣服回到商場要求換一件，可是售貨員卻根本不聽她解釋，就指著牆上的標誌說：「妳買的是特價商品，這裡寫得很明白，『貨既售出，概不退換』，既然妳已經買了，就只能自己留著，回家自己把撕開的裂口縫上吧。」

「但這是一件有問題的商品。」道格拉斯女士申訴道。

售貨員打斷她說：「那也是一樣的，尾貨就是尾貨，不能退換。」

道格拉斯女士非常氣憤，正要離開並發誓再也不到這家商場買東西時，這時部門經理正好走過來和她打招呼，因為道格拉斯女士多年來一直光顧，他們已經很熟悉了。道格拉斯女士就向她說明了事情的經過。

經理認真地聽完了整個過程，又檢查了那件大衣，然後對她說：「我們每到季末都會處理一些特價商品也就是『尾貨』來清理庫存，但這種『不予退換』的政策不應該包括本身就已損壞的商品。我們肯定會為您補好這件衣服，或者若是您願意，也可以選擇退款。」

這簡直是完全相反的處理方式！如果那位經理沒有碰巧走過來，聽到了客戶陳述的話，商場就會永遠失去一個長期客戶了。

傾聽在家庭生活中的重要性完全不亞於其在商業世界中的地位。住在紐約州的哈德遜克洛頓米莉·埃爾波西多女士，當她的孩子們與她講話時總會十分認真地傾聽。有一天晚上，她和她的兒子羅伯特一起坐在廚房裡，經過一場關於羅伯特某一想法的簡短討論後，兒子真誠地說：「媽媽，我知道妳非常愛我。」

埃爾波西多女士感動極了，她問兒子說：「我當然是非常愛你的。難道你曾懷疑過嗎？」

羅伯特回答道：「不，我從沒懷疑過。但是我真正地感受到妳對我的愛，是因為無論何時候我想向妳說些什麼，不管妳正在做著什麼事都會停下來認真地聽我傾訴。」

即使是最挑剔苛刻的人或者最激烈的批評者，也往往會在一個懷著耐心和同情心的傾聽者面前軟化下來。一個善於傾聽的人必須有過人的沉穩，當尋釁者如一條碩大的毒蛇張開嘴巴吐出毒液時，他也應該冷靜地保持緘默。有這樣一個例子：幾年前，紐約電話公司曾不得不想辦法應付一個非常兇狠而不講道理的顧客。這個顧客用最刻薄惡毒的字眼責罵詛咒客戶服務代表，他真的是詛咒，甚至有些歇斯底里。他還威脅說要毀掉電話線路，還聲稱電話公司製造虛假帳單，並因此拒絕付款。與此同時他還寫信到各家報社投訴，向公眾服務委員會無數次地提起控告，發洩委屈和牢騷，甚至多次向法院起訴電話公司。

最後，紐約電話公司派出一位最富經驗和技巧的「糾紛調解員」去拜會這位暴怒的客人。「糾紛調解員」到了那裡後，只是靜靜聽著這位固執好辯的老先生滔滔不絕地發牢騷。電話公司的代表只是在傾聽過程中說上幾句簡短的「是！的確如此」，表示對他所受委屈的理解和同情。

這位電話公司的「糾紛調解員」在我的課堂上講述事情的經過時說道：「剛開始他一刻不停地咆哮了差不多有3個小時，而我只是靜靜地聽著，並且過段時間我會再次到他那裡，繼續聽他說不完的牢騷和抱怨。我前後共拜訪了他4次。而在第四次訪問結束之前我已經成了一個他當時正在籌建的組織的創始成員，他稱之為『電話用戶權益保障協會』；直到現在我依舊是這個組織的會員，然而據我所知，除了那位老先生之外我是協會在這個世界上唯一的會員了。

「在一次次的會面中，我一直安靜地聽著，並且對他所列舉的每一個觀點都表示深切的同情。據顧客本人表示，電話公司的客服代表們從來沒有這樣與他談過話，這使得他對我的態度也漸漸變得友善起來。第一次見面時我完全沒說起公司的意圖，在第二次、第三次拜訪時我還是一個字也沒提，可是在第四次拜訪這個客戶時，我完全解決了這件事。客戶把所有的帳款都付清了，並且在他過往找電話公司麻煩的不短歷史上第一次自願撤銷了向『公眾服務委員會』提出的投訴。」毫無疑問地，雖然這位先生把自己看成是一個神聖的戰士，是在為社會公義而鬥爭，保護公眾權益不致受到無理的剝削。然而，事實上他真正需要的只是一種被重視的感覺。起初他透過挑剔和抱怨去獲得這份被重視的感覺，而當他從電話公司派出的代表身上感受到了這份被重視的感覺之後，原來那些不切實際的委屈自然就消失得無影無蹤了。

這裡還有一個例子：若干年前的一個早晨，有位憤怒的顧客氣沖沖地闖進了第脫茂毛呢公司的創立者——不久後成為了世界毛呢製衣業最大的分銷商——朱利安．第脫茂的辦公室。

第脫茂先生向我說明道：「這個人欠了我們一筆錢，不過數目很小。雖然這位顧客不肯承認，但是我們知道錯的確在他。所以我們公司的信用部堅持要求這個人付款，在他接連接到幾封來自我們信用部的催款信後，他就打包行李來到芝加哥，急匆匆地衝進我的辦公室，對我宣佈說，他不但不會付那筆帳單，而且以後再也休想讓他買第脫茂毛呢公司哪怕一美元的東西。

「我耐心聽他把話說完，雖然中間好幾次我都忍不住想打斷或反駁他的話，可是我知道這不是個好辦法，所以只是靜靜地聽他發洩。最後，當他的怒氣已經慢慢平息下去，能夠聽得進別人說話時，我平淡地說：『我非常感謝你能特地來芝加哥通知我這件事。你實在幫了我一個大忙，因為倘若我們公司的信用部會得罪你，我相信他們肯定也會得罪其他的好客戶，後果就不堪設想了。請你相信我，我想聽到這些事情的急切心情甚至更甚於你來我這投訴的願望。』

「他完全沒有想到我會說出這麼一席話來。我想他可能會覺得有點失望。他到芝加哥本來是準備跟我大幹一場的，可是如今我卻在感謝他，根本不同他爭吵。我請他放心，我們會把那筆小小的帳款從帳目中抹去，同時把這事徹底忘掉。我心平氣和地對他說，這是因為他是個非常細心的人，而且只需處理這一份帳目而已，但我們公司的職員卻每天都要處理成千上萬份帳目，所以比起我們公司來，他出錯的可能性要小得多了。

「我告訴他，我非常理解他的處境，而且如果我遇到了和他同樣的事情，肯定也會與他的想法一致。由於他申明不會再買我們公司的商品，我還非常有誠意地推薦了幾家其他的毛呢公司給他。

「之前他來芝加哥時，我們經常一起吃午餐，因此那天我像往常一樣邀他吃飯，他不大情願地答應了。但當我們結束午餐回到辦公室後，這個商人訂購了比以往任何一次都要多的貨物，然後心平氣和地踏上歸途。不只如此，這位顧客有感於我公平有禮的接待，也想用同樣的態度回報我們，所以他回去仔細檢查了自己的帳單，終於發現了那筆欠款，原來他把帳單放錯了地方。於是他為我們寄來了一張支票，還附了一封致歉信。

「不久後，他的妻子生了一個男孩，他就用我們公司的名稱來做兒子中間的名字，稱小傢伙為『第脫茂』。直到22年後他離開這個世界為止，這位客戶一直是我們公司忠實的主顧和良好的朋友。」

很久以前，有個貧窮的荷蘭籍小男孩，每天放學後都要去為一家麵包店擦櫥窗來貼補家用。由於家裡太過困苦，他每天還要提著籃子出門，沿路去撿運煤時從煤車上滾落到水溝裡的碎煤塊。這個孩子叫愛德華．伯克，他一生中所受的教育不超過6年，可是他最終卻成為了美國新聞界有史以來最成功的一位雜誌編輯。他是如何取得如此不凡的成就的呢？這個說來話長，但我們在此處可以簡單地講講他事業的開端。他正是利用本章所提出的原則邁出了通往成功的第一步。迫於生計，伯克13歲就離開學校，去西聯公司作一名辦公室雜工，但他無時無刻不嚮往接受教育的機會。由於沒有辦法繼續到學校讀書，他就開始自學。他每天步行上下班，連午飯也不吃，用省下來的車費和餐費買了一套美國名人傳記——然後他做了一件人們聞所未聞的事。在詳細研讀過這些名人的故事後，他開始寫信給傳記中提到的每一位名人，請求他們再告訴他一些關於他們童年經歷的事情。伯克是一個優秀的傾聽者——他懇切地希望那些著名人士能多談談自己。他向當時正忙於總統競選的詹姆士．加菲爾德將軍寫信，在信中他詢問將軍是否真的做過運河上的縴夫。加菲爾德將軍給了他一封詳細的覆函。伯克還寫信給格蘭特將軍，希望瞭解那部名人傳記中記載的一次戰役的詳細情況。格蘭特將軍在回信中畫了一張戰役的地圖給他，還邀請這個14歲的小男孩共進晚餐，和他聊了整整一個通宵。

不久以後，這個原來在西聯公司傳信的小童開始了和國內眾多著名人物的通信，例如拉爾夫．瓦爾多．愛默生、奧利弗．溫德爾．霍姆斯、朗費羅、林肯夫人、露伊莎・美・阿爾克特、謝爾曼將軍以及傑弗遜・大衛斯等等。伯克並不滿足於與這些著名人士通信，他還利用自己假期的時間去拜訪他們中的許多人，並且成為那些人家裡備受歡迎的客人。這些經歷的浸染賦予了伯克一種價值連城的珍寶——自信心。這些站在時代頂點的人物大大開闊了他的眼界，點燃了他決心改變自己生活的理想之火。而使所有這一切成為可能的，請允許我再重複一遍，就只是由於他實行了我們在本章中討論的這項原則。

有位名叫以撒・馬可遜的記者曾經訪問過不少風雲人物，他曾經告訴我們說，許多人之所以無法給人留下好印象，是因為他們不願注意傾聽對方所說的話。他這樣講道：「這些人對他們自己隨後所要說的話太過於在意，以至於從不肯豎起耳朵聽聽別人正在說什麼……眾多舉足輕重的要人都曾對我說，比起口若懸河的談話者，他們更欣賞那些靜靜傾聽的人。然而善於虛心傾聽的素質卻似乎比任何其他好的品格都更為少見。」

並不只是那些著名人物才需要優秀的傾聽者，那些普通的人也同樣如此，都希望有人能喜歡聽他說話。正如「讀者文摘」中所說的：「許多人去諮詢心理醫生，實際上他們所需要的不過是一個能靜靜傾聽的人。」

在內戰形勢最緊張嚴峻的時候，林肯曾經向他在伊利諾州春田鎮的一位老朋友寫了封信，邀請他到華盛頓去，說是有幾個問題想和他討論。這位老鄰居應邀來到白宮，林肯就宣佈解放黑奴的可取性這個問題跟他說了好幾個小時。林肯對每一個贊成和反對這項措施的理由都作了詳細探討，然後讀了好些信件和報紙上的評論文章，有的由於他不解放黑奴而譴責他，有的由於怕他解放黑奴而譴責他。這樣談了數小時後，林肯與這位老朋友握手道別，向他道一聲晚安之後就派人送他回伊利諾州去，整個過程中甚至沒有徵求過這位老朋友的意見。所有的話都讓林肯一個人說了，而他說出這些話後，感覺思路變得清晰，心情也舒暢多了。那位老朋友後來這樣說：「林肯跟我這樣聊過以後，似乎輕鬆了不少。」實際上，林肯的確不需要這位老朋友提出什麼意見，他需要的僅僅是一位友善而富同情心的傾聽者，使他可以盡情宣洩內心的苦悶。我們每個人在遇到困難時都需要這樣的人，而這也是那些憤怒的顧客、滿腹牢騷的雇員或是受到傷害的朋友們所需要的人。

西格蒙・佛洛德是現代最偉大的傾聽者之一。有位曾經拜訪過佛洛德的人這樣描述他傾聽時的樣子：「那場景深深地打動了我，我想我永遠都不會忘記他。他身上有著此前我從未在任何人身上看到過的美好品質。我從未見過有誰的注意力能夠這樣專注集中，那不是什麼『穿透靈魂的凝視』之類，但是他的眼神是那樣溫柔親切，他的聲音是那樣輕細友善，他的手勢是那樣精練簡單，但即使我說得磕磕絆絆或是詞不達意，他所給予我那高度集中的注意，他對我所說內容的由衷讚賞，都是異乎尋常的。你無法想像能夠這樣被人傾聽對一個人的意義有多麼重大。」

如果你想知道怎樣才能使別人遠遠躲開你，在背後嘲笑你，甚至鄙視你，這裡有個速成秘訣：永遠不要長時間地耐心傾聽任何人講話，反之，要不斷談論你自己。如果別人正在說著一件事情時你突然想到了一個新的看法或見解，不要等對方把話說完，馬上就插話進去打斷他。

你認識這樣的人嗎？非常不幸，我就見過一些。而令人詫異的是，其中有些人還是著名的傑出人士。

他們是令人生厭的那種人——沉醉於自我欣賞和自我看重的、令人生厭的人。

那些永遠只談論自己的人同樣也只能想到自己。曾長期就任哥倫比亞大學校長的巴德勒博士這樣說過：「『只為自己著想的人』是沒有教養也是無藥可救的。無論他受過什麼樣的教育，最後依然會我行我素，就像從來沒有受過任何教導一樣。」

因此，假如你希望成為一個談吐得體、受人歡迎的人，你首先就要學會傾聽別人的談話。正如李夫人所說的：「想讓別人對你感興趣，你首先要對別人感興趣。」多問問別人喜歡回答的問題，鼓勵談話對象多說說他自己和他取得的成就。

請務必牢記：對於正在與你談話的人來說，他自己、他的需要以及他的問題，要比你的需要、你的問題重要幾百倍。他的牙痛要比一場在中國造成幾百萬人死亡的饑荒還重要。他對自己脖子上的搔癢要比非洲發生四十幾次大地震更加關注。下次你開始談話之前，要想一想這一點。

原則四

做一個善於傾聽的人，鼓勵對方多談談他們自己。

5
如何引發別人的興趣

談論他人感興趣的話題，
交談的雙方都能夠從中得益。

每一個曾經拜訪過希歐多爾·羅斯福的人，無不對他淵博的學識感到萬分驚訝。無論是牧童還是騎士，紐約政客還是外交家，羅斯福都知道要跟他說些什麼。那麼羅斯福又是如何做到這一點的呢？其實答案很簡單，每次在接見來訪客人之前，羅斯福都會在前一天晚上犧牲一些睡眠時間，翻閱一些那位客人喜愛的話題和感興趣的事的資料，為第二天的會談做好準備。

這是因為羅斯福與其他處在同樣地位上的領袖人物們都清楚這樣一個道理：深入人心的最佳途徑，就是與他討論對他來說最重要的事物。

散文家、耶魯大學前文學教授威廉·菲爾普斯，在他童年時代就學到了這個道理。在一篇名為「人性」的隨筆中，作家這樣描述當時的經歷：

「在我8歲那年的一個週末，我到姑媽麗娟·林斯利家裡度假。某天晚上一位中年人造訪了姑媽家，他與姑媽禮貌地寒暄過後，就把注意力放到了我身上。當時我非常癡迷於帆船，而那位客人談及這個話題的方式讓我非常感興趣，我們聊得非常投機。他告辭之後，我興奮地對姑媽讚揚他，『這人真棒！』可是姑媽告訴我，方才的客人是位在紐約工作的律師，按理說他不大懂帆船的事情，應該也沒有什麼興趣。我奇怪地問：『那他為什麼一直在說帆船的事情呢？』

姑媽向我解釋說：『這是因為他是位有修養的紳士。他發現你對帆船感興趣，所以就選這個話題與你交談，他知道這能讓你感到高興。他是一個很受歡迎的人。』」

菲爾普斯教授接著寫道：「我永遠也不會忘記姑媽說的這些話。」

當我在寫這一章的同時，面前就放著一封信，它來自於熱心童子軍事業的愛德華・查爾夫先生。查爾夫先生在信中講到這樣一件事：

「有一天，我發現自己需要找人幫忙。因為一次童子軍夏令營即將在歐洲舉行，而我希望美國某家大公司的總裁可以資助我一個孩子的旅費，使他能夠參加這次難得的活動。

「我的運氣不錯，就在我會見那位總裁之前，碰巧聽說他曾經簽出過一張100萬美元的支票。當被取消之後，他又把它鑲入鏡框留作紀念。

「所以我走進他辦公室後做的第一件事，就是請求看一下那張支票。那可是一張100萬美元的支票！我告訴他此前我從沒聽說有人開出過100萬元的支票，我回去一定要跟那些童子軍們講，我親眼見到了！他非常高興地為我展示支票，我表示由衷的羨慕和讚美，同時請他務必和我說說開出支票的詳細經過。」

你是否注意到了查爾夫先生在一開始並沒有提及任何有關童子軍或是在歐洲舉辦夏令營的事，也沒有說出自己的要求，而只是圍繞著對方最感興趣的事情閒談？下面就是它產生的效果：

「我們聊了一會兒，那位總裁問我：『哦，請問你找我有什麼事嗎？』於是我就把自己的來意對他說了。」

「結果大大出乎我的意料，他當即答應了我的請求，甚至比我原來預想的還要多。我只想請他贊助一個童子軍，他卻願意負擔5個孩子以及連我自己在內共6人的花費。他當場簽出了一張1000美元的信用證，還讓我們在歐洲住上7周。此外，他還替我寫了幾封介紹信，吩咐歐洲各分公司的經理妥善接待我們。後來他更是親自到了歐洲，在巴黎招待我們，帶著我們遊覽了整個城市。此後，他經常注意照顧家境貧寒的童子軍，為他們提供工作崗位。這位總裁至今仍在積極地資助我們的童子軍事業。

「然而我心裡明白，如果我事先沒有找出他感興趣的話題，在進入正題前使他高興起來，事情一定不會這樣順利，甚至可能連目前1/10的結果都無法達成。」

在商業往來中，這也是一種有價值的技巧嗎？我們看下面這個例子：

亨利·杜凡諾先生是紐約杜凡諾麵包公司的老闆，他希望能把自己公司的麵包推銷給紐約的一家大酒店。在4年之中，他每星期都去拜訪那家酒店的經理，希望他會向他訂貨。杜凡諾儘量使自己與那位經理一同出現在社交聚會上，希望增加接觸見面的機會。他甚至訂下了那家酒店的一間房間住在那裡，只為獲得這筆生意，可是他卻一直碰壁。

杜凡諾先生對我說：「我研究了人際關係學之後，才醒悟應該改變策略。我決定想辦法找出那位經理最感興趣的東西、他所熱衷的事情。

「很快我就發現他加入了美國酒店業協會，而且他不僅是裡面的會員，還由於熱心推進協會的業務而被推舉為這個組織的主席。與此同時，他還擔任國際酒店業聯合會的會長，無論開會地點在什麼地方，他都必定會趕去參加。

「於是第二天去拜訪他的時候，我就和他談起酒店協會的事情，果然這位經理的反應非常熱情——他拉著我談了半小時協會的情況，在講那些事時，他的聲音因為激動而顫動，我可以明顯看出那個組織正是他的興趣所在，甚至可能已經成了他生活不可缺少的一部分，他為之投入了大量的精力和熱情。在我離開他辦公室時，他邀請我成為該協會的會員。

「當時，在整個談話過程中關於麵包的事我隻字未提，然而幾天之後，他酒店裡的相關主管就打了一通電話給我，請我把麵包的報價單和樣品送到他那裡。

「主管見到我時對我說：『我不清楚你對那個老頭兒施了什麼魔法，可以肯定的是，他是認定你了。』

「想像一下，我在那個人身上鍥而不捨地花了4年時間想要拿到這筆生意。如果最終我沒有想到要設法找到他的興趣所在，以及他喜歡談的話題，恐怕到現在我還是毫無進展呢！」

馬里蘭州漢格上城的愛德華·哈理曼先生在他退伍以後選擇了馬里蘭州風景秀麗的坎伯蘭谷作為居住地。但不幸的是，當時那個地區的就業崗位非常少，曾有一個小型的調查顯示，一位脾氣古怪的自由派人士芬克豪澤擁有或控制了當地相當數量的公司，而他從窮人到富豪的創業史引起了哈裡曼先生的濃厚興趣。然而眾所周知，對於眾多求職者來說，芬克豪澤是出了名的難以接近。哈理曼先生曾經這樣寫道：

「我和許多人談過，知道了芬克豪澤的興趣在於他對權力和金錢的控制。他雇用了一個嚴厲頑固的專屬秘書幫助他阻擋像我這樣的求職者，而我事先研究了她的興趣愛好和目標，然後未經預約就到她的辦公室拜訪。這位秘書15年如一日如固定軌道的衛星一樣圍著芬克豪澤先生轉。當我告訴她我有一項建議能夠幫助芬克豪澤先生獲得政治和經濟上的成功，她變得非常熱情。在與她的談話中，我充分肯定了她在芬克豪澤所取得成就中的重要貢獻。聽了我的話後，她為我安排了與芬克豪澤的會面。」

「我走進芬克豪澤先生寬敞而充滿威嚴的辦公室，並不打算直接開口要求一份工作。他坐在一張巨大的雕花辦公桌後面，口氣嚴厲地對我說：『你有什麼事嗎，年輕人？』我回答：『芬克豪澤先生，我相信自己能夠幫你賺到大量的金錢。』他立刻站了起來，並請我到一張巨大豪華的軟座椅上坐下。我一一詳述了我的想法以及我所具有的實現它們所需的各項條件，還有它們將如何增進他的個人成就和商業成功。」

「當他瞭解了我的想法後立刻雇用了我，在此後的20多年裡我在他的企業中不斷成長，我們雙方都取得了很大的成就。」

談論他人感興趣的話題，交談的雙方都能夠從中得益。霍華德·赫奇格是研究與雇員溝通方面的專家，他就始終奉行這個原則。當被問起他從這種做法中獲得了什麼回報時，赫奇格先生回答說，這種談話方式不僅使他得以從每個談話對象身上獲益，而且在每一次談話中得到的收穫還在整體上大大豐富了他的生活。

原則五

談論別人感興趣的話題。

6
如何使別人很快喜歡你

你希望別人怎樣對待你，就先怎樣去對待別人。
我所遇到的每一個人都有比我優秀的地方，
我就向他學習這些優秀之處。
——愛默生

某天我在紐約的33大街和第8大道相交處的郵局裡，排隊等著寄出一封掛號信。我發現那個郵局的員工對他的工作顯得非常厭煩，千篇一律的秤信、遞郵票、找零錢、開收據，年復一年地持續重複著這樣單調的工作。於是我就對自己說：「我要試著讓那個職員喜歡我。顯然的，如果我想博得他的好感，就必須要說些好聽的話，不是關於我的，而是關於他的。」接著我又問自己：「他有什麼值得我真誠讚賞的地方？」一般情況下這會是個很不容易回答的難題，尤其當對方對你來說只是個素昧平生的陌生人時就更是如此。但是很湊巧地，這一次我很快就從這位郵局員工身上找出一件值得讚美的事。

於是當他秤我的信時，我非常熱情地對他說：「真希望我也能有像你這樣的頭髮！」

聽到這句話時，那位員工抬起了頭，略顯驚訝，但他臉上隨即綻放出高興的笑容，很謙虛地說：「沒有以前那麼好了。」我向他保證說或許它們確實沒有過去那麼有光澤，不過現在看上去仍然是極好的。可以看出他非常開心，我們短暫卻愉快地聊了幾句，最後他對我說道：「許多人都很羨慕我的頭髮。」

我敢打賭，那位郵局員工中午去吃飯的時候一定會開心得像騰雲駕霧般。我還敢打賭，晚上回到家後他會和妻子提到這件事，甚至還會對著鏡子得意地說：「我的頭髮真是不錯。」

我曾經在一次公共場合中提到過這個故事，後來有個人這麼問我：「你這麼做是想從那個郵局職員身上得到些什麼呢？」

我想從那個郵局職員身上得到些什麼？他居然會問我想從那個郵局職員身上得到些什麼！

如果我們如此卑鄙自私，不從別人身上獲取些回報就不願意分給別人一點點快樂，或是一絲一毫真誠的讚美，如果我們的靈魂比一個發酵酸蘋果還要酸腐不堪，那麼我們必然會遭到失敗——也完全是應得的。

哦，是的，我的確想要從那個職員身上得到點什麼東西。我想要的是一件無價之寶，而且我已經得到它了——我擁有了這種體驗：我為他做了一些事並且不需要他任何的回報。這種體驗即使在事情過去很久以後，依然會如閃耀的星光和優美的旋律那樣長久地縈繞在我的記憶之中。

人們的行為法則當中有一條至關重要的定律，如果我們遵從這條定律，就可以無憂無慮、事事遂心。事實上，對這項定律的遵循和奉行會為我們帶來無數的朋友和無窮無盡的快樂。可是我們一旦違反了這條定律，就會立即陷入數之不盡的麻煩之中。這條定律就是「時常讓對方感覺到他是多麼受到重視。」我們在前文中提到過，約翰．杜威教授曾經說到：「渴望被重視的感覺是人類天性中最深層的迫切訴求。」威廉．詹姆斯也說過：「人類天性中最深層的本質就是渴望得到他人的欣賞、重視。」就像我曾經指出的那樣，有無對被重視感覺的渴望，是人類有別於其他動物的標誌性特徵，也正是這種對被重視感覺的迫切追求才使得人類的文明進步成為可能。

數千年來哲學家們一直在思索人類關係的定律，而在經過反覆思考後，只得到了一條法則——它並不是什麼新思想，反之，它簡直與歷史一樣古老。2500多年前，所羅亞思德在波斯把這項準則傳授給所有的追隨者；24個世紀以前，孔子曾在中國宣講過它，道教的創始人老子在函谷關也為他的門徒講解過；耶穌誕生前500年，佛祖在神聖的恆河邊把這條準則授予了人間；而在此1000多年前，印度教的經典已經宣導過它；19個世紀以前，耶穌也曾在裘蒂亞的小石山上用它教導世人。耶穌把這條法則概括成了一句話——或許這是世界上最重要的一句話了：「你希望別人怎樣待你，就先怎樣去對待別人。」

你希望跟你接觸的人能夠贊同你，你想要周圍的人承認你的價值，你渴望在自己的小世界裡獲得被重視的感覺。你不願意去聽虛偽而毫無價值的阿諛諂媚，但渴望他人真誠的讚賞。你希望你的友人和同事都能像查理斯・司華伯所說的那樣「誠於嘉許，寬於稱道」。我們每一個人也都不例外。

所以讓我們謹遵這條黃金法則：你希望別人怎樣對待你，就先怎樣去對待別人。

要實踐這條法則，我們應該何時何地去做，又該如何去做呢？這個答案非常簡明：「任何時間，任何地點」。

威斯康辛州猶卡萊爾市的大衛・史密斯在講習班的課堂上談過一次自己的經歷，當時他負責某個慈善音樂會的飲料攤位，非常巧妙地解決了一場糾紛。他描述說：

「音樂會舉行當晚，我到公園時看到兩名年紀稍長的女士氣呼呼地站在飲料攤位旁邊，很明顯地，兩人都認為應該由自己負責這件事。我站在那裡思考應該如何處理，這時走來一個人，她是活動發起成員之一。她交給我一個募款箱，並感謝我負責這項工作。她介紹了那兩位女士——露絲和珍——做我的助手，然後就離開了。」

「接下來是一陣沉默。我意識到那個募款箱是某種權威的象徵，就將它交給露絲，說我對管錢不太在行，如果她能負責這件事我會非常感激。隨後我又請珍去教兩個在攤位幫忙的十幾歲的孩子如何操作飲料機，把這件事交給她來負責。

「這樣安排過之後，整個晚上變得非常愉快：露絲高興地數著錢，珍指導那兩個孩子，而我則悠閒地享受了一場音樂會。」

實際上，你完全不需要等到自己成了駐法大使，或是做了某個大俱樂部的主席以後，再去實踐這條讚美法則。你幾乎每天都可以運用它，並享受它帶來的神奇回報。

例如，我們原本點的是炸薯條，可女服務生卻端來一盤馬鈴薯泥，在這種情況下，我們不妨試試這樣說：「對不起，給你添麻煩了，不過我更偏好法式煎薯條。」這位服務員很可能會回答「一點也不麻煩」，並且很樂意去為我們更換馬鈴薯，因為我們先對她表示了尊重。

一些簡短的禮貌用語，例如「對不起，麻煩你了」，「能請你……嗎」，「請問能不能……」，「請問你介意……嗎？」，「非常感謝」等客氣、謙恭的話語就像我們單調瑣碎的日常生活中不可缺少的潤滑劑，可以減少糾紛，同時也是良好教育的體現。

讓我們再來看看另一個例子：美國著名小說家霍爾·凱恩所寫的「基督徒」、「法官」、「曼島人」等都是本世紀初最暢銷的小說，有幾百萬人閱讀過他的作品。然而凱恩是鐵匠的兒子，他一生中只受過不超過8年的教育，可是在他去世的時候，他已經成為了那個時代最富有的作家。

事情的大致經過是這樣的：霍爾．凱恩非常喜歡十四行詩和敘事詩，所以他讀過當時的大詩人但丁．加布裡埃爾．羅塞蒂的每一首詩作。他甚至還寫了一篇演講稿來歌頌羅塞蒂在詩歌藝術上的高度成就，並將演講稿的一份副本寄給羅塞蒂。詩人感到非常高興，或許他會這樣對自己說：「一個能夠對我的才學提出如此高超見解的年輕人，一定是非常聰明的。」於是羅塞蒂就邀請這個鐵匠的兒子到倫敦擔任他的私人秘書。這件事成為了凱恩一生的轉捩點——因為他在這個新的工作崗位上，見到了許多當時的大文學家。凱恩受到了這些人的指導和鼓勵，開始投身於寫作事業，最終揚名世界。

凱恩的故鄉——英國曼島的格利巴堡，今天已經成了一個旅遊勝地，來自世界各地的觀光者絡繹不絕。他身後留下的遺產有數百萬美元的不動產。可是誰會想到，如果不曾寫下那篇讚美著名詩人的演講稿，他或許會沒沒無聞、窮困潦倒地離開人世。

而這就是真誠的、發自肺腑的讚美所產生的驚人力量。

羅塞蒂認為他自己很重要，這沒什麼值得奇怪的，幾乎每個人都覺得自己很重要，超乎尋常的重要。很多人的人生僅僅因為曾經有人給了他被重視的感覺，就發生了翻天覆地的巨大變化。羅奈爾得．羅蘭是我們在加州講習班的一位教師，同時也教工藝美術課。他曾寫信給我們，提到了初級手工課上一位叫克里斯的學員：

克里斯是一個文靜靦腆、缺乏自信的男孩子，這使得他從別人那裡沒有得到本應得到的注意。當時我同時也教著一個高級班，不知怎麼學生們都把升入高級班看作一種地位或特權的象徵。

那是一個星期三，克里斯正在他的書桌前埋頭苦幹，我當時真的感受到他內心深處似乎跳動著看不見的火焰。於是我問克里斯是否願意進高級班。我多麼希望自己貧乏的語言能夠描述出當時克里斯臉上的表情、那個害羞的14歲男孩內心的情感，他幾乎控制不住自己的淚水。

「是我嗎，羅蘭先生？您覺得我有資格嗎？」

「當然了，克里斯。你完全夠格。」

我不得不馬上離開，因為我的眼淚已經要奪眶而出了。那天當克里斯走出教室的時候，他彷彿足足高了兩英吋，他用明亮的藍眼睛注視著我，用一種充滿自信的語氣說：「謝謝您，羅蘭先生。」

克里斯為我上了永生難忘的一課——我們對於被重視的感覺的深切渴望。為了讓我牢牢記住這條法則，我做了一條標語「你很重要！」，並把它懸掛在教室的前方，讓每個人都能看見。它時時刻刻提醒著我，我眼前的每一個學生都是同等重要的。

有一條樸實無華的真理，就是幾乎你遇到的每一個人，都認為自己在某些方面比你優秀。這為你提供了一個可以打動他內心的方法——透過一些途徑巧妙地讓他感覺到你認為他很重要，而且發自內心地認為。

請記住愛默生說過的話：「我所遇到的每一個人都有比我優秀的地方，我就向他學習這些優秀之處。」

然而令人遺憾的是，往往是那些毫無建樹又極度缺乏自知之明的人，成天用自高自大、浮華誇飾之詞支撐他們自我陶醉的心理，這簡直是令人作嘔。莎士比亞曾經這樣形容他們：「人，驕傲的人，藉著那一點可憐的才能，就在上帝面前胡作妄為，讓天使都為之落淚。」

下面我要告訴你幾個在我講習班裡學習的商業人士是如何應用這些原則取得了令人驚嘆的成績。第一位學員是康乃狄克州的律師（由於他親戚的原因，他不願意公佈自己的名字，我們就用R先生來代替）。

R先生參加我的講習班後不久，有一天，他開著汽車陪妻子去長島拜訪她的親戚，他妻子留下他陪年邁的老姑媽聊天，自己趕去探望另外幾家較為年輕的親戚。由於R先生不久後就要在班上做那篇「巧妙運用讚美法則」的演講，他想或許可以從與這位老姑媽的談話中獲得一些有價值的體驗。所以他環視姑媽的房子，想找找看有哪些東西是值得他去真誠讚美的。

他問老姑媽說：「這棟房子大約是1890年建造的，對不對？」

「是的。」老太太回答道，「就是那一年建造的。」

R先生接著說：「它讓我回想起我出生的那棟老房子——非常漂亮、寬敞，工程品質也好。您知道的，現在的人蓋房子都不講究這些了。」

「你說得對。」老姑媽表示贊同說，「現在年輕人根本不在乎住好看的房子，他們只需要一間小小的公寓，然後開著汽車出去到處兜風。」

老姑媽的聲音由於美好的回憶而微微顫抖，她輕柔地說：「這是一棟承載了夢想的房子。它是我和我丈夫愛情的結晶。在建造之前，我們已經夢想了許多年。當時我們並沒有請建築師，這裡的一切都是我們自己設計的。」

她領著R先生到各個房間參觀。R先生對所見到的姑媽在世界各地旅行時搜集並珍愛了一生的各種紀念珍品——蘇格蘭的佩斯利披肩、古老的英國茶具、韋奇伍德陶瓷、法國式床椅、義大利的名畫和曾經掛在法國封建時期宮廷中的絲帷，都給予了真誠的讚美。

老姑媽帶著R先生參觀完每個房間後，又帶他來到外面的車庫，裡面停著一輛幾乎全新的別克汽車。

老姑媽輕柔地說：「這部車子是我丈夫去世前不久為我買的。自從他去世以後我就再也沒坐過它了。你是一個懂得欣賞美麗事物的人，我準備把這部車子送給你。」

R先生聽到這話，感到非常意外。他婉轉地謝絕說：「為什麼，姑媽，您太抬舉我了。我非常感激您的好意，但我不能接受它。我甚至算不上您的親戚，而且我已經買了一輛汽車。我想您有許多親戚，相信他們都會樂意擁有這部車子的。」

「親戚！」老姑媽氣憤地大聲說：「沒錯，我有很多巴不得我趕緊死掉的好親戚，那樣他們就可以得到這輛車了。可是，他們永遠也休想得到。」

R先生又勸她：「姑媽，如果您不願意把它送給那些人，可以把車子送到舊貨商那裡賣掉，很好出手。」

「賣掉！」老姑媽叫了出來，「你認為我會把這部車子賣掉？你覺得我會忍心眼睜睜地看著陌生人開著它在大街上跑？這是我丈夫特地買給我的，我做夢也沒想過賣掉它。我願意把它交給你，因為你懂得真心欣賞美麗的事物。」

R先生試著婉轉表達拒絕之意，但最後還是不得不接受她的贈予，因為他不願刺傷那位老人的感情。

現在這位老太太獨自一人住在空蕩蕩的房子裡，陪伴她的只有蘇格蘭披肩、法國古董這些精緻珍貴的陳設，以及對往昔生活的回憶。她迫切希望有一個人給予她認同和讚美。她也曾有過金色年華，那時她青春美麗，光彩動人，被眾多男士追求；她也曾與丈夫共同建造溫暖的愛巢，並且從歐洲各地搜集無數珍品來加以裝飾。如今這位老姑媽韶華已逝，形影相弔，她渴望獲得一點人間的溫暖，一點真誠的讚賞——可是，竟然沒有一個人願意給她。於是當她獲得了她期望已久的東西後，就如同沙漠中湧出一泓泉水滋潤了她的心田，甚至讓她覺得即使以珍藏的別克汽車相贈也不足以表達激動和謝意。

我們再來看一個例子。唐納德·麥克馬洪是路易斯·馬倫丁公司的負責人、紐約市著名的苗圃工、景觀設計家。他為我們敘述了一件事：

「在我聽了那篇名為「如何贏得友誼和影響他人」的演講之後不久，我接了一份為著名法官設計庭園的工作。那位法官向我提出自己的建議，告訴我他希望在園中栽種杜鵑花的位置。

「我試著和他閒聊，『法官先生，你有很好的業餘愛好——我非常喜歡你那些可愛的狗。我聽說牠們每年都能在麥迪森花園廣場舉行的賽狗會中獲勝，贏得了許多次藍絲帶獎。』

「我這小小的讚美帶來了驚人的效果。那位法官馬上回答說：『是的，我很愛我的狗。你想不想參觀一下我的狗舍？』

「他花了差不多一個小時為我展示他的狗以及牠們獲得的獎項。他甚至拿出狗的血統系譜，向我講解每條狗的來歷，解釋說正是它們有著優秀的血統才會這樣聰明漂亮。

「最後他問我說：『你家裡有沒有小孩子？』

「『哦，有。』我回答：『我有一個兒子。』

他接著問：『他想要隻小狗嗎？』

我說，『嗯，是的，他一定會非常高興的。』

『那真是太好了！』法官快樂地宣佈：『我準備送他 隻。』

接著，他開始為我講解餵養小狗的方法。不一會兒他又停了下來說：『我這樣跟你說，你很快就忘記了，我還是寫下來給你吧。』說著那位法官走進屋去，把他準備送我的那隻小狗的血統系譜和餵養方法清楚地列印出來。法官用他寶貴的1小時15分鐘時間與我交談，然後還送給我一隻價值數百美元的小狗，而這些都是因為我對他的愛好及所取得的成就，表達了真摯讚美的緣故。」

柯達公司傳奇的締造者—— 喬治・伊斯曼，在他發明了透明膠片之後，電影的攝製才成為可能，同時這項發明也為他帶來了上億元的財富，使他成為世界上最著名的企業家之一。可是，儘管已經取得了如此偉大的成就，他依然與你和我一樣渴望著他人哪怕一點點的承認和讚賞。

例如，多年以前，當伊斯曼在羅切斯特修建伊斯曼音樂學院和基爾伯恩大劇院時，紐約優美座椅公司的總裁詹姆斯・亞當森希望能得到這兩處建築中的座椅訂單。他向建築師打了電話，約好時間到羅切斯特與伊斯曼見面。

亞當森抵達之後，那位建築師告誡他說：「我知道你想得到這筆訂單，不過我現在需要告訴你的是喬治・伊斯曼工作非常忙，為人極其嚴肅，如果你佔用了他5分鐘以上的時間，就再也不用指望做這筆生意了。所以你要用最快的速度把要說的話說完，然後儘快離開他的辦公室。」

亞當森聽後就準備照此辦理。

當他被引進辦公室時，伊斯曼正在埋首工作。片刻之後，伊斯曼從堆積如山的文件中抬起頭來，摘下眼鏡，走向建築師與亞當森問候說：「兩位早上好，請問找我有什麼事嗎？」

建築師為他們做了簡單的介紹之後，亞當森說：「剛才等你的時候，我一直在欣賞你的辦公室。伊斯曼先生，我非常喜歡這間辦公室，如果我擁有這麼好的辦公室，我一定也非常樂意在裡面工作。你知道我是經營室內木工裝潢業務的，但我還從未見過這麼漂亮的辦公室。」

聽了這番話，喬治・伊斯曼回答說：「謝謝你的提醒，你若不說我都差點忘了呢，這間辦公室非常漂亮對不對？當初辦公室剛剛裝修好的時候，我可是非常喜歡它的。可是如今，我坐在這裡時腦子裡總是塞滿了工作，有時甚至連著幾個星期都不會注意到房間的擺設。」

亞當森在辦公室裡來回走動，用手撫摸牆上鑲嵌的壁板，問：「這個是英國橡木，對不對？它與義大利橡木在質地上略有不同，還是可以分辨出來的。」

伊斯曼回答說：「對，這些是進口的英國橡木。以前一位專門研究橡木的朋友為我挑選的。」

然後伊斯曼帶著亞當森參觀了整間辦公室，對室內的空間佈局、油漆色彩、雕刻工藝以及其他他參與設計並施行的裝飾陳設一一做了評論。

他們一邊參觀房間，一邊欣賞木工工藝。後來兩人在一扇窗戶前停了下來，伊斯曼溫和謙遜地說起他出資捐助的一些慈善機構，如羅徹斯特大學、公立醫院、順勢治療醫院、慈善養老院、兒童醫院，他希望能夠藉助這些機構為人道主義事業做出一點貢獻，為社會盡一點心意。亞當森熱烈地讚揚了他這種把自己的財富用於減輕他人痛苦的慈善事業。隨後，伊斯曼打開了玻璃櫃子，取出他買的第一架照相機——那是以前他從一個英國人手上買來的新發明。

亞當森又問起伊斯曼早年創業奮鬥的經過。伊斯曼感慨地回憶起他童年的貧苦生活，告訴他自己守寡的母親，開了一家小小的公寓出租，他則是一家保險公司的小職員。貧困的恐懼日夜壓迫著他，他決心要艱苦奮鬥，將來賺到足夠的錢，讓母親不必再出去工作。亞當森又提出了一些更深入的問題請他繼續介紹，自己安靜地、專心致志地聽著，伊斯曼又講起他對乾燥的相機底片進行實驗的一段往事。伊斯曼告訴亞當森說過去做實驗的時候，他經常整日待在辦公室裡，有時甚至待上一個通宵，只能在等待藥品起化學反應的間隙打個盹，有時甚至連續72小時都不能脫下工作服。亞當森簡直聽得入了迷。

亞當森是上午10點15分走進伊斯曼辦公室的，當時他曾被勸以忠告，說最多只能在裡面待上5分鐘。可是，一小時過去了，兩小時過去了，他們依然在交談。

最後，喬治．伊斯曼轉向亞當森說：「上次我到日本的時候買了幾張椅子回來，我把它們佈置在房間的陽臺上，結果陽光把椅子上的漆都曬掉了。前幾天我到城裡買了一些油漆回來自己重新刷了一遍，你要不要看看我的椅子漆得如何？這樣吧，你到我家來一起吃午飯，我讓你看看。」

午飯過後，伊斯曼把他從日本買回來的椅子指給亞當森看。那些椅子本身並不是什麼值錢的東西，卻是千萬富翁伊斯曼引以為豪的寶貝，只因為他曾經親手漆過它們。這筆兩處建築中座椅的訂單總金額是9萬美元。你認為誰能拿到訂貨合約，是詹姆斯．亞當森還是他的競爭對手？

從那次會面以後直到伊斯曼去世，詹姆斯．亞當森先生始終與伊斯曼保持著親密的友誼。

克勞德．馬雷是法國盧昂一家飯店的老闆，他曾經用這條原則挽留了一位對於飯店十分關鍵的員工。那位女員工在他手下工作了5年，成為馬雷先生與他21名員工之間相互聯繫的重要紐帶。當馬雷先生接到她的辭職信時，感到相當震驚。

馬雷先生說：「我當然覺得非常驚訝，但更多的卻是失望。因為我始終認為自己對她平等相待，並且滿足了她很多需求。她對我來說既是員工，更是一位朋友，或許正因為這種想法，我從她那裡索取了很多東西，還認為她的付出是理所當然的，甚至對她的要求比其他員工還要嚴格。

「我當然無法接受不加解釋的辭職。我把她請到一旁單獨對她說：『波萊特，妳一定要明白我不能接受妳的辭職。妳對我和公司來說都是那麼重要，這家飯店能夠有今天的成就，妳的貢獻和我一樣多。』而且我又在全體員工面前重複了這些話，還請她到家中做客，當著家人的面表明了我對她的信任。」

「波萊特撤回了她的辭呈，如今我又能和過去一樣對她委以重任了。我會經常讚美她的工作，向她表示她對我和飯店來說有多麼重要。」

「和人們談論他自己。」迪斯雷利——一位曾經統治大英帝國、最富智慧的人曾經說過：「和人們談論他們自己的事，他們能夠靜靜地聽上幾個小時。」

原則六

使他人感受到自己的重要性——

並且真誠地這樣去做。

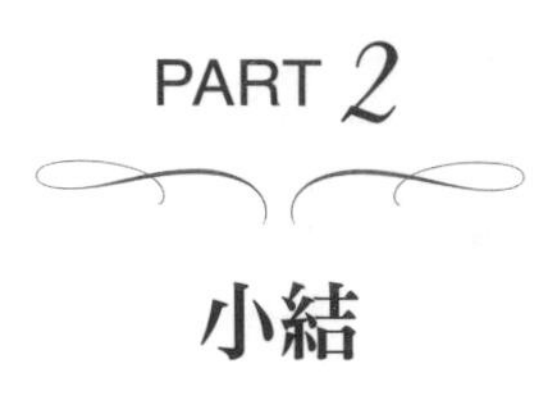

PART 2 小結

讓人喜歡你的6種方法

原則一

真誠地關注他人。

●

原則二

微笑。

●

原則三

一個人的名字對那個人來說，是任何語言中最甜蜜、最重要的聲音。

●

原則四

做一個好的傾聽者，鼓勵對方多談談他們自己。

●

原則五

談論別人感興趣的話題。

●

原則六

使他人感覺到自己很重要——並且真誠地這樣做。

PART 3

如何贏得別人的認同

How to Win

People to

Your Way of Thinking

1
你不可能在爭辯中獲勝

天底下只有一種方法能夠贏得爭論，
那就是盡量避免爭論——就像躲避毒蛇和地震一樣。
恨永遠無法止恨，唯愛能止。

第一次世界大戰結束後不久的一個晚上，我在倫敦學到一個極其寶貴的教訓。當時我是澳洲飛行家羅斯·史密斯爵士的經紀人。在大戰中，爵士曾經是澳洲一名在巴勒斯坦執行過飛行任務的傑出人士。戰事結束，和平生活開始沒多久，史密斯爵士完成了在30天之內環繞地球飛行半周這件壯舉，震驚了全世界。澳洲政府為此授予他50000元獎金，英皇授予他爵士稱號。一時間，史密斯爵士成了大不列顛帝國境內最受人矚目的人物。一天晚上，我應邀出席了一次史密斯爵士的歡迎宴會，當時有位坐在我旁邊的來賓講了一個非常有趣的故事，那個故事正好應驗一句成語：「謀事在人，成事在天」。

講故事的人說這句格言出自「聖經」，實際上他錯了。我知道那句話的出處，而且非常確定。當時我為了滿足自己被重視的渴望，以及要顯得比別人更淵博和優越的衝動，多此一舉地去糾正他的錯誤。如今看來，這實在是一種惹人嫌惡的舉動。那人不肯放棄自己的觀點：「什麼？你說那句話出自莎士比亞？絕對不可能，簡直荒謬。那句格言一定是出自「聖經」。」他堅信自己是對的。

當時講故事的那位來賓坐在我右側，我的老朋友法蘭克·賈蒙坐在我的左側。賈蒙多年來一直致力於對莎士比亞著作的研究，因此講故事的人和我都同意將這個問題交給賈蒙來裁決。賈蒙靜靜地聽完我們的話，在桌下輕輕踢了我一腳，然後說：「戴爾，是你記錯了，這位先生說得對，那句話的確出自「聖經」。」

當晚在回家的路上，我納悶地對賈蒙說：「法蘭克，你明知道那句格言是出自莎士比亞的作品。」賈蒙回答說：「沒錯，它的確出自莎士比亞，是「哈姆雷特」第五幕第二場。可是親愛的戴爾，我相信你也知道，我們只是一場歡慶宴會中的兩個客人而已，為什麼一定要證明別人是錯誤的呢？難道你這樣做能夠使對方喜歡你，對你產生好感嗎？為什麼不給別人留點面子呢？他本來也沒有徵求你的意見，事實上也根本不需要你的意見，何必非要跟他爭辯？我們應該永遠避免正面的衝突。」我永遠也不會忘記這件事給我的教訓。我不僅令講故事的那位來賓不快，還讓我的朋友陷入了十分尷尬的境地。如果當時我不那麼好爭辯，該有多好啊。

鑒於此前我性格固執倔強，經常習慣性地與人爭辯，這個教訓對我來說非常重要。小時候我幾乎把天下所有的事情都拿來和哥哥爭論過。考進大學後我又研究了邏輯學和辯論術，還經常參加各種辯論比賽。我出生在密蘇里州，與人爭辯時也非要對方拿出證據，眼見為憑不可，不久後我又到紐約同教授辯論。十分慚愧的是，我還一度計畫寫一部辯論方面的書。也正是從那個時候開始，我曾經旁聽和參與了數以千計的辯論，也看到了這些爭辯事後所造成的影響。而這一切都使我導出了一個結論，那就是：天底下只有一種方法能夠贏得爭論，那就是儘量避免爭論——就像躲避毒蛇和地震一樣。

在十次爭論之中至少有九次，其最終結果都是讓爭論的雙方更加堅持各自的見解，相信自己是絕對正確的。

你永遠無法在辯論中獲勝。這是因為如果你輸了，那當然是輸，即使你贏了，其實依舊是輸。為什麼呢？假設你在辯論中打倒了對方，把對方的意見駁斥得體無完膚，甚至證明他是經神錯亂，可是結果又能如何呢？你自然很高興，可是他呢？你只會讓他感到自卑，感覺到尊嚴受到傷害，他對你所獲的勝利自然會心懷怨恨。而且你要知道——

一個人即使口頭上認輸，但心裡依舊會堅持自己是對的。

現在有這樣一個例子：幾年前，有一位叫派翠克．奧哈爾的人參加了我的講習班。他並未受過很好的教育，但是卻非常喜歡爭辯和挑剔。他做過司機，後來又嘗試過卡車推銷員，由於發現自己的業務狀況並不理想，才報名參加我的講習班。我跟他隨便聊了兩句就瞭解到了他的問題所在。奧哈爾在推銷卡車時總是會與顧客們發生口角並因此而激怒對方。如果有哪位客人說他賣的卡車有什麼不好，他就會非常氣憤地與其爭論，直到對方啞口無言。那些日子他的確曾在許多次爭論中獲勝。正如後來他對我說的：「每當我一步出辦公室時，總會對自己說：『我又教訓了那傢伙一頓，讓他知道了不少東西。』的確，我讓他知道了不少東西，可是他卻不會買我的任何東西。」

對於奧哈爾，我的第一課題不是教他說話，我最迫切的任務是訓練他控制自己少說話，避免與人爭論。

如今的奧哈爾已經是紐約懷特汽車公司的一位星級推銷員了。奧哈爾是怎樣做到的呢？下面是他敘述的一段經歷：「假如我走進一位客戶的辦公室，對方卻這樣對我說：『什麼？懷特卡車？那牌子品質不好，就是白送我都不會要。我早就打算買某某公司的卡車了。我聽他的話後，非但不反對，還會順著他的口氣說：『你說得對，那個牌子的卡車確實好，如果你買他們的，絕對錯不了。那卡車是大公司的品牌，他們的推銷員也非常能幹。』

「我這麼一說，對方自然就無話可說了，就算他想爭論也無從爭起。如果他說那個牌子的車如何如何好，我跟著誇，他自然就說不下去。在我贊同他的情況下，他總不能整個下午都在誇那個品牌如何好，如此一來，我們離開有關某某公司汽車這個話題，我轉而向他介紹懷特卡車的優點。

「如果是過去的我聽到那樣的開場白，肯定會火冒三丈，立即和他爭吵起來，列舉那個品牌卡車的種種缺點……而我越是說那卡車一無是處，對方就越會堅持它是如何好，於是爭辯愈演愈烈，結果只能更加堅定對方購買我競爭對手卡車的決心。」

「現在回想起來，我真不知道自己過去究竟能推銷出去些什麼。那無謂和不智的爭論，不知讓我浪費了多少寶貴的時間。現在我學會了管住自己的嘴巴，這樣得到了許多益處。」

正如睿智的班傑明・富蘭克林所說的：

> 如果你熱衷於爭論，總想反駁別人，或許你能贏得一時的勝利，但這勝利是短暫的、虛幻的，因為你永遠也無法得到對方的一絲好感。

因此你不妨事先衡量一下利弊，你想得到的究竟是一個虛幻的、毫無實際意義的勝利，還是一個人對你真真切切的好感？要知道，魚和熊掌總是難以兼得的。

一本名為「波士頓記錄」的雜誌上曾經刊登一首意義深刻且饒有趣味的詩：

威廉．傑就長眠於此，
他死時依舊認為自己是正確的，
——他是正確的，絕對正確；
但是如果他是錯誤的，
那他同樣也是絕對錯誤的。

當你開始一場爭論時或許你是對的，甚至絕對是對的；但是如果你想要改變一個人腦中固有的觀點，那很可能會徒勞無功，就像你一開始就錯了一樣。

弗雷德里克．帕森斯是一名稅務顧問，他曾經和一位政府的稅收稽查員為了一筆9000元的帳目而整整爭論了一個小時。帕森斯指出這9000元實際上是一筆永遠無法收回的呆帳，因此不該再徵人家的所得稅了。但那位稅收稽查員反駁說：「呆帳？我的天，這不可能。這稅必須得交。」

帕森斯在我的課堂上說：「想跟這種冷漠、自大、固執己見的稽查員擺事實講道理，簡直等於對牛彈琴……跟他爭論得愈久，他愈是固執。所以我決定不再與他爭論，而是換個話題，先讚揚他一番。

「我這樣說：『我知道這個問題對你來說，只是一件微不足道的小事，你肯定早就處理過很多比這不知重要困難多少倍的問題了。我雖然研究過一陣子稅務，但那都是些從書本中得來的知識，而你所知道的，全是親身實踐中得來的。有時我真希望也能有一份像你這樣的工作，它一定能使我獲益匪淺。』我表示自己所講的句句都是真心話。

「『嗯，』那個稽查員在座椅上挺直了腰桿，往椅背上一靠就開始大談自己的工作經驗，告訴我許多他在實踐中發現的巧妙舞弊的花招。他的語氣漸漸變得友好，接著話題又轉到他的孩子身上。告別的時候，他對我說回去後會重新考慮一下我的問題，幾天以後給我答覆。

「3天後，他又來到我的辦公室，告訴我說他決定將已經上繳的那部分稅款全額退還。」

在這位稅務稽查員身上顯露出一種人類最常見的性格弱點，那就是對於被人重視感覺的慾求。帕森斯和他爭辯，他就有機會主張自己的權威來獲取他所需求的被人重視的感覺。反之，如果有人願意承認他的重要性，爭論自然就會停止了。既然他的「自我」已經得到了充分的伸展，他也就變成了一個和善而富有同情心的人了。

佛祖曾這樣說過：「恨永遠無法止恨，唯愛能止。」誤會永遠不能透過爭論來解決，只有依靠智慧、技巧、撫慰，以及用同情的眼光看待他人觀點的辦法來消泯爭端。林肯曾經嚴厲斥責一位和同事發生激烈衝突的年輕軍官。

林肯說：「沒有一個決心成大事的人會把自己的時間消耗在個人成見上面。因為他不能承受無謂爭端帶來的後果，那會使他變得脾氣暴躁、失去控制。如果你們各有各的道理，不妨對人多謙讓一點。即使道理全在你這邊，也不妨做些讓步，哪怕少一點。與其跟一隻狗爭路走而被它咬傷，還不如讓狗先走一步。因為一旦被狗咬了一口，即使把這隻狗打死，也治不好你的傷了。」

在一篇名為「點點滴滴」的文章中講到了一些避免意見相左而發展成為爭端的建議：

歡迎不同的意見。一定要牢記這句話：「如果兩個合夥人總是意見一致，那麼他們當中的一個人就不再需要了。」如果有的事情你沒能想周全，而有人為你提出來了，你應當真誠地表示感謝。或許這條不同意見正是你犯下大錯之前回到正途的最好機會。

不要相信自己的直覺反應。我們面對不同意見的第一反應，也是自然反應，就是捍衛自己的觀點。但是你一定要小心，保持冷靜，並且警惕自己的第一反應。因為它很可能只會導致最壞的結果，而不是最好的。

控制自己的脾氣。記住，你可以根據一個人為什麼而生氣來推測他的氣量和成就。

首先要傾聽。要給對方說話的機會，並讓他把話說完，不要抵制、反擊或與他爭論。反駁只會導致矛盾和隔閡。要盡力架起雙方溝通的橋樑，而不是加深誤解的溝渠。

尋找雙方的共同之處。當你聽到對方的觀點之後，首先應當想想其中有哪些看法是你贊同的。

誠實待人。坦然承認你的錯誤並如實地說出來，為自己的過錯道歉。這樣做能夠解除對方的武裝，減輕他們對你的戒備之心。

承諾會認真考慮和研究對方的意見，要發自內心的。你的反對者有可能是正確的，這時答應認真考慮他們的意見，無疑要比盲目行動、等到以後對方說：「我一直想告訴你，但你就是不聽」要好過得多。

真誠地感謝反對者對你的關注。無論是誰，只要他願意花時間來反駁你的意見，他一定是和你關注同樣事情的人。假如你能把他們想成是真心想幫助你的人，那你或許就能把反對者們變成你的朋友。

三思而後行。假設這天稍後或是明天要召開一個會議，所有的事宜都要安排妥當。在準備這次會議時，不妨問問自己下面這些問題：反對者的意見會不會是正確的，或者部分正確？他們的立場或論點有可取之處嗎？我對不同意見的態度是為了解決問題，還是僅僅因為自尊受挫而不願接受不同聲音？我的反應是能吸引反對者接近我，還是把他們推得更遠？我的反應是否能提升人們對我的正面評價？我會成功還是失敗？如果我想獲得成功，需要付出什麼代價？倘若我保持沉默，反對的聲音會消失嗎？目前這不利的形勢是否能成為我的一個新機會？

男高音歌唱家傑恩．皮爾斯結婚已經將近50年了，他曾經說過：「我妻子和我在很早以前就達成了一條協定，無論我們對對方有怎樣的不滿，都必須遵守這條協議——當一個人大喊大叫時，另一個人要安靜地聽著。因為如果兩個人都向對方吼叫，那就談不上什麼溝通了，有的只是噪音和惡劣的情緒。」

原則一

在爭論中獲益的唯一方法就是避免爭論。

2
必然招致敵人的方式
以及如何避免四處樹敵

教導他人卻不能使他察覺，指出人所不知的事，
使他感覺那只是自己一時忘記的事情罷了。
——亞歷山大·蒲柏

當希歐多爾·羅斯福入主白宮的時候，曾對外坦承說假如他能有75%的時候是正確的，那就達到了自己所期望的最高標準了。

如果這就是一位20世紀最偉大人物所期望的最高標準，那麼你我又能達到何種程度呢？

如果你能肯定自己有55%的時候都是正確的，那你大可以縱橫華爾街，一天賺上100萬美元。如果你連55%的正確率都不能保證，你又憑什麼去指責別人所犯的錯誤呢？

你可以用一個眼神、一種不同的聲調或是手勢，讓一個人意識到自己錯了，它們完全可以達到和語言同樣的效果。然而如果你告訴一個人說他做錯了，你認為他會同意嗎？事實是，他絕對不會。因為你的做法直接打擊了他的智力、判斷力、驕傲和自尊，這必將引起對方激烈的反擊，而永遠不會讓他們改變主意。即便你運用柏拉圖或是依曼努爾·康德的所有邏輯來與他爭辯，他依舊會堅持自己的觀點，因為你已經傷害了他的感情。

永遠不要這樣對別人說：「讓我向你證明……」這很糟糕。

這句話等於在說：「我比你聰明，讓我來告訴你一些事實，改變你的觀點。」這相當於一種挑釁，無疑會造成對方的反感，使聽者武裝起來準備和你戰鬥，而此時你甚至還沒有開口陳述自己的觀點呢。

即使在最良好溫和的氛圍之中，要想改變一個人的觀點也是件極其困難的事情，那又何必讓事情變得更複雜呢？不是等於自找麻煩嗎？

如果你想要證明一件事，就要在所有人都沒有察覺的情況下進行，要講求策略，謹慎、巧妙地去做，使人們在不知不覺中接受你的觀點。亞歷山大・蒲柏對此作了精闢的概括：

> 教導他人卻不能使他察覺，
> 指出人所不知的事，
> 使他感覺那只是自己一時忘記的事情罷了。

300多年前，伽利略也說過：

> 你沒辦法教會一個人任何事，
> 你只能幫助他，讓他自己找到事情解決的辦法。

正如賈斯特菲爾德勳爵對他兒子所說的那樣：

> 我們應該盡可能讓自己比別人聰明，
> 可是你卻不能說你比他聰明。

蘇格拉底曾經反覆告誡他在雅典的門徒：

> 我只清楚地知道一件事，
> 那就是我什麼也不知道。

當然，我可不敢奢望自己比蘇格拉底更聰明，所以我也儘量避免去指出別人的錯誤。同時我也發現這麼做確實有很多好處。

如果你覺得別人說的某句話不對，哪怕你知道他肯定說錯了，但比起直截了當地指出來，用下面的方式表達似乎更好一些：「呃，讓我們來探討一下。我的看法和你略有不同，當然也許我弄錯了，我經常會把事情弄錯。如果是我錯了，我希望有機會改正過來。讓我們一起研究研究吧。」

「也許是我錯了，我也經常弄錯。讓我們一起研究研究吧。」這樣的表達方式，簡直像魔法一樣神奇。

要知道，無論在世界的哪個角落，都絕不會有人反對你說類似的話：「或許是我錯了，讓我們一起研究研究，究竟是怎麼回事。」

我班上一位學員曾運用這一原則與客戶打交道。他名叫哈樂德・倫克，是道奇公司在蒙大拿州比林斯市的一位代理商。他說由於汽車銷售行業競爭激烈，壓力很大，使得他脾氣暴躁，在處理客戶投訴時態度冷硬。這常常會造成糾紛升級，生意銳減，還會發生許多其他不愉快的事。

倫克先生在演講中說：「很快我就認識到這樣下去生意肯定毫無進展，就試著選擇一種新的解決之道。我會這樣對顧客說：『我們代理商的確犯了不少錯誤，我也感到非常愧疚和抱歉。關於你的問題可能也是我們的錯，請你把事情講得更詳細些。』」

「事實證明，這個方法非常有效。當客戶一味地發洩自己的情緒時，他往往是不理智的，等他冷靜下來一般都會通情達理，事情也就容易解決了。實際上，甚至還有很多顧客對我理解的態度表示感謝，其中的兩位還介紹了朋友來我這裡買車。在這個競爭激烈的市場中，我們非常需要這種類型的顧客。我相信如果做到始終尊重顧客的意見，用彬彬有禮的態度和靈活老練的方式來處理問題，就能在競爭中立於不敗之地。」

你永遠不會因為承認自己隨時可能出錯而惹上什麼麻煩，這也可以避免一切爭論，使你的對手也能夠公正、開明、寬宏大度地看待你，正如你對他所做的那樣。這也會使他願意承認，自己也難免有犯錯的時候。

如果你可以肯定某人確實犯了錯誤，而你直率地指出了這一點，你想可能會造成什麼樣的後果？讓我用這樣一個例子來說明吧：年輕的S先生在紐約做律師，曾經代理了一樁在聯邦最高法院審理的重要案件，這樁案件不僅涉及的金額特別巨大，還關係到一個非常重要的法律問題。在法庭辯論的過程中，一位最高法院的法官對S先生說：「『海事法』的追訴期限是6年，不是嗎？」

S先生沉默下來，注視法官片刻，然後坦率地說：「尊敬的法官閣下，『海事法』中並沒有關於追訴期限的規定。」

S先生在講習班中這樣敘述隨後發生的事情，他說：「當我說出這句話後，整個法庭霎時靜了下來，屋子裡的氣溫彷彿一瞬間降到了冰點。在這件事情上，我是對的，法官錯了，而我向他指出來了。可是這並不能使他對我友善一些。不，事實是完全沒有。我始終相信我有法律作為後盾，而且我也知道那次法庭辯論我發揮得比以前任何一次都好。但我依舊沒能說服那位法官。這是因為我已經鑄成大錯，我直截了當地對一位極富學識、聲名卓著的人物說他錯了。」

很少有人能做到完全理智地思考，實際上大多數人都是主觀而懷有偏見的，我們總是會因為嫉妒、猜疑、恐懼、敵視、傲慢以及各種先入為主的觀念而受到傷害。大多數人都不願意改變自己的髮型、信仰、政治傾向或是他最愛的電影明星。所以，如果你屬於喜歡指出別人錯誤的那種類型，就請你在每天早餐前把下面這段文章讀一遍。它是從詹姆斯·哈威·魯賓遜教授極富啟發意義的著作「決策的過程」中摘錄下來的：

我們時常會發現自己在完全沒有察覺到阻力或反感的情況下就已經改變了原本的想法。然而，如果有人告訴我們說我們做錯了，我們卻會遷怒對方，並且固執己見、一意孤行。我們其實並沒有十分在意自己的某種觀點，可是當有人想改變我們那種觀點時，我們就會對它異常地執著起來。顯然這並非是我們對那種觀點本身有著什麼偏愛，而是我們感到了自尊受損的威脅。雖然「我的」僅有短短兩字，但它卻是人與人之間最為重要的一個詞，如果能夠妥善地運用這兩個字，就把握住了智慧之源。無論是「我的」飯、「我的」狗、「我的」屋子、「我的」父親、「我的」國家，還是「我的」上帝，這個詞具有的力量都是相同的。我們不光不喜歡有人說「我們的」錶不準，或是「我們的」汽車太破舊，而且也不願意有人糾正我們關於火星水道的概念、Epictetus的讀音、對水楊甙藥效的認識或者是對薩爾貢一世生卒年月的推斷等等任何一個錯誤。對一件自己已經認可為「對」的事，我們總是樂意繼續相信它。當我們原有的設想受到了某種懷疑時，就會激起我們強烈的反感，並用所有能想到的方法來維護它。結果就是，大部分我們稱之為「理由」的東西，其實都不過是我們找來為以往所相信的事物作辯解的藉口。

卡爾·羅傑斯是一位傑出的心理學家，他在「怎樣做人」一書中寫道：

當我願意去理解別人以後，我發現了這種做法的巨大價值。我這樣說你或許會覺得很奇怪，我們真的有必要去理解其他人的想法嗎？我認為這是絕對必要的。當我們聽取他人談話的時候，通常來說第一反應是做出判斷或評價，而不是去理解這些話所包含的意思。當談話對象說出自己的某種感覺、態度或是信仰的時候，我們就會立刻想到「說得有理」或是「太愚蠢了」、「這不合常理」、「荒謬」、「這種想法不對」、「這樣不好」等等，而很少會花心思去準確理解這些話對說話者有著怎樣的意義。

有一次，我雇了一個室內裝潢設計師為我家配一套窗簾。可是當我收到帳單時著實大吃了一驚。

過了幾天，有個朋友到我家拜訪，看到家裡新換了套窗簾，就問起了價錢。我如實相告後，她幸災樂禍地說：「什麼？這實在太過分了，恐怕你是上了那個設計師的當了。」

這是真的嗎？沒錯，她說的都是實話，我肯定受騙了，可是很少有人願意聽到這類指責自己判斷力的實話。因此，出於人類的天性，我竭力為自己辯護。我爭辯說：「最好的東西總是最貴的，低價不可能買到品質好又有藝術品味的東西。」

第二天，另外一位朋友造訪了我的家。她誠懇而充滿熱情地讚賞了我的新窗簾，她還表示說，希望自己家裡也能買得起一套這樣精緻高雅的窗簾。我聽了這番話後的反應與前一天完全不一樣。我坦率地向她承認說：「說實在的，我也無法負擔得起這麼一套窗簾，價錢真是太貴了，我這會兒都有點後悔買了它。」

當我們犯錯時，或許我們能夠對自己承認。而且如果對方能溫和而有技巧地加以引導，給我們承認的機會，我們也會對他們坦承，甚至還會為自己的坦誠與大度而頗感自豪。然而如果有人硬要把雖然是事實，但是令人不快的東西，往我們的喉嚨裡塞，那是無論如何也不能接受的。

賀瑞斯·格里利是美國內戰時期最為著名的編輯，他激烈地反對林肯的政治主張，並且相信用爭辯、嘲笑、謾罵的方法，就能迫使林肯接受自己的觀點。他持續不斷地對林肯進行攻擊，月復一月，年復一年，甚至就在布斯刺殺林肯總統的當晚，他還寫了一篇粗魯、刻薄的文章來譴責林肯，裡面充滿了諷刺、挖苦和人身攻擊。

那麼他所做出的苛刻攻擊，是否使林肯低頭了呢？完全沒有。嘲笑和侮辱永遠無法使別人屈服。

如果你想要在為人處世、自我管理以及完善自己的品格和修養方面獲得一些有用的建議，不妨去看一看班傑明·富蘭克林的自傳。它堪稱名人傳記中最為引人入勝的作品，也是美國文學的經典之一。在他的自傳中，富蘭克林講到了他是如何克服自己好辯的不良習慣，並成功地轉變為美國歷史上最為能幹、溫和而長於外交的人物。

當富蘭克林還是一個容易犯錯的青年人時，有一天教會裡一位老教友將他叫到一邊，用一些非常尖銳的事實狠狠教訓了他一番，大致情況是這樣的：

班，你實在是無可救藥。你四處攻擊與自己意見不合的人。這實在讓人不痛快，如今已經沒人願意聽你的意見了。你的朋友都認為你不在身邊時他們會感到更加輕鬆自在。你知道得太多了，以致沒有人能再教你些什麼，確切地說，也沒人願意去嘗試這種費力不討好的事。這使得你無法再得到其他更多的新知識，而實際上，目前你的所知又是非常有限的。

據我所知，富蘭克林身上最大的優點之一，就在於他能夠虛心地接受尖刻的批評。當時的富蘭克林已經足夠成熟，也足夠明智，意識到老教友所說的話全部是事實，並已經可以預見，如果自己不能痛改前非，將會很快面臨事業和社交的雙重失敗。很快，他處事待人的方式就發生了根本性的轉變，徹底拋棄了以往那種固執己見、目空一切的傲慢態度。

富蘭克林說道：「我替自己定了一條規矩，絕不直接反駁任何人的觀點，也不對自己的見解做任何確定性的斷言。我甚至有意識地克制自己使用帶有絕對意味的語句和表達，例如『當然的』、『無疑的』之類，而儘量改用『我認為』、『我理解』、『我猜測』、或是『目前在我看來是……』等詞句來代替。如果有人說了一些我認為是錯誤的話，我會阻止自己貿然反駁對方、指出其觀點的荒謬之處，而是婉轉地提到在某些情境或條件下，他的看法是對的，但是現在在我看來情況可能有所不同，諸如此類的話。很快我就察覺到了態度改變所獲得的益處——在我所參與的談話中氣氛變得更融洽了。我婉轉客氣的提出自己的觀點，對方也能迅速地接受，很少遭到反對。當有人指出我的錯誤時，我也不覺得那麼屈辱了。當我『碰巧』是正確的時候，也更為容易勸說他們放棄錯誤的觀點，而接受我的見解。

「這種作法在起初嘗試時，需要我對自己的自然傾向進行激烈反抗，但是時間一久，就很自然地形成了一種習慣，變得非常容易。在過去這50年裡，或許沒人曾經從我口中聽到過一句武斷的話。在我看來，正是由於這個良好的習慣（以及我誠實的個性），使我每次提出一項新的建議或希望修改舊條文時，都能夠得到民眾熱烈的支持，並且能在議會中具備相當的影響力。我不善於演講，口才不佳，談吐遲疑，甚至表達也不夠準確，可是我提出的意見卻往往能獲得人們的贊同並且貫徹下去。」

富蘭克林的方法應用在商業上的效果又是如何的呢？我們可以透過這兩個例子來說明：

凱薩琳是北卡羅來州王山市一家紡紗廠的工程總監。她在課堂上介紹了自己在學習我們課程之前和之後，處理同一類敏感問題的不同方法。

「我工作的職責之一，」凱薩琳說，「就是設計並維護各種能夠激勵員工積極性的方法和標準，使員工能紡出更多的紗線，工廠就能賺更多的錢。原有的系統在我們只生產兩三種紗線時效果良好，可是近來我們增加了商品種類，提高了生產量，能夠生產超過12種不同的紗線，這時原來的系統就不適用了。因為它已經無法根據員工的工作量而公平地支付報酬，無法激勵督促工人提高生產量。於是，我制定了一套全新的標準，按照工人在一定時間內生產紗線的種類付給報酬。制定出這套標準之後，我在公司的一次會議上把它介紹給主管們，希望證明它是正確的。我詳細地向他們講解了之前系統的錯誤和不公平之處，而我的方法解決了所有他們不曾解決的問題。但最後證明，我完全錯了。我太急於證明新方法的正確性，沒有為這些人留下讓他們認識到以前所犯錯誤的餘地。我的新標準就這樣流產了。」

「在講習班上了一段時間的課後，我很好地意識到了自己的錯誤。我建議公司再召開一次會議，在會議上我問他們認為自己的問題出在哪裡。我們就每一個要點展開了激烈的討論，我認真地聽取他們認為最佳的解決方案，並在適當的時候婉轉地提出一兩個建議或暗示，引導他們得出我想要的結論。如此一來，當會議結束時我再一次提出了自己的新標準，而他們也紛紛熱情地表示贊同。」

「現在我已經完全確信，如果你直截了當地指出某個人的錯誤，這非但不會有任何好處，還會帶來一堆麻煩。因為這種做法只是打擊了其他人的自尊心，讓你變成一個在任何討論中都不受歡迎的人。」

讓我們再來看看另一個例子。要知道，我所舉的例子只是成千上萬人類似經歷中的一個代表而已。事情的經過是這樣的：克勞利先生是紐約一家木材公司的推銷員，多年以來，他一直在指責那些固執暴躁的木材檢查員的錯誤，而且也總能在爭辯中獲勝，但是從來沒有得到過一點好處。克勞利先生說：「這是因為那些木材檢查員就像棒球裁判一樣，一旦做出了判斷，就不容更改。」

克勞利先生發現正是由於他總能在爭辯中得勝，使得他的公司損失了成千上萬的利潤。因此當他來聽過我的課以後，決心改變策略，放棄與人爭論。這樣做的效果如何呢？下面就是他對班上同學做出的報告：

「有一天早晨，我辦公室裡的電話響了起來，一個暴跳如雷的客戶在電話線的另一端投訴說，我們運到他工廠裡的那一車木材完全不符合要求，他的工廠已經停止卸貨，並要求我們立即做出安排把那些木材從他們廠裡運走。事情的起因是當他們卸下1/4的貨之後，其木材檢查員聲稱有55%的木料都不符合標準。在這種情況下，對方工廠拒絕收貨。」

「我立即出發前往那位客戶的工廠，一路上心裡都在盤算，怎樣才能處理好這場糾紛。以往我遇到這種情況時，都會引證木料分級的各項規則，並用自己曾經身為木材檢查員的經驗和常識，來說服那位檢查員我們木材的品質都是合乎要求的，是他在檢驗過程中曲解了標準。可是，這次我還是決定試一試自己從講習班中學到的新原則。」

「當我到達那家工廠時，看到採購員和木材檢查員的臉色都很不好，都做足了要跟我大吵一場的準備。我們走到了卸木料的貨車前，我請求他們繼續卸貨以便讓我看看事情的具體情況。我請那位木材檢查員照方才那樣驗貨，把合格的木料放在一邊，而把不合格的木料放在另一邊。」

「我觀察了他片刻，很快發現了問題所在。他的檢查過於嚴格，而且對標準也有所誤解。這批木料是白松，我知道這位檢查員對於硬木非常瞭解，而對於眼前的白松，經驗卻顯不足。而我碰巧對白松最在行。可是，我是不是因此就對那位檢查員的工作提出了異議呢？不，一句也沒有。我只是專心地觀察他的工作，並試探地問他那些被挑出的木料究竟有什麼地方不合格。我沒有做任何暗示，或是指出他犯了錯誤。我強調這樣做的理由只是為了以後送木材時，能夠按照他們公司的標準供應，因此才接連不斷地發問。」

「我用一種頗為友好合作的態度與檢查員交談，同時還不斷地誇獎他謹慎、能幹，表示他挑出不合要求的木料是完全正當的。這樣一來，檢查員慢慢不再對我充滿敵意，我們之間劍拔弩張的氣氛逐漸緩和，不久也就融洽起來了。偶爾我會插上兩句看似不經意、實則經過深思熟慮的話，旁敲側擊地使他們知道那些挑出來的木材中有一部分其實是符合公司購買標準的，而他們在檢查時的要求實際是針對一種更加昂貴的種類的標準。可是我說得很含蓄小心，讓他們感覺我希望一起討論而不是在提出我的觀點。

「檢查員的態度漸漸地發生了轉變。隨後他終於向我坦承，他對白松這類木材並沒有多少經驗，後來每卸下一根木料，他都會轉向我詢問是否合格。我便向他解釋為什麼這根木料是合乎標準的。可是我同時又反覆表示如果木料不合他們的要求，公司可以拒絕收貨。後來，當他要把一根木料放到不合格的那堆中時，他開始感到不安和愧疚。到了最後，他終於發現錯誤在他們一方，原因是他們所訂購的木材本身並沒有達到其使用標準。」

「這件事情的最終結果是：在我告辭離開後這位檢查員又將全車的木料重新驗看了一遍，而且全部接收下來，為我開出了一張全額的支票。」

「從這件事情來看，任何事情只需運用一點點的機智，以及克制住自己指出對方錯誤的衝動，就為我的公司保住了一大筆收入，而因此所保留的好聲譽，就更加不是能用金錢來衡量的了。」

馬丁・路德・金曾經被人問起，作為一名和平主義者，他為什麼那樣崇拜當時美國軍銜最高的黑人——空軍將軍丹尼爾・詹姆斯。馬丁・路德・金回答：「我是以別人而不是自己的標準來判斷他們。」

無獨有偶，羅伯特・李將軍曾經在與南部聯邦總統傑佛遜・大衛斯的一次談話中，極力讚揚一名自己手下的軍官。當時在場的另一名軍官非常吃驚，說：「將軍，不知您是否知道您剛剛大加讚賞的這個人可是您最極端的敵人啊，他只要抓住任何一個機會都會不遺餘力地攻擊您。」「是的，我知道，」李將軍回答，「不過總統問的是我對他的看法，而不是他對我的看法。」

順帶一提，在這一章中我並沒有提出什麼新觀念。早在2000年以前耶穌就曾經這樣說過：「儘快向你的反對者表示贊同。」

然而，在耶穌誕生前2200年的時候，古埃及法老埃克圖就曾給他的兒子一句睿智的忠告：「如果能做到老練而講求策略，你就可以輕鬆地達成自己的目的。」而這一建議正是今天所急切需要的。

換句話說，不要去跟你的客戶、另一半或是敵人爭辯，不要指責他的錯誤，也別激怒他們。而要多用一點外交手腕。

原則二

尊重別人的意見，永遠不要說：「你是錯誤的。」

3
勇於承認自己的錯誤

擁有承認自己錯誤的勇氣可以獲得某種滿足感。
爭鬥，你永遠無法獲得滿足。
謙讓，你的收穫遠比你所期望的更多。

我家位於紐約這個大都市的中心區，可是從家裡出來步行不到一分鐘，就有一片未開發的野生林地。春天到來時，林子裡一叢叢的藍莓開出雪白的花朵，松鼠在那裡築巢生子，馬尾草幾乎長得和馬頭齊高。這塊處女地被稱作「森林公園」。它真的是一片森林，可能與哥倫布剛發現美洲那時候並無多大區別。我經常帶著那頭波士頓哈巴狗雷克斯到那片森林裡散步。雷克斯是一隻待人友善、溫和馴良的小獵犬，由於公園裡平時幾乎看不到人，所以我並沒有替雷克斯繫狗鏈或戴口罩。

有一天，我和雷克斯在那片林子裡遇上了一個騎著馬的員警，很不幸，他也是一個急於顯示自己權威的員警。

他大聲斥責我說：「你怎麼能不為狗繫狗鏈、戴口罩，就這樣放牠在公園裡亂跑？難道你不知道這是違法的嗎？」

我溫和地回答說：「是的，我知道。不過我想這隻小狗在這裡不至於造成什麼危害的。」

那員警大聲說：「噢，你想牠不至於！你想牠不至於！法律可不管你是怎麼想的。你那條狗可能會咬死這裡的某隻松鼠，或是咬傷一個來這玩的孩子。這一次我決定放過你，可是如果下次再讓我看見你的狗不拴鏈子也不戴口罩就在這裡亂跑，你就去跟法官解釋你的想法吧。」

我溫順地點頭聽從他的告誡。

我真的遵守了那個員警的命令——而且遵守了好幾次。但是雷克斯不喜歡戴口罩，我也不想強迫牠戴，於是我們決定碰碰運氣。開始幾次一直安然無事，可是不久後我終於遇到了麻煩。那天下午，我帶著雷克斯翻過一座小山丘，突然間，我沮喪地發現那個法律的權威正騎著一匹棕紅色的馬在山另一側巡邏。雷克斯當然不明白事情的嚴重性，牠在前面跑得飛快，筆直地朝員警那邊衝去。

我知道這回麻煩了，所以我不等那員警開口說話，就搶先說道：「警官先生，這回你抓到一個現行犯。我的確違反了法律，也沒有任何說辭和藉口。因為您上周已經警告過我，如果我在這公園裡不給小狗戴上口罩就放牠四處亂跑，就要接受處罰。」

員警的口氣卻非常溫和，他對我說：「哦，我也能理解在沒有人的時候，誰都忍不住想放這樣一隻小狗來公園裡跑跑。」

我苦笑了一下，回答說：「沒錯，的確是種誘惑。可是，這違反法律。」

那員警反倒替我辯護起來了，他說：「你的狗才這麼小，不可能傷到什麼人。」

我說：「可是或許會傷到松鼠！」

員警對我說：「唉，你實在把問題看得太嚴重了。我來告訴你下面該怎麼做吧：你只要讓小狗跑到山的另一頭，別讓我看見牠，我們把這件事忘掉算了。」

這個員警和一般人一樣，也需要獲得一種被人重視的感覺。當我主動承認自己的過錯時，他唯一能提高自尊心的方法，就只有採取一種寬宏大量的態度，表現出自己的仁慈。

設想一下，如果當時我試圖為自己辯護，那會是怎樣一個局面——你是否曾經和員警爭論過呢？

可是我並沒有與他爭論，與此相反，我承認他完全是對的，而我絕對是錯的。我迅速、坦白、真誠地承認自己的錯誤，使得整件事平和地結束了。我站在了他的立場上，而他則選擇了我的立場。就是賈斯特菲爾德勳爵本人恐怕也不會像這位騎警一樣仁慈了，雖然他一周前還在用法律來威脅我。

如果我們已經知道自己無論如何都要受到斥責，我們先承認自己的錯誤不是要好得多嗎？做出自我批評不是比從別人口中聽到斥責要好受得多嗎？

如果在別人責備你之前坦率地承認自己的錯誤，把對方腦子裡準備要用來貶損你的話在他有機會開口之前搶先說了，他就會無話可說了。一般來說100次中至少有99次你會獲得他的諒解，你所犯的錯誤將被最小化，就像那名騎警對我和小雷克斯所做的一樣。

斐迪南·沃倫是一位廣告畫家，他曾經用這種方法博取了一位易怒、挑剔的客戶的信任和好感。沃倫回憶這件事時這樣說道：

「在為了廣告或出版等用途繪畫時，最重要的原則就是簡明準確。

「有些美術編輯會要求馬上完成他們委託的工作，這種情況下難免出現一些小錯誤。我認識一位美術業務主任最喜歡挑剔一些細微的錯誤，甚至吹毛求疵，我總會滿心嫌惡地離開他的辦公室，這倒並非因為他的批評和挑剔，而是這個人攻擊我的方式讓我不能接受。前幾天，我交了一份匆忙趕出的畫稿給他，他很快打了一通電話給我，要我馬上趕到他辦公室，說有些地方弄錯了。當我走進他的辦公室，一切正如我所預料並害怕的那樣，那個美術主任正向我怒目而視。我可以看出他的態度全無友善可言，他似乎很得意能找到機會狠狠批評我一番。一看到我，他馬上氣勢洶洶地詢問我為什麼如此如此。這時我突然想到在課堂上學到的辦法——自責。所以我誠懇地說：『先生，如果您說的這些是真的，那的確是我的錯，我完全沒有任何藉口為這個疏忽辯解。我已經替你畫了這麼多年畫，本來應該知道怎樣畫更好。我實在感到非常慚愧！』」

「那位美術主任聽了這番話後，馬上替我辯解說：『嗯，你說的不錯。不過話雖如此，好在還不是什麼大錯，只是……』」

「我又打斷了他說：『不管是何種程度的失誤，都會造成損失，而且都會惹人討厭。』」

「這時他想要插嘴進來，可是我沒有給他機會。我很享受這種感覺，這是我有生以來第一次做自我批評，而我發現自己很喜歡這麼做。

「於是我接著又說：『我應該更小心才對，你之前經常照顧我的生意，理應得到令你滿意的作品。這幅畫我會帶回去，再重畫一張給你。』」

「他連連搖頭說：『不，不用了。我實在不想那樣麻煩你。』接著他開始表揚我的稿件，並非常確定地對我說，他只想要一處小小的修改。同時他又指出，我這點小錯對他的公司不會造成什麼損害。而且這個錯誤實在非常細微，讓我不必太放在心上。

「由於我急切地做了自我批評，讓這位主任怒氣全消。最後他還請我吃了午餐，而且在離開之前又簽了張支票給我，並委託我負責另外一件工作。」

擁有承認自己錯誤的勇氣可以獲得某種滿足感。這不僅僅可以消除罪惡感和防禦的氣氛，而且有利於解決由於失誤導致的各種問題。

布魯斯・哈威是新墨西哥州阿爾布開克市的一名職員，有一次他在為一位休病假的員工核算薪水時，錯誤地給了他全薪。當他發現了自己的失誤後找到這名員工解釋了情況，並告訴他為了糾正這個錯誤，需要在下次的工資中扣除此次多發的部分。但是員工說這樣會讓他無法周轉而造成嚴重的不便，請求能夠分期扣除多領的工資。哈威告訴他，這樣做必須經過上級的批准。哈威談起此事時說：「我知道這會讓老闆發火，可是我希望能更圓滿地解決這個問題。我明白這一系列的混亂都是由於自己的失誤造成的，所以我必須向老闆坦承錯誤。」

「我走進老闆的辦公室，告訴他我犯了一個錯誤，然後敘述了整個事情的經過。老闆聽了非常生氣，說這是人事部門的錯，但我重申這件事是我不好。他又大發脾氣，責怪會計部門的粗心，我再次說這是我的責任。他又指責辦公室中另外兩名員工，但是我堅持認為這是我的錯。最後，老闆看著我說：『好吧，是你的錯。那你就去把它糾正過來好了。』結果，錯誤得到了糾正，也沒有任何人因此惹上麻煩。我感覺非常好，因為我完美地處理了一樁緊急事件，而且有勇氣承擔自己的錯誤，而不是為自己找藉口。這件事後老闆也更加器重我了。」

任何一個愚蠢的人都會盡力為自己的過錯辯解——大多數蠢人正是這樣做的——然而一個勇於承認自己過錯的人，卻往往能夠得到人們的諒解，使這個人超越眾人之上，並且給人一種尊貴、高尚的感覺。有這樣一個例子：當年美國南方聯邦軍的羅伯特・李將軍見諸史冊最光輝的事蹟，就是他為皮克特將軍在蓋茨堡戰役中的失敗自責，將錯誤完全歸咎到自己的身上。

皮克特那次的衝鋒戰，無疑是西方歷史上最光輝、最富史詩意味的一場戰鬥。皮克特本人就長得如詩似畫，他風度翩翩，英俊非凡，那頭褐色的長髮披落在肩背上。而且像拿破崙在義大利戰役中一樣，他在戰場上每天都忙著寫熱烈的情書。在那個慘痛的7月下午，他把軍帽斜著戴在右耳上方，得意地騎著馬向聯軍陣營奔去，那英武的姿態贏得了所有部下官兵的喝彩，使軍心大振，都歡呼著追隨著他向前衝鋒，浩浩蕩蕩、軍旗飄揚，刺刀在陽光下閃爍發光，一派輝煌壯偉的景象。就連北方聯軍的部隊遠遠地朝這邊看來，見到這樣意氣風發的隊伍，也禁不住為之驚嘆。

皮克特率領的軍隊迅捷地向前進攻，穿過果園、農田和草地，翻越溪谷、山峽。敵人的炮火持續不斷地向他們猛烈攻擊，可是他們依然毫不畏懼地勇敢前行。

突然間，埋伏在墓地山背石牆後面的聯邦步兵部隊蜂擁而至，朝著毫無防備的皮克特軍隊發起一波接一波的猛烈攻擊，一時間槍炮齊發，山頂上烈火熊熊，煙硝四起，如同正在爆發的火山一般。在短短幾分鐘之內，皮克特的指揮官除了一人倖存之外全部壯烈犧牲，帶領的5000人軍隊中幾乎有4/5的士兵都倒下了。

將軍路易斯・阿密斯特率領著殘餘的軍隊奮勇向前，躍過了埋伏的石牆，用刀尖挑著自己的軍帽，大聲高呼說：「弟兄們，殺啊！」

南軍確實這樣做了。他們士氣大漲，紛紛越過石牆，用刺刀和槍托與他們的敵人展開短兵相接的肉搏戰。最後終於把南軍的戰旗插在了墓地山的山頂上。戰旗在山頂飄揚的時間雖然十分短暫，但那一刻卻記錄了南方盟軍在戰爭中最輝煌的功績。

皮克特衝鋒成了光榮、勇敢的代名詞。儘管如此，卻依舊無法改變它的結果——它是南軍失敗的前奏，李將軍失敗了，他清楚地知道自己無法深入北方。

這註定了南軍失敗的命運。

李將軍悲痛萬分、震驚不已。他懷著沉重的心情向南方同盟政府的總統大衛斯・傑佛遜提出辭呈，請他另選「更加年輕有為的人」前來指揮軍隊。如果李將軍想要把皮克特衝鋒導致的慘痛後果歸罪到其他人的身上，那他至少可以找出數十個藉口來。例如有些帶兵的師長未能貫徹他的命令、馬隊後援到得太遲、沒有及時協助步兵的衝鋒。這有不是，那有不對，總能找出無數的理由來。

可是李將軍是這樣的高尚，他沒有責備任何人。當皮克特帶領殘軍返回南部時，李將軍隻身單騎前去迎接他們，令人尊重地自我譴責：「這一切都是我的過錯。這次戰役的失敗我應該負全部的責任。」

歷史上著名的將軍中，很少有人擁有這種敢於承認錯誤的勇氣和品德。

邁克爾・陳是我們香港講習班的教師，曾經向我們提起中國文化中的一些問題，並說到有的時候應用一項原則甚至能比因循傳統獲益更多。他的班上有一位已屆中年的學員，多年來與兒子的關係一直非常疏遠。父親曾經沉迷於毒品，不過如今已經戒掉了。在中國的傳統文化中，長輩是無法先表示讓步的。父親也認為尋求和解的主動權在兒子手裡，他曾在班上說起自己從來沒有見過孫子們，以及他有多麼希望能和兒子重歸於好。班上的學員都是中國人，他們都能夠理解這種矛盾衝突：一邊是對親情的渴望，一邊是長久以來的傳統。父親認為兒子應該尊敬長輩，認為自己沒有屈從於願望是種正確的選擇，只是等著兒子來向他低頭和解。

在課程即將結束時，那位父親再次在班裡演講。他說：「我仔細考慮了這個問題，戴爾・卡內基說過：『如果是你的錯，就要立刻坦率地承認。』雖然現在要我『立刻』承認自己的錯誤實在是太晚了，但我還是能夠坦率地承認它。我錯怪了我的兒子。他不願意見到我，把我驅逐出他的生活是正確的。或許我去懇求晚輩的原諒是件丟臉的事，但是那原本就是我的過錯，承認它是我應負的責任。」全班同學都為他鼓掌，表達對他的支持。下次上課時他又講了他是如何到兒子的家中請求原諒，並獲得了諒解。如今他與兒子重新開始了聯繫，他也終於見到了他的兒媳婦和孫子們。

埃爾伯特・哈伯德是最具原創性的作家之一，他的作品曾經轟動全國，其尖銳激烈的文字風格常常引起人們強烈的反感。可是哈伯德自有一套獨特的待人技巧，往往可以將仇敵變成他的朋友。

例如，有時會有一些憤怒難當的讀者寫信來說，他無法同意文章中的某某說法，大肆批評哈伯德的作品，結尾還會把他臭罵一頓。而哈伯德卻會給他們這麼一個回答：

> 我仔細地考慮過後，發現就連我也無法完全贊同。並不是所有我昨天寫的都代表了我今天的觀點。我非常想知道你對於這個問題的看法，如果下次你有機會到這附近，不管是任何時候都萬分歡迎你光臨敝處，我們一同討論一下。
>
> 你真誠的朋友

面對一個如此對待你的人，你還能說些什麼呢？

如果我們對了，我們要溫和婉轉的獲得別人的贊同。可是，一旦發現是我們的錯誤——如果我們對自己誠實，這其實是相當常見的——我們就要迅速的、坦率地承認自己的錯誤。不管你信不信，運用這種方法不但效果驚人，而且在許多場合中遠遠比替自己辯護有樂趣的多。

不要忘了那句古話：「爭鬥，你永遠無法獲得滿足。謙讓，你的收穫遠比你所期望的更多。」

原則三

如果你錯了，就迅速坦率地承認。

4
從友善開始

用強迫的辦法是不能讓人改變看法、與你保持一致的。
一滴蜂蜜比一加侖膽汁捉到的蒼蠅還要多。
——林肯

試想一下，如果你在盛怒之下對人大發脾氣，事情過後你固然發洩了心頭的氣憤，可是承受你怒火的那個人又會作何感想呢？他也能分享你宣洩後的輕鬆痛快嗎？你那充滿攻擊性的語調、仇敵一樣的態度，能使他贊同你的觀點嗎？

伍德羅．威爾遜總統曾經這樣說過：「如果你緊握著兩個拳頭來找我，我可以保證我的拳頭一定會握得比你更緊。但是如果你來我這說：『讓我們坐下來商量一下，如果我們的意見有分歧，那不妨溝通看看分歧的原因是什麼，問題到底出在哪裡。』那麼不久我們就能夠發現，原來彼此的意見相差並不是很大，甚至可以說大同小異。也就是說只要我們有耐心、足夠坦率、有和睦相處的願望，就能夠和睦相處。」

對威爾遜總統這些至理名言最為佩服和欣賞的人，要數小約翰．洛克菲勒了。那是在1915年，當時的洛克菲勒稱得上是科羅拉多州最聲名狼藉和最受鄙視的人。當時科羅拉多州被席捲進了歷時兩年美國工業史上流血最多的罷工浪潮，震驚全國。那些憤怒粗暴的礦工們要求科羅拉多州煤鐵公司增加工資，而那家煤鐵公司正屬於洛克菲勒所有。當時房屋財產都被礦工砸毀，最後不得已出動了軍隊進行鎮壓，造成了多起流血事件，罷工者遭到槍殺，很多屍體上全是彈孔。

在這樣的形勢下，仇恨的氣氛瀰漫在每一個角落，可是洛克菲勒卻希望獲得礦工們的諒解，他也確實做到了。他是如何實現這看似不可能的目標的？下面我們就來看看事情的經過：洛克菲勒先是花了幾周時間與工人交涉，表達自己的善意，然後他向工人代表們發表了演說。這篇演說堪稱是他成功的傑作，產生了極其驚人的效果，一度要將洛克菲勒吞沒的如海浪般洶湧的仇恨浪潮被平息了，甚至還為洛克菲勒贏得不少崇拜者。在這篇演說辭中，他用極其友善的態度闡述了一系列事實，說服了罷工的礦工們一個個回到工作崗位上去。而工人們曾經強烈要求的加薪問題，他們誰都沒有再提一個字。

下面就是這篇著名演講稿的開頭部分，我們能夠看到它字裡行間都閃爍著友善精神的光輝。不要忘了，當時聆聽洛克菲勒這篇演講的人們，幾天之前還想著要把他吊死在酸蘋果樹上呢。可是他所說的話卻是那樣謙遜和友善，好像正在對著一群醫療傳教士演講一般，他的演講因為那些友善的詞句而散發出光輝，比如：

> 「……能來這裡，我感到非常榮幸。我曾經拜訪過你們的家，見到了你們的妻子兒女。我們在這裡相聚感覺就像朋友一樣，並不生疏。我們有著共同的利益，有著彼此友好互助的精神。基於妳們這份好意，才使我有幸來到這裡。」

洛克菲勒在演說開始時說道：「今天是我一生中最值得紀念的日子，因為這是我第一次有如此的榮幸，能夠和這家偉大公司的勞工代表、職員和督察們匯聚在一起。你可以確信，我從心裡面對自己能夠來到這裡並參加這樣的聚會而感到非常榮幸，在我有生之年絕對不會忘記今天的情景。如果是在兩個星期前舉行這個聚會，我對你們之中的大多數人都只能算是個陌生人，而你們當中即使有我認識的，也一定不多。上個星期，我榮幸地獲得了拜訪南礦區所有住戶的機會，除了當時外出的代表，我幾乎與每一位代表都談過話。我拜訪了你們的家，見到你們的妻子兒女，所以今天我們在這裡相聚，感覺就像朋友一樣，並不生疏。也正是在我們這種友好互助的精神下，我非常高興能有這樣的機會，與你們討論我們的共同利益。

「鑒於這是一次由公司職員和勞工代表們參加的集會，因此我能來到這裡，都是承蒙你們的厚愛。雖然我既不是公司的職員，也不是勞工代表，可是在我的心裡仍覺得我和你們之間的關係非常親密，因為從某種意義上說，我代表了股東和董事雙方。」

這樣的一篇演講難道不是化敵為友的一個最佳範例嗎？

試想一下，如果洛克菲勒運用的是另外一種方法，如果他和礦工們展開爭論，在工人面前痛斥他們，態度強硬地把毀滅性的事實甩到他們臉上；如果他用自己的語氣和種種暗示告訴工人，說他們犯了錯誤；如果他運用一切邏輯規則來證明工人的做法不對，又會發生什麼事？毫無疑問，那只會激起礦工們更多的憤怒、更深的仇恨和更激烈的反抗。

如果有人心中已經對你存有成見，或是懷有不滿的話，即使你用基督教裡所有的邏輯來說明，都無法讓他接受你的意見。動不動就斥責的父母、盛氣淩人的上司和丈夫，或是嘮叨不休的妻子們都應該明白這樣一件事：用強迫的辦法是不能讓人改變看法、與你保持一致的。但是如果你能夠溫和友善地對待他們——非常的溫和、非常的友善——卻可以引導對方同意你的觀點。

其實，林肯在100多年前就曾經說過類似的話了。下面是他所說的話：

有一句古老而睿智的格言說：「一滴蜂蜜比一加侖膽汁捉到的蒼蠅還要多。」我們與人相處也是如此，如果想讓人同意你的見解，首先要讓他相信你是他忠實的朋友，就像是一滴蜂蜜贏得了他的心，你就能夠讓他走上寬敞的理智之路了。

公司的管理者們已經明白，如果用友善的態度與罷工者交涉，其效果是物超所值的。舉例來說，當懷特汽車公司的2500名工人為了增加工資和設立工商機構而罷工的時候，公司的經理羅伯特．布萊克並沒有大發雷霆，斥責、威脅罷工者，或是說這是暴行。他反而誇獎、稱讚罷工者。他在「克利夫蘭報」上刊登了一則廣告，稱頌他們的做法是「放下工具的和平鬥爭方法」。他看見罷工監察的人閒著沒事做，還去買了不少棒球棍和手套，讓他們在空地上打棒球。為了那些愛玩保齡球的人，他還特意為他們租了一條保齡球球道。

布萊克友善的態度贏得了工人們友善的反應，這也是友善的態度經常換來的結果。於是那些罷工的工人找來了很多掃把、鐵鏟和垃圾車，開始打掃工廠四周的紙屑、火柴、煙蒂等等。想想看，罷工的工人在要求增加工資和爭取工商機構的設立時，還在清掃工廠周圍的環境。這種情況在美國漫長洶湧的勞資糾紛史上是從來沒有見到過的。那次的罷工在一個星期內就達成了和解——沒有一絲敵意或怨恨地結束了。

丹尼爾・韋伯斯特長得簡直像一位天神，談吐就像耶和華一般，他稱得上是最成功的辯護律師。在法庭上，他只提出己方站得住腳的論據，從來不作無謂的爭辯。他總會用最溫和的措辭，來引述自己最有力的理由。例如他常說：「各位陪審員請考慮一下這一點……」、「這件事似乎值得斟酌……」、「諸位，下面幾項事實我相信你們不會忽略……」、或是「我相信根據你們對人性的瞭解，很容易看出這些事實的重要性」。韋伯斯特所說的話，絕對不會有脅迫或高壓感，他從不將自己的意見強加於人。他用溫聲細語以及柔和友善的方式說服對方，而這正是他顯赫聲名的由來。

你或許永遠也不會有機會去解決一次罷工，也不可能到法庭上對陪審團發言。可是，或許你會希望房東能夠降低一部分房租。友善的態度可以幫助你實現目標嗎？我們來看看下面這個例子。

工程師施特勞勃嫌自己的房子房租太高，希望能降低一些，可是他也知道房東是個食古不化的老頑固。施特勞勃在講習班課堂上說：「我先是寫了一封信給他，告訴他我在租約期滿後就要搬出公寓（實際上我並不想搬），如果房租可以降一些的話，我還是希望繼續住下去的。但我對這一前景並不樂觀，它實現的希望很小，在我之前已經有不少房客試過了，都沒有成功。每個人都對我說，房東是個極難應付的人。但我對自己說，既然我正在學習如何與人相處的課程，那不妨就在房東身上做一實驗，看看效果如何。」

「房東收到我的信後就和他的秘書一道來找我。我在門口迎接他，充滿了真誠、善意和熱情。我並沒有一開口就抱怨房租多麼高，而是先說我是多麼地喜歡他的公寓。請相信，我絕對做到了『誠於嘉許，寬於稱道』。我稱讚他管理有方，同時遺憾地告訴他，我真的非常願意再住一年，可是我的經濟能力無法負擔這裡的房租。」

「他顯然從沒被房客這樣尊敬和稱讚過，簡直不知道如何是好了。」

「接著他開始向我大吐苦水，抱怨他所遭遇到的種種困擾。他說有些房客就會不停地埋怨，其中有一個房客曾經寫過14封信給他，裡面有些話簡直就是侮辱。還有一位房客威脅說如果房東不能讓上面一層樓的人睡覺停止打鼾的話，就要立即取消租約。房東對我說：『能有你這樣一位滿意的房客，對我來說實在是莫大的安慰。』然後不需我開口要求，他就自動減少了一部分租金。而我希望能降得再低一些，就說出了我能負擔的數目，他二話不說就乾脆地接受了。

「房東臨走時還關切地問我：『你房間裡有什麼需要我裝修嗎？』」

「當時，我如果和其他房客一樣直接要求房東降低房租，相信我會得到和他們一樣的待遇。正因為我選擇了友善、讚賞和同情的方法，才使我順利地達成了這樣好的效果。」

迪恩・伍德科克是賓夕法尼亞州匹茲堡市一家電力公司的部門主管。有一次，他手下的員工被分配去修理某根電線桿頂上的器件。以前此類工作都是由另外一個部門負責，只是最近才交給伍德科克所管的部門來做。雖然他的員工也受過這方面的訓練，但實際操作卻還是第一次。公司裡的每一個人都想看看他們能不能把這項工作做好以及如何做好，伍德科克以及他手下的幾個部門經理還有許多其他部門的員工都跑去觀看作業的過程。當時電線桿下面停滿了轎車、卡車，一大群人就站在那仰頭盯著桿子上掛著的兩個人看。

伍德科克環顧四周，發現街上有一個人拿著照相機走出了汽車，開始對著電線桿前的場景不停地拍照。像電力公司這樣的公共事業，員工們都非常注意公眾關係。一瞬間伍德科克先生突然意識到，在那個拿著相機的人眼裡，是他們一堆人都出來做只需兩人就能完成的工作。於是，他越過馬路來到那個人的面前。

「我剛才看見您對我們的作業過程很感興趣。」

「沒錯，不過我媽媽可能會更感興趣。她買了你們公司的股票，而這些照片能讓她更清楚地認識你們，她或許會覺得自己的投資是非常不明智的。這些年我一直勸她說你們這樣的公司存在的浪費實在太多，現在證明我說的一點都沒錯。我想報紙對這些照片也會很感興趣的。」

「看起來的確是這樣，不是嗎？如果我是你，我也會這麼想的。不過這次的情況確實非常特殊……」接著伍德科克先生開始向他解釋，這是他部門的人第一次負責這類作業，公司上下都非常關心。他還向那個人保證說一般情況下只需要兩個人就能完成這項工作了。最後那個人收起了照相機，客氣地與伍德科克先生握手致謝，感謝他花時間為自己做出這些說明。

伍德科克先生友善的處理辦法成功地免除了公司的尷尬以及可能造成的不良社會影響。

我們講習班中的另一位學員，新罕布夏州李特爾頓市的吉羅德・溫曾經講起自己是如何利用友善待人的方法，成功解決一件損毀賠償的案子。他說：

「那是早春的時候，地面還沒有完全融化，卻反常地下了一場大雨。由於雨水無法像平常那樣沿著附近的排水溝流走，就只有另覓他途，朝著我新蓋好的房子流去。」

「積水無法流走，就對建築的地基造成了壓力。雨水還滲進了房屋底層的水泥板，使它出現裂縫，淹沒了地下室，原來放在那裡的火爐和熱水器都進水壞掉了。要想修理損壞的部分一共需要2000多美元，而我購買的保險中並不包括這類損壞的賠償。」

「然而，我很快發現造成這種情況的原因是建築商在設計上有疏忽，沒有在房子附近修建排水溝。如果事先挖過一道排水溝，就可以完美地避免這類問題。我和承建商約好了見面交涉的時間。到他的辦公室有25英哩路程，一路上我仔細地回顧了整件事情，也想到了我在課堂上學到的處事法則，知道發脾氣肯定不能夠解決問題。所以我到達後，先平靜地和他聊了幾句他前些天到西印度群島度假的事，然後在適當的時候提起了雨水淹沒我地下室的『小』問題。他很乾脆地答應解決這件事。」

「過了幾天他打電話來，說他願意支付全部修理費，也會儘快修建一條排水溝防止類似的問題再度發生。」

「即使這件事完全是承建商的責任，但如果不是我一開始態度就非常友善，他也一定不會這樣爽快地同意承擔全部的責任。」

幾年前，當我還是住在密蘇里西北部的一個孩子，每天都要光著腳穿過一座樹林才能到鄉村學校去上課時，曾經讀到過一則關於太陽和風的寓言。太陽和風爭論誰更有力量，風說：「我馬上就能證明給你看，還是我比較強大。你看到那個穿著大衣的老人沒有？我敢打賭我能比你更快地讓他脫下身上那件大衣，那時你就要承認我的力量了！」

於是太陽躲進了雲層，風猛烈地刮起來，幾乎變成了一場颶風。可是那風吹得越厲害，老人就把身上的大衣裹得越緊。

最後，風不得不平靜下來，放棄了。接著太陽鑽出了雲層，對著那位老人和善地微笑。結果沒過多久，老人就開始擦拭額頭上的汗水，身上的大衣也脫了下來。太陽告訴風說：「溫柔、友善的力量永遠比憤怒和暴力更為強大。」

溫柔友善的力量每天都能從那些深深懂得「一滴蜂蜜要比一加侖膽汁捉到的蒼蠅更多」這一道理的人們身上得到驗證。馬里蘭州路德威爾市的蓋爾．康納先生就是一個很好的例子。當時康納先生不得不把他剛買了4個月的新車送到經銷商那維修，而這已經是這輛車的第三次返修了。他在講習班課堂上說：「很顯然，與維修廠的經理交涉、講理或是大吼大叫，都無法圓滿地解決我的問題。

「於是，我直接走進汽車展銷大廳，要求拜會經銷公司的老闆懷特先生。我稍等了片刻，就有人帶我去了懷特先生的辦公室。我首先做了自我介紹，接著又說明自己之所以買他代理的汽車是由於朋友的推薦。我有幾個朋友都是在他這裡買的車，他們認為價格合理，服務也很好。懷特先生感到很滿意，一直微笑著聽我講話。接著我又向他說明了自己遇到的問題，並進一步對他說：『我想您一定會非常關心那些會影響到您公司良好聲譽的事情。』結果是，他非常感謝我向他反映了這一問題，並保證說一定會解決我的困難。他不但親自過問了這件事的處理過程，而且還在我的汽車修理期間，把他自己的車借給我使用。」

伊索是古希臘克里薩斯王宮中的一名奴隸，在基督降生前600多年就編著了一部包括許多人生真理的不朽作品，這就是今天仍在流傳的「伊索寓言」。其中對於人性的闡述仍舊適用於我們，就如同它們2500多年前在雅典的適用情況一樣。太陽比風能更快地讓你脫去大衣，在這個世界上，親切、友善的接近比任何強權暴力都更容易使人改變心意。

記住林肯那句話：「一滴蜂蜜比一加侖膽汁捉到的蒼蠅更多。」

原則四

從友善的方法開始。

5
蘇格拉底的秘訣

讓對方在一開始的時候就抱著肯定的態度是極為重要的。
只有從對方的觀點去看待事情，儘量讓對方回答『是，是。』，
你才能從中得到更多的樂趣和收獲。

與人談話時，不要一開始就討論意見相左的事，而應該先強調——並且不斷地強調——你們彼此都贊同的事。如果可能的話，你還要強調你們共同追求的目標，告訴對方你們所追求的目標是相同的，唯一的差異只是方法而已。

應該讓對方在開始的時候，就一直說「是！是！」，如果可能的話，盡可能避免讓他說「不」。奧弗斯特理特教授指出，一個「不」字的反應，是最難以克服的障礙。當一個人說出「不」之後，為了捍衛自己的尊嚴，他就不得不將這個否定堅持到底，讓自己保持前後一致。或許很快他就會覺得自己說出這個「不」字是個失誤，但是為了不得不捍衛的寶貴自尊，他所說的每一句話都必須堅持到底。因此讓對方在一開始的時候就抱著肯定的態度是極為重要的。

富有談話技巧的人在一開始的時候就能獲得許多「是」的肯定反應，從而能夠很順利地將聽者的心理導向贊同自己觀點的方向上。這就像打撞球一樣，向著一個方向擊球後，要讓它改道就需要花些力氣，而要想讓它反方向彈回就更是費勁了。

人的心理模式顯然也是如此。當一個人說出「不」字，同時他心裡確實持否定態度的話，那麼他的行為絕不是說出一個字那麼簡單。他全身的組織——腺體、神經、肌肉，全都會協調起來進入一個「拒絕」的狀態。同時還常常伴有細微的、有時是可見的身體收縮，或是準備收縮的狀態。總之，這個人的整個神經肌肉系統都會處於一種防衛和抗拒的狀態。反過來說，當一個人回答「是」的時候，他體內的器官就不會發生這樣的收縮動作，身體整體處於前進、接受和開放的狀態。因此當我們開始一段談話時，如果能營造出對方不斷回答「是」的談話氣氛，就能更容易地使談話對象認同我們的觀點。

獲得「是」的肯定反應，本來是一種極為簡單的技巧，卻是多麼容易被人們忽略啊！一般情況下，人們似乎一開口就想反對他人的意見，好像這樣就能感受到自己的重要性。

如果你一開始就讓你的學生、顧客、丈夫或是妻子說出個「不」字，那恐怕需要天使一般的智慧和耐心，才有可能使這種否定轉變為肯定。

正是運用這個「是」字反應的技巧，使紐約格林威治儲蓄銀行的一位出納員詹姆斯·艾博森先生成功挽回了一名差點流失的潛在客戶。

「那個人來是想開一個帳戶，」艾博森先生說道，「我給了他申請表格讓他填寫，但是可以看出，其中有些問題他願意回答，但也有些問題他根本就拒絕回答。

「如果這事發生在我學習人際關係之前，我會告訴這位顧客說，如果他拒絕為銀行提供表格上所需的資訊，我就無法為他開戶。非常慚愧，以往我一直是這樣做的。當然，我說出那些頗有權威的話後會很得意，覺得自己很重要。我可以很清楚地告訴他這究竟是誰說了算，銀行的規章制度是不能違反的。但這樣的態度肯定無法給那些來銀行存款的客戶受歡迎和受重視的感覺。」

「於是在這天上午，我決定運用一次為人處世的常識。我打算不再大談銀行的需要，而談一些顧客關心的事情。最重要的是，我決定讓他從一開始就只用『是，是。』回答。因此我對他的意見表示贊同，既然他不願意提供一些資訊，我就告訴他這些資訊並不十分必要。

「『可是，』，我對顧客說，『假如你有錢存在這個銀行，而你又不幸去世了，你是否願意請銀行把存款轉交給你依照法律有繼承權的親人？』」

「那顧客馬上回答：『我當然願意。』」

「於是我接著說：『那麼難道你不認為這是個不錯的主意嗎？你把你親屬的姓名告訴我們，如果你不幸去世了，我們就可以按照你的意願立即把這筆錢準確無誤地移交過去。』

「顧客又說：『是，沒錯。』

「那個年輕人態度軟化下來並發生了轉變，因為他已經知道銀行請他提供這些資訊並不是在為銀行打算，而完全是為他著想。在他離開銀行之前，不僅如實地提供了他個人的全部資訊，而且採納我的提議開了一個信託帳戶，指定他的母親為受益人，並很高興地回答了有關他母親的所有問題。」

「我發現讓他在一開始就回答：『是，是。』，他就忘記了我們原本的爭執點，並且非常愉快的按照我的所有建議去做了。」

西屋電氣公司的業務代表約瑟夫・艾利森曾經說起一段故事：「在我負責的區域內有一個有錢人，他是我們公司最想推銷的對象。可是我的前任代表花了幾乎10年時間不斷拜訪他，卻始終沒談成任何一筆交易。當我接管這一地區以後，又花了3年時間在他身上，但依舊沒有結果。最後，經過13年堅持不懈的訪問和交易會談之後，對方終於買了幾台馬達。我想著如果這次的買賣成功，馬達沒有故障，以後還能再賣個幾百台給他。這就是我所期望的。

「我相當確信，我們公司的馬達不會有任何故障或毛病。因此我在3周後精神百倍地再度登門拜訪。」

「可是這份興奮似乎是太早了，那位總工程師用一個令人震驚的消息迎接了我。他說：『艾利森，我們不能再向你訂購其餘的馬達了。』」

「『為什麼？』我很驚訝，『你能告訴我為什麼嗎？』」

「那位工程師回答：『因為你賣給我們的馬達用起來實在太熱了，我的手都不能放在上面。』

「我知道爭論無法解決任何問題，這個法子我已經使用了太長時間。因此，這一次我想到了運用讓他說出『是』字的辦法。」

「我對那位工程師說：『史密斯先生，我100% 同意你的說法，如果那些馬達啟動後溫度過高，你的確不能再買了。你所買的馬達的熱度，一定不能超出全國電氣工業協會所制定的標準，難道不是這樣嗎？』」

「他表示完全同意，於是我獲得了第一個『是』字。」

「我接著說：『按照電氣工業協會的規定，一台符合標準的馬達可以比室溫高出華氏72度，對嗎？』」

「『是的，沒錯。』，他同意了我的看法，可是又說：『但你的馬達卻比這個溫度要高得多。』」

「我並沒和他爭論，只是問：『廠房裡的溫度是多少？』」

「那位工程師想了想，回答：『嗯，大概是華氏75度左右。』」

「我馬上說：『這就對了。廠房裡的溫度是75度，再加上72度，一共是華氏147度。如果你把手伸到147度的水龍頭下面，難道不會將手燙傷嗎？』」

「他又不得不說了一個『是』。」

「於是我向他提了一個建議，『史密斯先生，你不要用手去碰那台馬達，這難道不是個好主意嗎？』」

「總工程師承認道：『嗯，我想你說的沒錯。』接著我們繼續交談了一會兒，然後他把秘書叫進來，為下個月訂了差不多35000美元的貨物。」

「我花了幾年時間，因為失去的商業機會損失了數以萬計的金錢，直到最後才明白過來，爭論並不是一種明智的做法。只有從對方的觀點去看待事情，儘量讓對方回答『是，是』，你才能從中得到更多的樂趣和收穫。」

在加州奧克蘭地區負責我們講習班課程的艾迪．斯諾先生，曾經講過自己是如何在店主的引導下不斷說「是，是。」，而成為那家商店的忠實顧客的。艾迪對射箭狩獵非常感興趣，他花費了相當可觀的一筆錢，從當地一家弓箭商店購買相關的器材和裝備。有一次，他的弟弟來找他，他就想去那家經常光顧的商店為弟弟租一套弓箭。店裡的一名售貨員告訴他商店沒有租賃服務，艾迪只好打電話到另外一家弓箭用品商店。艾迪這樣描述事情的經過：

「一位態度非常友好的男士接聽了我的電話。當我說明想租用弓箭後，他的反應和前一家商店完全不同。他先是說非常抱歉，由於成本的問題，目前他們商店已經取消了租賃業務。接著他問我以前是否租過，我回答：『是的，幾年前租過。』他還提醒我當時大概支付了25到30美元的租金，我又回答：『是的』。他又問我是不是那種比較節儉的人，我當然回答：『是』。隨後他向我解釋說他們有一種弓箭組合，包括了全部必要的配件，而售價僅為34.95美元，我只需比租賃多花4.95美元就可以買到一整套器材了，而這就是他們商店取消租賃服務的原因。他問我這樣是否合理？而我『是』的反應使我買了一套弓箭，去取貨時順便又買了其他一些東西，並從此成了那裡的常客。」

被稱為「雅典的牛虻」的蘇格拉底，是世界上最偉大的哲學家之一，歷史上能取得他那樣成就的人屈指可數。他徹底地改變了人類思維的進程。直到他去世24個世紀後的今天，他依舊被譽為最為睿智的勸說者，對這紛爭無窮的世界產生了很大的影響。

蘇格拉底究竟運用了什麼方法？他會直接告訴對方他們錯了嗎？哦，當然不，蘇格拉底是那麼的老練，他才不會那樣做。他的處世技巧在今天被稱為「蘇格拉底辯論法」，就是以得到「是，是。」的反應為基礎的。他所問的問題都是反對者們願意贊同和接受的。他連續不斷地發問，對方就會連續不斷地回答「是」。問到最後，反對者就在不知不覺中接受了幾分鐘以前還激烈反對的結論。

下次當我們想要告訴某人他錯了的時候，一定要想想蘇格拉底，再問一個溫和的問題——一個能夠獲得對方「是，是。」反應的問題。

中國有一句格言充滿了東方古老而深邃的智慧。這句格言就是：「以柔克剛。」

中國人用5000年漫長的時間去研究人類天性，主要是那些文明中國人的天性，積累了豐富深刻的人生經驗與敏銳的洞察力，也形成了許多充滿睿智的格言，就像「以柔克剛」這句話一樣。

原則五

讓對方立刻回答「是，是。」

6
處理抱怨的萬全之策

即使是我們的朋友，也寧可談論他們的成就，
而不是靜靜地聽我們誇耀自己。
給別人一個暢所欲言的機會吧，他對於自己的事情和問題，
當然要比你知道得多。

大多數人想讓他人對自己的意見表示贊同時，總是會滔滔不絕地說，甚至超出聽者忍耐的限度。給別人一個機會暢所欲言吧，他對於自己的事情和問題，當然要比你知道得多。所以你應該向他提一些問題，引導他們來告訴你一些事情。

假如你不同意對方的話，可能就想立刻插嘴打斷他。但要記住千萬不能這樣，這種做法是非常危險的。如果他還有許多意見急於表達，那麼他是絕對不會注意到你身上的。所以，你必須有足夠的寬容和耐心靜靜傾聽，還要用誠懇的態度鼓勵他，讓他把自己的觀點充分地表達出來。

這種方法用在商場上是否同樣有效呢？有一位業務代表在工作中曾經不得不應用這一策略，下面就讓我們來看一看他的經歷。

美國規模最大的汽車公司之一想要採購一年之中所需的汽車坐墊布。當時共有3家重要的廠商送去了樣品作為備選，只等這家汽車公司的高級主管檢查過後，再通知各家廠商於某一特定日期派出一位代表前來作最後陳述，以便最終確定與哪一家廠商簽訂合同。

R先生是其中一家廠商的業務代表，那天不巧患了嚴重的咽喉炎。R先生在講習班課堂上為我們講述當時的情況：「當輪到我去和那些高級主管面談時，我的嗓子已經完全啞了，幾乎一點聲音都發不出來。我被領到一間辦公室，汽車公司的紡織工程師、採購經理、業務主任以及總經理都坐在裡面。我站起來盡力想要發出聲音，卻只能傳出幾聲沙啞的顫動來。」

「公司的高級主管們圍坐在一張桌子旁，由於我發不出聲音，就只好用筆在一張紙上寫了，『諸位先生，我的嗓子啞了，沒法說話。』」

「公司的總經理說：『那好，讓我來替你說吧。』他也真的這麼做了。他替我把樣品一件件地展示給其他人看，還稱讚了它們的優點。隨後，高級主管們就這些樣品的優點展開了熱烈的討論。由於是那位總經理在履行我的職責，因此在討論過程中，他自然就站在我這邊。而當時的我只能點頭微笑，或是做幾個簡單的手勢來表達自己的意思。」

「這場可謂獨一無二的奇異會談，其最終結果是由我獲得了這個訂貨合約，汽車公司向我訂購了50萬碼的坐墊布，總價值達到160萬美元。那是我所接受過最大的一份訂單。」

「可是我知道，如果不是因為喉嚨嘶啞而失聲，我一定會失去那份訂單的，因為我看待整件事情的觀念根本就是錯誤的。這次偶然出現的情況使我無意中發現，原來有時候給別人講話的機會是多麼的有益。」

讓別人把話說出來，這不僅有益於商業談判，在家庭事務中同樣作用巨大。從前，芭芭拉·威爾遜和她女兒勞麗的關係惡化得很快。勞麗曾經是個乖巧安靜的小孩，但她長到十幾歲時，卻變成了一個不合作、喜歡和人爭吵的孩子。無論威爾遜夫人怎樣勸說、威嚇甚至懲罰她，全都無濟於事。

威爾遜夫人在我們班上說：「有一天，我終於放棄了。勞麗根本就不聽我的話，沒有做完家事就出門找朋友去玩了。當她回到家裡，我本想像往常那樣狠狠地罵她一頓，可是卻感到無力可施。我只是看著她，很傷心地說：『為什麼呢，勞麗，這是為什麼呢？』

「勞麗看出我的確非常痛苦，她用平靜的語氣問我：『妳真想知道？』我點點頭。勞麗就把她的想法告訴了我，一開始還有些猶豫，後來就一股腦地傾訴出來了。她說我從來不聽她的意見，只是一味地命令她去做這做那。當她想把自己的想法、感受或見解與我交流時，我就會打斷她，接著給她更多的命令。她的話讓我開始意識到，勞麗其實很需要我——不是一個專制的母親，而是一個能夠盡情傾訴成長煩惱的知心朋友。我以前說的實在太多了，而我真正需要做的其實是靜靜傾聽。我從來沒有想去聽聽她要說的話。

「從那之後我盡可能地讓她暢所欲言，她也把自己的想法毫無保留地告訴我。我們的關係迅速改善，勞麗也再次變成一個隨和而好相處的孩子了。」

最近在紐約一家報紙的財經版上刊登了一則篇幅巨大的廣告，要聘用一位能力出眾、經驗豐富的人。查理斯·克貝理斯把資料寄到了指定信箱，前去應徵。過了幾天他接到對方的覆函，讓他前去面試。他去應試之前，在華爾街花了不少時間，弄清這個商業機構創辦人所有可能獲得的概況。當他與這位負責人見面時，克貝理斯說：「我為自己能進入像貴公司這樣有成就的商業機構，而感到非常榮幸。我聽說您在28年前剛開始創業的時期，公司除了一間屋子，一套桌椅，和一個速記員外，其他什麼都沒有，那是真的嗎？」

幾乎每一位事業有成的人，都喜歡回憶早年艱苦奮鬥的創業歷程。眼前這位老闆當然也不例外。他講了很長時間，包括他當初如何僅憑著450美元現金和對事業最初的構想，開創這間公司的經過。他告訴克貝理斯他是如何克服困難，又如何與別人的譏笑作鬥爭。當時的他根本沒有什麼週末和假日，每天都工作12到16個小時。他又講了自己是如何戰勝所有的厄運，直到如今華爾街那些最有身份地位的金融家們，都要來向他請教。他對自己能取得如此的成就而感到非常自豪。他有權利，也得到了一個機會可以興高采烈地談論這些。最後他只是很簡單地問了克貝理斯的經歷，就叫來一位副總經理，對他說：「我想這位先生就是我們正在尋找的人了。」

克貝理斯先生不厭其煩地去打聽可能成為未來上司的人的成就，並表現出對上司本人和他所遇到的問題的高度關注。他鼓勵那個老闆多說話，因而讓對方留下了很好的印象。

住在加州山克拉門都市羅伊・布蘭得利先生，遇到的事情卻正好相反。當一個很適合做推銷員的人試圖說服自己去布蘭得利的公司工作時，他只是靜靜地聽著。布蘭得利說：

「由於我們只是一家規模較小的仲介公司，因此沒有附帶福利，像住院保險、醫療保險和養老金等通通沒有。每位業務代表都是一個獨立的代理商。我們甚至無法去引導潛在的主顧，因為我們不能像那些規模更大的競爭對手那樣登廣告尋找他們。

「理查・普來爾有擔任此類職位的經驗，這正是我們所需要的。我的助手首先面試了他，把這份工作的所有不利之處全部攤開向他作了說明。所以當他走進我的辦公室時，顯得有點灰心。於是我告訴他，成為我們公司的一員有一個好處，我們的業務代表都是獨立承包人，也就是說等於自己當老闆。

「當他聽我分析了這份工作的優點後，又對自己說了剛才面試時得知的種種不利因素。有好幾次，他看起來就像是在自言自語，好像有兩個他，每個持有一種觀點正在爭論一樣。我不時地插進去給他一些建議，在面試結束時，我感覺他已經說服了自己到我們公司工作。」

「因為我做了一個好聽眾，讓理查盡情說出自己的想法，他才得以在腦中仔細權衡利弊兩方，並得出積極的結論。這實際上是對他自我的一個挑戰。因此我們雇用了他，他也的確成為我們公司一名優秀的業務代表。」

即使是我們的朋友，也寧可談論他們的成就，而不是靜靜地聽我們誇耀自己。

法國哲學家拉·羅謝佛德曾經說過：「如果你希望四處樹敵，你就表現得比你的朋友更出色；但是，如果你想結交更多的朋友，就讓你的朋友表現得比你更出色。」

他的話為什麼是真理？因為當我們的朋友勝過我們時，他們感覺到自己很重要。但是，當我們顯得比他們更優秀時，他們——或者至少是他們之中的一些，就會感到自卑和妒忌。

亨麗埃塔是紐約市中區人事局裡最受人歡迎的就業顧問。不過她以前可不是這樣的。在亨麗埃塔到人事局的頭幾個月裡，她在同事中交不到一個朋友。這是為什麼呢？因為她每天都在不停地自誇——她又介紹成了多少工作、她新開的銀行帳戶，還有其它她所完成的每一件事。

「我的業績十分出色，而我也為此非常自豪。」亨麗埃塔在我的一節課上說，「可是我的同事們並不想分享我的喜悅，他們顯得很不高興，看起來對我的勝利很不滿。我是真的渴望被這些人喜歡，真心希望他們能夠成為我的朋友。在講習班學到了一些為人處世的建議後，我開始儘量少談自己，把更多的時間用來聽同事說話。他們同樣也有許多值得誇耀的事情，而比起過去聽我滔滔不絕地自吹自擂，能談論自己讓他們覺得非常興奮。現在，每當我們一起聊天時，我都會與同事分享他們的快樂，對我所取得的成就，只是在對方問起時才稍稍提到一些。」

原則六

儘量讓別人多說話。

7
如何贏得他人的合作

沒有人喜歡被強迫著去買什麼東西，
或是被人命令去做某件事情。
如果只是提出竟見，讓別人自己去想出結論，
這不是一種更爲明智的做法嗎？

你是否會覺得自己想出來的主意比別人灌輸給你的主意更加可靠？——即使這個主意是盛在銀盤子裡送到你面前的。如果是這樣的話，那麼你把你的觀點硬生生塞進別人喉嚨裡，難道不是一種錯誤的觀念？如果只是提出意見，讓別人自己去想出結論，這不是一種更為明智的做法嗎？

這裡就有一個很好的例子：費城的阿道夫·賽爾茲先生是一家汽車展銷中心的業務經理，他也報名參加了我的講習班。透過學習，他迫切地感受到必須給自己手下意志渙散、灰心喪氣的業務員們灌輸些熱情和信心。於是他召開了一次業務會議，鼓勵員工如實地說出，希望他能做到哪些事，還在會議中把員工們提出的意見一一寫到黑板上。然後他對員工們說：「我可以滿足你們所希望的，可是我也希望你們告訴我，我能從你們身上獲得些什麼？」員工們回答地非常快，那是忠心、誠實、積極、樂觀、團隊合作、每天8小時的熱忱工作。這次會議非常成功，給了員工們新的激勵，讓他們重新充滿勇氣，其中有人甚至自告奮勇願意每天工作14個小時。賽爾茲先生告訴我，此後他的銷售量激增，公司業務蒸蒸日上。

賽爾茲先生說：「實際上我是和他們作了一次道義上的討價還價。在我保證盡力達到他們要求的同時，他們也會盡最大力量達到我的要求。與員工一起討論他們的願望和需要，對他們來說是一種極大的刺激和鼓舞。」

沒有人喜歡被強迫著去買什麼東西，或是被人命令去做某件事情。我們都喜歡隨自己的心願購買東西，按照我們自己的想法去做事情。同時，我們也會非常樂意和人一起談論我們的願望、需求或想法。

以尤金·威森先生的事情為例：他領悟這一真理之前，曾經在大大小小的委託中損失不計其數的收入。威森是一家服裝圖樣設計工作室的推銷員，推銷那些為造型師和紡織廠設計的圖案花樣。威森曾經每星期都去拜訪紐約某位頂尖造型師一次，前後不間斷地堅持了3年。威森說：「他從不曾把我拒之門外，可是也從來沒有買過我的一張圖樣。每次他都認真地看我的圖，然後對我說：『不行，威森先生，我想今天我們沒能達成共識。』」

經過了150次的失敗後，威森意識到自己一定是陷入了某種錯誤的思維模式，所以他決定每星期都騰出一個晚上的時間來學習影響人們行為的技巧，來幫助自己想出新的主意，激發新的工作熱情。

不久以後，他決定嘗試一種新方法。他拿了6張工作室設計師們尚未完成的圖樣，去那位買主的辦公室拜訪。威森對那個造型師說：「如果可以的話我想請你幫我一個小忙。這裡有幾張還沒設計完成的圖樣，你能否告訴我，要如何去做才能符合你的需求？」

這位造型師拿著圖樣看了半晌，一句話也沒說。最後他對威森說：「威森，你先把圖樣放在這兒吧，過幾天再來找我。」

3天之後，威森又到造型師那裡，聽取他的建議後把圖樣帶回工作室，全部按照造型師的意思畫完了。這筆交易的結果如何？不用說，那些圖樣全都被買下了。

自從做成了那筆生意之後，這位買主又從威森那裡訂了幾十張圖樣，同樣是完全按照買主的構思畫的。威森說：「現在我才知道自己過去為什麼總是失敗。以前我總是盡力想說服他買那些我認為他應該買的畫。可是現在我的做法和過去完全不一樣了。我鼓勵他告訴我他的想法，讓他覺得那些圖樣都是他自己設計的，而且實際情況也是如此。如今我根本不需要向他推銷，他自己就會來找我買。」

讓對方認為那個主意是他想出來的，這個策略不僅在商場和政壇上奏效，在家庭生活中也能派上用場。奧克拉荷馬州突沙市的保羅·大衛斯就曾在講習班的課堂上講過他是如何應用這一原則的。

「我和我的家人剛剛經歷了一次非常有趣的觀光旅行，我們從來沒有玩得這麼開心過。很早以前我就一直夢想著去參觀蓋茨堡內戰戰場、費城獨立大廳等歷史紀念地，還有首都也想去看看。就連福吉谷、詹姆士鎮以及威廉斯堡等保存至今的殖民時代村落，都在我的遊覽名單中位居前列。「3月份，我妻子南西提到了她構想中我們的暑期旅行計畫。她希望我們一起去遊覽西部各州，包括新墨西哥州、亞利桑那州、加州和內華達州等的名勝古蹟。她從幾年前就在期待這次的旅行了。但是，很顯然，我們無法同時進行這兩個旅行計畫。

「我們的女兒安妮剛剛學完初中的美國歷史課，對影響美國成長歷史的重大事件非常感興趣。我問她在我們的下次旅行時想不想去看看那些她在課堂上學過的地方，安妮的回答是『非常想去』。」

「過了兩晚之後，我們一家人圍坐在餐桌旁，南西說如果我們都同意的話，這次暑期旅行就去東部各州，對安妮來說會是一次非常有意義的旅行，我們都會玩得非常愉快。於是就全票通過了。」

一位X光儀器製造商也曾運用同樣的心理戰術，把一批機械儀錶賣給了布魯克林市最大的一家醫院。這家醫院正在擴建，準備在新址中設置全美國最好的X光室。這事由L醫生全權負責，他很快就陷入了推銷員們的重重包圍，每個人都拼命說他們公司的機器才是最好的。

可是其中有一位製造商就顯得有技巧多了，比其他競爭者都更懂得把握人的天性。他向L醫生寫了一封信，在信中這樣寫道：

> 敝廠最近剛設計完一套新型X光儀器。這儀器的第一批產品現在已運抵我們的辦公室，可是它們還不能說是十全十美。我們很清楚這一點，也非常希望能加以改良。所以如果你能在百忙之中抽出時間，到我們這裡來參觀一次，為我們提出一些寶貴意見，使它們能更符合你們專業操作中的要求，我們將不勝感激。我們知道你的工作十分繁忙，若肯撥冗光臨，請你預先通知我，我會隨時派車去接。

L醫生在我的講習班上敘述這件事的經過時說：「當我收到那封信時，感到非常驚訝，但也覺得自己受到了肯定。此前從來沒有一個X光儀器製造商想要徵求我的意見。這使我覺得自己備受重視。那一個星期我每天晚上都很忙，可是我取消了一個晚餐約會，特地去看他們的新儀器。我越是研究那台機器，心裡就越喜歡它。」

「沒有任何人試圖向我推銷那套儀器，我覺得為醫院購進那套儀器完全是我自己的意思，我對那套儀器優良的品質感到很滿意，就訂購了它，安裝在醫院裡。」

拉爾夫．瓦爾多．愛默生在他的散文「依靠自己」中寫道：「在天才所完成的每項作品中，我們都能見到那些被我們自身所排斥的想法。當這些想法再次出現在我們面前時，卻都已經創造了偉大的奇蹟。」

愛德華・豪斯上校在伍德羅・威爾遜當政期間，對美國的內政和外交都有著巨大的影響力。威爾遜總統在許多事務上都依賴豪斯上校的秘密策劃和建議，對豪斯上校的倚重甚至之於其他內閣之上。

那麼豪斯上校用了什麼方法得到威爾遜總統的青睞呢？我們有幸得知，這是因為豪斯上校曾經向亞瑟・史密斯透露過他的秘訣，而史密斯在「星期六晚報」上發表過一篇文章，裡面引用了豪斯上校的話。

豪斯上校說：「在我逐漸瞭解總統的為人以後，我發現要想讓他採納一種觀點，最好的辦法就是在無意間把這個觀點自然地植入他的大腦，並激發他的興趣，讓他去思考。第一次透過這種方法獲得成功純粹是偶然的。有一次我去白宮拜訪總統，勸說他實施某一項他並不十分贊同的政策。然而過了幾天，我很驚訝地看到威爾遜總統把我的那項建議當成是他自己的意思，在一次餐會上說了出來。」

當時豪斯上校是否當即打斷總統，向總統說：「那本來不是你的構想，而是我的。」？不，沒有，豪斯上校絕不會做那樣的事。在這方面他非常精明圓滑，他並不在乎功勞歸誰，而只問結果。所以之後他一直讓總統認為那些都是他自己的意見，甚至還公開讚佩威爾遜總統的睿智呢。

我們一定要記住，我們所接觸的人們都會像威爾遜總統那樣只是普通人，因此讓我們也試試豪斯上校的方法。

幾年以前，住在加拿大風景秀麗的新布倫瑞克的一位先生，就曾對我用過這個方法，並成功地得到了我的光顧。當時，我正計畫去新布倫瑞克釣魚划船，因此提前向旅行社寫了封信，打聽有關情況。顯然，我的姓名和住址被列入了一份公開的名單裡，因此我立刻就接到了幾十份從營地和嚮導寄來的信件、小冊子和印刷品等。我一下子沒了主意，不知道該選哪一家才好。不過後來，有位營地的主人做了一件很聰明的事。他給了我幾個他曾經招待過的紐約人的姓名和電話號碼，讓我打電話給他們，親自調查他的服務態度和水準。

而且我驚訝地發現，這項名單中赫然寫著我一位熟人的名字。我當即向他打了一通電話，詢問他前去野營時的具體情況。在得到回覆後，我馬上向那位營地主人打了電話，把我到達的日期和行程告訴了他。

別的營地都試圖向我推銷他們的服務，但那個營地的主人卻讓我自己做出選擇。結果是他贏了。

2500年以前，中國的一位聖人老子曾經說過一段話，即使在今天對本書的讀者仍然適用：

「江海所以能為百谷王者，以其善下之，故能為百谷王。是以聖人欲上民，必以言下之；欲先民，必以身後之。是以聖人處上而民不重，處前而民不害。」

原則七

讓對方覺得這個主意是他想出來的。

8
一個為你創造奇蹟的公式

你的爲人處世能否成功，
全在於你能不能以同理心去了解和接納別人的觀點。
當你表現出把別人的觀點和感受看得如你
自己的一樣重要時，你和對方才能在談話中達成共識。

我們要記住一點，有時對方可能完全錯了，可是他卻不這麼想。在這種情況下不要去指責他，傻瓜才會這麼做，而睿智、寬容、與眾不同的人才會試圖理解他們。

一個人之所以會有自己的想法和做出一定的行為，總是有他的理由的。如果我們能找出那個內在的理由，也就等於找到了理解他行動和性格的關鍵。我們應當真誠地站在對方的立場上看問題。

如果你這樣對自己說：「如果我遇到和他一樣的問題，我會有怎樣的感受，又會做出什麼樣的反應呢？」有了這樣的理解，你就可以省去很多時間和煩惱。因為當你對事情的起因感興趣之後，也就不會再那麼憎厭結果了。此外，你還可以大大增進自己待人接物的技巧。

「停下一分鐘，」肯尼斯·古德在他一部名為「如何使人變得高貴」的著作中寫道：「停下一分鐘，對比一下你對自身事情的濃厚興趣和對於他人事情的淡然漠視，之後你就會瞭解到，世界上其他的人也同樣如此。然後，你就可以像林肯、羅斯福等人一樣，把握住人際關係唯一的堅實基礎。也就是說，你的為人處世能否成功，全在於你能不能以同理心去瞭解和接納別人的觀點。」

住在紐約漢普斯特市的山姆・道格拉斯先生，從前經常責怪他的妻子把太多時間浪費在整修家裡的草地上面，要拔雜草、施肥、修剪，而且每個星期都做兩遍，但是草坪並沒有比4年前他們搬進來時好看多少。這種話當然讓他的妻子非常不快，因此道格拉斯先生埋怨妻子時，總會打破夜晚闔家團聚的寧靜氣氛。

參加了我的講習班之後，道格拉斯先生發現自己這些年來的做法實在太不明智了。他從來沒有想過，或許妻子本身就非常喜歡修剪草坪，能夠從中獲得快樂，以及渴望因為她的勤勞而得到他人的稱讚。

一天吃過晚飯之後，妻子說想去除草，並請道格拉斯先生陪她一起去。他先是拒絕了，可是轉念一想，又答應陪她出去拔草。妻子顯然非常高興，兩人一同辛勤勞動了一個多小時，並且邊勞動邊開心地交談，度過了一段愉快的時光。

從那以後，道格拉斯先生經常陪妻子修整草坪，並誇讚家中的草坪變得非常好看，甚至院子裡的泥土地都變得像水泥地一樣光滑。結果他們兩個都從中得到許多歡樂，因為道格拉斯學會了站在妻子的立場來看問題——即便只是簡簡單單的除草。

吉羅德・尼倫伯格博士在他的著作「深入人心」中寫道：「當你表現出把別人的觀點和感受看得如你自己的一樣重要時，你和對方才能在談話中達成共識。在談話剛開始的時候，告訴對方你此次談話的目標或方向。頭腦中不斷想像如果自己是聽者，希望聽到什麼，依此來控制自己說話的內容。如果你是聽的那一方，就要克制自己隨便打斷別人的衝動。接受對方的觀點，對他來說是一種莫大的鼓舞，使他願意敞開心扉暢談，也更容易接受你的觀點。」

多年來，我一直很喜歡到離家不遠的一座公園裡騎馬、散步作為消遣。和古代高盧人的德魯伊教徒類似，我漸漸對橡樹產生愛慕，因此每當我看到樹苗和灌木被本可以避免的火災毀滅時，都會感到非常痛心。這些火災大多數並不是因為吸煙者的不謹慎造成的，而是那些來林間玩耍的孩子們生火野餐時引起的。有時候樹林間的火勢太猛，需要出動消防隊才能撲滅。

公園的邊上豎著一個佈告牌，上面寫著：「凡引起火災的肇事者，將處以罰款和監禁。」可是這塊牌子所立的地方非常偏僻，能看到它的人很少。還有一位騎警會在公園裡巡邏，似乎是這裡的管理者，但由於他工作並不認真負責，公園經常失火。記得有一次，我匆匆忙忙地趕到員警那裡，告訴他有一起火災正在迅速蔓延，請他立刻通知消防隊來撲救，可是他的反應卻非常冷淡。他說那不關他的事，因為那裡已經不屬於他所管轄的範圍內了。我感到非常失望，就成立了「單人委員會」，以後每當我騎馬來公園散步時，就自發承擔起保護公共領域的職責。起初，我一點也不想去瞭解其他人的想法，當我看見他們在樹下生火野餐時，心裡就非常不高興。那時我總是急於做自己認為正確的事情，但結果卻是把事情弄得更糟。我會騎著馬到那些野餐的孩子們身邊，警告他們在樹下生火容易引起火災，他們會被抓去關起來。我還會用權威的口氣命令他們立刻把火熄了，如果不聽，我就威脅要把他們都抓走。可是實際上，那只是在發洩我的怒火，完全沒有考慮過他們的想法。

這樣做的效果如何？孩子們會聽我的話，可是只是表面上不情願地遵從了，心中很不滿。當我騎馬翻過山丘後，他們極有可能再次生起火來，而且十分想要把整個公園燒光。

許多年過去了，我懂得更多關於人際關係的知識，處事待人的技巧也提高了一些，而且更懂得站在對方的立場上去看待事物。於是，我不再強硬地命令別人了。如果現在我在公園裡碰到有孩子生火野餐的情況，我會騎馬過去這樣說：

「孩子們，你們玩得開心嗎？晚餐打算做點什麼吃呢？我小的時候也非常喜歡生火野餐，至今依舊。但是你們要知道，在公園裡生火是非常危險的。我知道你們都是好孩子，絕對不會惹出什麼事來。不過其他的孩子們，我想就很難像你們這麼小心了。如果他們看見你們正在生火，也學著生起一堆火來，但是回家的時候又忘了熄滅它，就很容易引燃林子裡乾燥的樹葉，順著火勢蔓延，連樹木也燒了。假如我們還是這樣不小心，很快這個公園就要沒有樹了，而你們也可能因為引起火災而被抓去坐牢。當然，我絕不是干涉你們，掃你們的興，我希望你們都能玩得快快樂樂的。但你們現在能否先把火堆附近的乾樹葉撥遠一些，等到你們要回家的時候，還請你們小心地在火堆上多蓋些泥土。如果你們下次還想野餐，就到山那邊的沙堆旁生火，好不好？那裡一定不會有火災的危險。孩子們，多謝了，希望你們玩得愉快。」

這些話和我以前的做法相比，效果驚人的好。這種溝通方式能讓那些孩子們樂意與我合作，而不會有反感或是抱怨，因為他們並未感到有人強迫他們服從一項命令。他們的面子得到了保全，這樣他們感到滿意，我也感到滿意。因為我是事先認真考慮過他們的想法，才來處理這件事情的。

當一個人面臨迫在眉睫的困難時，用他人的眼光來看問題，可以讓自身的緊張和壓力有所緩解。澳洲新南威爾斯的伊莉莎白．諾瓦克女士已經遲了6個星期沒有付車貸了。「那是一個星期五，」她回憶說，「負責我帳戶的男人打來了一通令人討厭的電話，很不禮貌地告訴我如果到星期一早上我不能拿出122美元的話，公司就要採取進一步的措施。可是週末我無處籌措這筆錢，因此星期一一大早當我接到這個男人的電話時，我已經做了最壞的打算。不過我並沒有感到不快，而是站在他的立場上來看待這個問題。我非常誠懇地向他道歉，因為我給他添了這麼多的麻煩。我已經不是第一次逾期付款了，一定是他經手過最令人頭疼的客戶。他的語氣立刻緩和下來，告訴我這種程度還遠遠稱不上什麼麻煩的顧客。他舉出了好幾個例子，說他的那些客戶有多不講理，有的人總是對他撒謊，滿口胡言亂語，還有人會躲起來不見他。我沒有再多說什麼，只是靜靜地聽著他宣洩心中積壓的牢騷和不快。然後，根本用不著我開口請求，他就表示即便我無法立刻還清欠款也不會有什麼大問題，還說我可以在月底前先給他20美元，餘下的部分在手頭方便的時候再還。」

因此，以後當你想叫什麼人來滅火，或是想讓他買你的產品，或希望他捐錢給紅十字會等等之前，為什麼不先停下來，閉上眼睛，站在對方的立場上仔細考慮這件事？你可以問自己：「他為什麼會這樣做？」當然，這樣會浪費時間，但也能讓你贏得朋友，培養情誼，並且減少衝突摩擦，不容易惹麻煩。哈佛大學商學院院長迪安·唐海姆說：「在我與人會談之前，如果我對自己所要說的話，以及對方——根據我所知他的興趣和動機來推斷——可能會做出什麼反應仍舊無法釐清的話，我寧可在他辦公室外的走廊上來回走上兩個小時整理思路，也不會貿然地走進去。」

這句話實在太重要了，為了強調，請允許我在這裡再重複一次：

在我與人會談之前，如果我對自己所要說的話，以及對方——根據我所知他的興趣和動機來推斷——可能會做出什麼反應仍舊無法釐清的話，我寧可在他辦公室外的走廊上來回走上兩個小時整理思路，也不會貿然地走進去。

如果看完這本書後，你只得到唯一一點——逐漸養成從對方的角度觀察事情、站在他人的立場上考慮問題的習慣，就如同從自己的立場出發觀察事情、考慮問題一樣——即使你從本書中只學到了這一點，它也會成為影響你人生與事業的基石。

原則八

真誠地站在他人的立場上看問題。

9
每個人都需要的東西

同情是人類的一種普遍訴求。
爲眞實或想像中的不幸而『自憐』，
其實是一種普遍的心理現象。

你想不想知道一個神奇的語句，它可以阻止爭執、消泯怨恨、引發別人的好感，還可以使人們願意專心地聽你講話？

是？好吧，就是下面這句話了。你對另一個人這樣說：「我一點都不會責怪你有那樣的感受，如果我是你的話，一定也會有同樣的感覺。」

在這樣一句簡單的話面前，世界上最狡猾、最固執的人也會軟化下來。你必須100%發自肺腑地說出這番話來，因為如果你處在對方的位置上，當然會和他的感受一樣。就拿那個惡名昭著的匪首卡朋來說，假如你遺傳到的身體、性情、思想與卡朋完全相同，你和他處在同樣的環境中，也有和他同樣的經歷，那你就會成為他那樣的人，最後和他落得同樣的下場。因為正是那些事情——也只是因為那些事情——才使他落得那樣的下場。再比如：你之所以不是一條響尾蛇，其唯一的原因是你的父母不是響尾蛇。

你能夠成為目前這樣的人，其實自己並沒什麼可居功的地方。要記住，那個使你憤怒、固執而蠻不講理的人，之所以會成為那個樣子，過錯也並不全在他身上。我們應當對這個可憐人表示惋惜、憐憫和同情，並對自己說：「如果不是上帝的恩惠，我也會變得和他一樣。」

在你將要遇到的人中，有3/4都迫切地渴望他人的同情。如果你向他們表示了同情，他們就會喜歡你。

有一次，我主持一個廣播節目，說到了「小婦人」一書的作者路易莎．梅．奧爾科特女士。我當然知道她出生在馬塞諸塞州的康科特，並在那裡寫出了她的不朽名作。可是我一時不小心，說起我曾經到過新罕布夏州的康科特去參觀她的故居。假如我只說了一次新罕布夏州，或許還能得到原諒，可是，天哪，我竟然接連說了兩次。節目過後，我幾乎是立即被無數的信函、電報所包圍，人們紛紛來質問我、指責我，有的言辭幾乎已是侮辱，好像一群毒蜂一樣，圍著我無法抵抗的腦袋打轉。其中有位老太太，從小在馬塞諸塞州的康科特長大，後來她搬到了費城，在信中對我發洩了她熾烈的怒火。大概不會比假使我把奧爾科特女士誤當成來自新幾內亞的食人族還更憤怒了。當我看到她的來信時，我對自己說：「感謝上帝，幸好我沒有娶這樣的女人。」我有衝動想寫封信告訴她，雖然我在地理上犯了一個錯誤，可是她在禮儀常識上卻犯了一個更大的錯誤。我準備把這兩句話作為我信件的開頭。然後我打算捲起袖子好好地告訴她我的真心話。可是，最終我並沒有那麼做，而是儘量約束和克制自己。我知道，每一個昏了頭的傻瓜都會那樣做——事實上，大多數傻瓜也只會那麼做。

我當然不想與傻瓜們相提並論，所以我決心要把她的仇視變為友善。這將是一個挑戰，一個我玩得起的遊戲。我對自己說：「這畢竟是個很嚴重的錯誤，如果我是她的話，大概也會有與她同樣的感受。」所以，我決定同情和承認她的觀點。下一次我去費城的時候，特地打了通電話給她。當時的談話大體上是這樣的：

我：某某夫人您好！幾星期前您寫了一封信給我，我非常感謝！

她：（用清晰、優雅、富有教養的語調）能聽到您的聲音我非常榮幸。請問您是哪一位？

我：對您來講我只是一個陌生人。我的名字叫戴爾・卡內基。幾星期前，您收聽了我關於路易莎・梅・奧爾科特女士的那次廣播，其中我犯了一個無法寬恕的大錯，誤說奧爾科特女士生長在新罕布夏州的康科特。那實在是個愚蠢的錯誤，我希望能為這件事向您道歉。而您願意花費時間寫信向我指正錯誤，實在是太好了。

她：卡內基先生，我感到非常抱歉。我寫了那封信，粗魯地朝你發脾氣，我一定要向你道歉。

我：不，不，您絕不是應當道歉的那個人，要道歉的是我才對。任何一個小學生都不會犯下像我那樣的錯誤。第二個星期天時我已經在節目中更正並道過歉了，現在我要親自向您本人致歉。

她：我就出生在馬塞諸塞州的康科特。兩個多世紀以來，我的家庭一直是州裡很有聲望的名門，而且我為我的家鄉感到非常自豪。當我聽你說奧爾科特女士是新罕布夏州人時，實在是太難過了。可是對於寫了那樣一封信，我真的感到非常慚愧。

我：我敢保證，您的難過不及我的1/10。實際上我的錯誤對於麻塞諸塞州來講，並沒有任何傷害，我傷害的人是我自己。像您這樣一位有身份、有文化的人，是很難得抽出時間向電臺寫信的。今後如果您在我的節目中再發現什麼錯誤，還請您再寫信給我。

她：你要知道，我非常欣賞你這種樂於接受他人批評的態度，你一定是個很好的人，我非常願意進一步瞭解你，和你成為朋友。

就這樣，因為我率先向她道歉，對她的觀點表示認可，所以她也同樣向我道歉，並認同了我的觀點。我對自己能控制得住脾氣並且以德報怨，感到非常滿意。使她喜歡我，比單純向她發洩我的怒氣更能使我得到快樂。

每一位入主白宮的要人，幾乎每天都會遇到人際關係方面的棘手問題。塔夫特總統也未能倖免，但是他從自己的經驗中得出了這樣一個結論——同情是消解「酸性惡感」最有效的藥物。在其所著「服務中的倫理」一書中，塔夫特舉了一個很有趣的例子，講述了他是如何使一位野心勃勃卻屢次失望的母親平息怒火的。

塔夫特總統寫道：「有一位住在華盛頓的夫人，她丈夫在政界相當有勢力，她至少糾纏了我6星期的時間，要我為她兒子安排一個職位。她還拜託議院中的幾位參議員，陪她一起來我這裡為她兒子工作的事關說。可是她所要求的那個職位需要專門的技術人才，後來我根據該部的部長推薦，委派了另外一個人擔任。不久我收到一封來自那位母親的來信，指責我是這世界上最忘恩負義、冷酷無情的人，因為我拒絕讓她成為一位快樂的母親，而這對我來說本來是易如反掌的，但我就是不肯這樣做。她又進一步埋怨說，她與其他州代表們曾經付出了怎樣的努力，最終使我特別關注的一項重要法案得以全票通過，可是我居然這樣報答她。」

「當你收到這樣一封信時，想到的第一件事或許就是何必與一個不懂禮貌甚至稱得上魯莽傲慢的人那麼認真。接著，你可能就開始準備動筆回信。可是，如果你是個聰明人，就會把這封回信鎖進抽屜裡，過兩天再把它拿出來。這種信晚個兩天寄出，也不會有什麼影響。但是當你過兩天再拿出這封信來看時，你或許就不會再把它寄出去了。而這正是我所採取的辦法。之後，我坐下來用我能使用最客氣委婉的措辭向她寫了封回信，對她說，我非常理解一位母親遇到這樣的事情時，會感到多麼的失望。同時我也坦白地告訴她，決定那樣一個職位的歸屬，並非仰仗我個人的好惡，它本身需要一個懂得相關技術的專門人才，因此我接受了該部部長的推薦。我還寫了希望她的兒子能夠在他原來的工作崗位上努力，以達到她的期望。那封信最後平息了她的憤怒，她回了一封短信給我，為她上次的來信道歉。」

「但我所推薦的人選在短時間內還無法確定，於是幾天之後，我又接到一封署名是她丈夫的來信，可是那封信的筆跡與前面兩封信完全相同。在這封來信上寫著，由於這件事，他的妻子灰心失望而患上神經衰弱，如今臥床不起，甚至發展成十分嚴重的胃癌。為了他妻子的生命著想，他問我是否可以把已經委任的那個人撤換成她的兒子，以幫助她恢復健康。我不得不再寫一封信，這次是給她丈夫的。在信中我寫到，我衷心希望他妻子的病出現了診斷錯誤，妻子重病他一定萬分焦慮，我非常同情他的處境，可是要撤換已經任命的人選，卻是絕對不可能的。幾天之後，我任命的那人終於正式通過。就在收到那封信的第二天，我在白宮舉行了一場音樂會，最先向我和我妻子致意的就是這對夫婦，雖然那位夫人在不久之前還處在病入膏肓的狀態中呢。」

奧克拉荷馬州突沙市的傑伊．孟古是某電梯維修公司的經理。這家公司和該市最豪華的一家酒店簽有電梯維修合約。由於酒店經理害怕為客人們帶來不便，所以希望電梯每次停開不得超過兩小時。可是修理電梯至少需要8個小時，而且在酒店規定的時間內，孟古先生的公司也不一定能及時派出熟練的技工。

當孟古先生確保公司中技術最好的工人可以投入這項工作之後，他向酒店經理打了通電話。孟古先生並沒有就修理時間的問題與他爭執，他只是說：

「瑞克，我知道你們酒店非常忙，你希望最大限度地縮短電梯停開的時間。我非常理解你的立場，也願意盡我們所能地達成你的期望。可是檢查過電梯後我們發現，如果現在不徹底修好，電梯在使用中情況會更加惡化，到時候停開的時間會更長。我知道你不想給客人們造成不便，可是總比幾天不能用電梯要好。」

比起停開電梯幾天，酒店經理只有接受停開8小時的方案。由於孟古先生明確地對酒店經理方便顧客的想法給予諒解，因此非常順利地獲得對方的贊同。

生活在密蘇里州聖路易市的喬伊絲．諾裡斯女士是一名鋼琴教師。她為我們講了自己如何處理一個在鋼琴教師和十幾歲小女孩之間經常發生的矛盾。芭貝特的手指甲留得非常長，而對於一個想彈好鋼琴的人來說，這是一個非常嚴重的問題。

諾理斯女士說：「我知道她的長指甲會影響她學鋼琴，而芭貝特是真的很想學好鋼琴的。因此，在開始上鋼琴課之前，我在我們的談話中一次都沒有提到有關指甲的問題。我不想打擊她的士氣，我也明白她一定非常不願放棄自己引以為豪並花費了許多時間去修飾愛護的長指甲。」

「在第一節課上完之後，我覺得時機已經成熟，就對她說：『芭貝特，妳的手真美，指甲也非常漂亮。可是如果妳想把鋼琴彈得像妳原本所希望的那樣好，我建議妳把指甲修短一點，那樣妳就會發現學鋼琴真是又快又容易。考慮一下我的提議好嗎？』她朝我做了個鬼臉，表示絕對不會剪短自己的指甲。我也向她母親提起過這件事，同樣對她的指甲給予高度讚美。可是她母親也表示反對。很明顯，芭貝特那修剪得十分漂亮的指甲對她來說真的很重要。

「第二個星期芭貝特來上第二節課時，我非常驚訝地看到，她的指甲剪短了。我對她做出的犧牲毫不吝惜地進行了表揚和讚美，也對她母親所給予的影響表示衷心的感謝。她母親回答說：『哦，我什麼也沒做。是芭貝特自己決定的，而這是她第一次為了什麼人而剪短自己的指甲。』」

諾理斯女士是否強迫了芭貝特？她是否說過自己拒絕教授那些留長指甲的學生？不，她沒有那麼做。她讓芭貝特知道她的指甲非常美，剪短它們是一種犧牲。她說：「我非常同情妳的處境，我知道那不容易，但能讓妳的音樂造詣更上一層樓，因此還是值得的。」

索爾・霍洛克或許稱得上是美國第一位音樂經紀人，在近半個世紀的時間裡，他始終周旋在藝術家之間，如查理亞賓、伊莎朵拉・鄧肯以及帕洛瓦等世界著名藝術家，都與他保持密切的往來。霍洛克先生告訴我，在和這些性格乖僻、喜怒無常的藝術家們打交道的過程中，他學到的寶貴經驗就是必須同情他們，而且對他們各種或可笑或古怪的脾氣，更是必須給予深切的同情。

曾經有3年的時間裡，霍洛克是查理亞賓的經紀人。他是世界上最偉大的男低音歌唱家，無數大都會歌劇院裡高貴傲慢的觀眾都為他傾倒。但最令霍洛克傷腦筋的是，查理亞賓本身就是一個麻煩，他就像是一個被寵壞的孩子。用霍洛克的話來說就是：「他無論從哪方面看都是一個讓人頭疼的傢伙。」

例如，查理亞賓會在他即將舉行音樂會的當天中午打電話給霍洛克先生說：「索爾，」他叫著霍洛克的名字，「我覺得非常難受。我的喉嚨啞得就像生的碎牛肉一樣。今晚我沒辦法登臺演唱。」霍洛克先生會和他爭執嗎？哦，不，霍洛克不會做那種事。他深知作為一個藝術經紀人，這樣和藝術家打交道是行不通的。他的做法是立即趕到查理亞賓所住的賓館，對他的境遇表示真摯的同情。他會憂傷地說：「太不幸了，我可憐的朋友，太不幸了。你當然不能再唱了。我馬上去取消今晚的演唱會。雖然你會損失幾千塊錢的收入，但那與你的名譽比起來，根本就算不了什麼。」

聽了這些話，查理亞賓就會嘆一口氣，對霍洛克說：「索爾，也許你最好今天下午再來一趟，下午5點鐘來，看看那時我的狀態怎麼樣。」

5點鐘時霍洛克先生再次來到查理亞賓的賓館，同情他的不幸，並堅持取消演唱會。查理亞賓又會嘆著氣說：「唉，你再晚一點過來吧，看看那個時候我會不會好一點。」

晚上7點半，這位偉大的男低音終於答應登臺演出。但他還有一個條件，就是要求霍洛克先生走到大都會歌劇院的台前，對下面的觀眾們說查理亞賓患了重感冒，嗓子不舒服。霍洛克也會假裝答應，因為只有這樣才能讓查理亞賓登臺演唱。

亞瑟·蓋茨博士在他的傑作「教育心理學」一書中寫了這樣一段話：「同情是人類的一種普遍訴求。孩子們會急切地展示他受傷的地方，有的甚至會故意割傷或弄傷自己，來博得可以使他們滿足的同情。出於同樣的目的，成人們也會做類似的事情，比如到處向人顯示他的傷痕，敘述他們遭受的意外事故或所患的疾病，尤其是開刀手術的詳細經過。為真實或想像中的不幸而『自憐』，其實是一種普遍的心理現象。」

因此，如果你希望獲得別人的贊同：

原則九

同情對方的想法和願望。

10
每個人都喜歡的訴求

一般人通常會去做一件事，出於兩種理由：
一種是聽起來不錯的，一種是眞實的。
——皮爾龐特．摩根

我從小在臨近傑西．詹姆斯故鄉的地方——密蘇里州的一個小鄉村裡長大，我曾經去科尼市看過詹姆斯的農場，當時他的兒子還住在那裡。

他的妻子向我講述了詹姆斯當年的事蹟，告訴我他是如何搶劫火車和銀行，然後把搶來的錢分發給貧窮的鄰居們，讓他們去贖回自己典押出去的財物。

我想，在當時傑西．詹姆斯的心目中，或許是把自己想像成一個理想主義者——正如幾代以後的蘇爾茲、「雙槍手」克勞雷和卡朋等黑社會「教父」一樣。事實就是如此，你所見到的每一個人都會高估自己，把自己想像成高尚而無私的人。

皮爾龐特．摩根在他一篇分析文章中寫道：「一般人通常會去作一件事，出於兩種理由：一種是聽起來不錯的，一種是真實的。」

每個人都會想到的那個真實理由，不需要你再去強調。而我們每個人的內心又都是理想主義者，總喜歡去想那個好聽的動機。所以要想改變一個人的意志，就需要訴諸一個高尚的動機。

要想在商業上應用這種方法是否太過理想化了？讓我們看看下面這個例子吧。賓夕法尼亞州葛蘭諾登市法賴爾．米切爾公司的法賴爾先生，遇到一位不滿的房客威脅說要搬出他的公寓，這房客的租約還有4個月才到期，可是他卻聲稱會馬上搬走，完全不管合約那回事。

「那些人已經在我的房子裡住了整整一個冬季了，而冬季是一年中房租最高的時期，」法賴爾在課堂上講述這件事的時候說，「我知道如果他們當時搬走，那麼在秋季以前，這房子都很難再租出去了。眼看著到手的租金就要從口袋裡飛走了，說真的，我非常著急。」

「要知道，如果這件事發生在過去，我肯定會跑到那個房客那裡，讓他把租約重讀一遍，並嚴肅指出，如果想立刻搬走，那麼必須一次性支付所有租金，而且是馬上——我有權這麼做，也一定會這麼做。

「然而，這一次我並沒有勃然大怒或大吵大鬧，而是選擇另外一種解決方法。於是在開始時我是這樣說的：『某某先生，我聽說了你要搬家的消息，可是我至今仍不相信那是真的。多年來的租房經驗讓我對自己看人的眼光很有自信，我第一眼看到你就知道你一定是個說話講信用的人，我非常確信這一點，甚至敢打賭，你就是這樣的人。』」

「『現在我有一個建議，你不妨再考慮一下這個決定，時間是從今天起，到下個月1號交房租的日子為止。如果到時你依舊決定要搬的話，我也會尊重你的決定。那時，我給你可以提前搬走的特權，但我就不得不承認自己的判斷失誤了。不過，我仍然相信你是一個守信用的人，會遵守所簽訂的合約。畢竟我們到底是人還是猴子，全都在於我們自己的選擇。』」

「結果呢，到下月開始時，這位先生親自來我這裡交房租了。他對我說，他已經和太太商量過了，兩人一致決定繼續住下去。他們得出的結論是，最光榮的事情莫過於履行合約了。」

當諾司克力夫勳爵某次看到一份報紙上登出了一張他不願意公開的照片時，他就向那家報社的編輯寫了一封信。在那封信中勳爵是否這樣說：「請不要再刊登我那張照片，因為我不喜歡它？」不是的，他想訴諸報社編輯們高尚的動機。他把自己的要求訴諸於每個人都具有的對母親的敬愛，在那封信上寫道：「因為家母不喜歡那張照片，所以懇請貴報日後勿再刊登。」

當小約翰·洛克菲勒希望阻止那些攝影記者為他孩子拍照時，也同樣試圖訴諸一個高尚的動機。他沒有說：「我不希望把孩子的照片登出來。」而是試圖喚起我們每個人內心深處都有的、不願孩子們受到傷害的潛在願望。他對記者們說：「諸位，我相信你們中很多人都已經有孩子了，你們都能夠理解吧，如果讓小孩子變成新聞人物，對他沒什麼好處。」

塞勒斯·柯帝士原本只是緬因州一戶貧苦人家的孩子，可是他事業發展迅速，後來成為擁有「星期六晚報」和「婦女家庭雜誌」的百萬富翁。但他在創業之初卻十分拮据，無法像其他報紙、雜誌一樣支付撰稿人高價稿費。既然單憑經濟條件他沒有能力請國內一流作家來為他執筆撰稿，他就轉而設法訴諸這些人高尚的動機。例如，他甚至請到了那部不朽名著「小婦人」的作者路易莎·梅·奧爾科特女士，在她聲望的頂峰時期為他撰稿。而柯帝士所做的只是承諾簽出一張100美元的支票，不過那筆錢不是給奧爾科特女士的，而是捐助給她熱心奉獻的慈善事業。

說到這裡，或許有人提出疑問：「這個辦法用在諾司克力夫、小約翰·洛克菲勒或感情豐富的小說家身上或許能到有效。可是，如果對方是欠帳不還、不可理喻的人，我倒想看看你是如何讓這個方法奏效的。」

的確，你的話很有道理，這世界上沒有一樣東西能保證在任何情況下都有效——也沒有一種方法在任何人身上都適用。如果你已經對目前所得的結果感到滿意了，又何必再去改變它？如果你覺得現狀不能使你滿意的話，何妨按我說的試驗一下？

無論如何，我想你會喜歡聽我從前的一個學員詹姆斯·湯瑪斯所講的一個真實故事：

某家汽車公司的6個顧客拒付汽車修理費，這些顧客並非不承認帳單，而是提出其中有些條目出了錯。可是每一張修理帳單上面都有他們當時的親筆簽名，因此公司認為這些帳單不會有錯，而且對那些顧客也是這麼說的。這就犯了第一個錯誤。

下面是這家公司信用部的職員前去催討修理費欠款時所採取的步驟。你覺得他們會不會成功？

一、他們登門拜訪了每一位顧客，直截了當地對他們說，自己是公司派來收取一筆拖欠已久的帳款的。

二、他們明確表示，汽車公司絕對不會出錯，因此，絕對是顧客弄錯了。

三、他們暗示顧客，關於汽車業務，公司肯定要比顧客知道得多。所以，還有什麼好爭執的？

四、結果：他們激烈爭執起來。這些方法之中有哪一點能使顧客心甘情願地掏出錢來？你自己完全可以得出答案。

事情鬧到這步田地，那個汽車公司的信貸部經理已經打算訴諸法律，幸好這件事情傳到了公司總經理那裡。這位總經理查看了那幾位欠帳顧客的資料，發現記錄顯示他們過去都是按時付款的。總經理得出了結論：的確有什麼地方出錯了——公司的收帳方法錯得非常徹底。於是，總經理把湯瑪斯先生叫去，讓他去處理那些無法收回的「壞帳」。

下面是湯瑪斯先生講述的他所採取的各個步驟：

「一、我登門拜訪了每一位顧客，我同樣也是去收一筆積欠很久的帳款——一筆我們非常確定絕對不會出錯的錢。可是我卻始終對這些隻字未提。我向顧客們解釋，自己只是來調查一下公司的服務情況，我們做過了哪些事，還有哪些沒有做好。

二、我明確地表示，在尚未聽完顧客要說的話之前，我不會發表任何意見。我對他們說，公司所做的事情也不是完美無缺的。

三、我告訴顧客們，我只對他們的汽車感興趣，而世界上再也沒有什麼人比車主更瞭解自己的汽車，所以在這個問題上，他們的意見才是有權威性的。

四、讓他們盡情陳述自己的意見，而我只是靜靜聽著，並表現出十足的專注和同情。這些正是他們想要的，他們也希望我如此。

五、最後，當顧客們的情緒緩和下來，我會讓他們認識到這件事的處理是公平的。我希望能訴諸他們高尚的動機，於是這樣說道：『首先我想請您瞭解的是，我也覺得公司對這件事的處置不夠妥當，我們公司上次派來的代表還困擾甚至激怒了您，給您帶來很多不便，這都是不應該發生的事情，同樣作為一名業務代表，我感到非常抱歉！剛才聽了

> 您所講的那番話後，我不得不為您的公正和耐心所感動。現在，由於您胸襟寬大、耐心仔細，我才敢請您幫我一個忙。我想這件事您完全能夠做得比任何人都好，同時，您也比任何人都更瞭解它。這兒是您的帳單，請您仔細檢查一下，有沒有什麼地方弄錯了，我知道讓您來調整帳單對我來說會非常安全。就當您是我們公司的總經理在查看帳目，我把決定權完全交到您的手裡，您說該付多少就付多少。」

顧客們是否調整了帳單呢？他們當然這樣做了，而且還做得十分高興。這些帳單的金額從150美元到400美元之間，費用多少不等。有沒有顧客為自己撈便宜呢？答案是有的，其中一位顧客以帳目有誤為由拒付這筆爭執款項。可是另外5位顧客乾脆地還清了帳款。而這件事最妙的地方還在後面，其後的2年中，那6位顧客全都在本公司購買了新汽車。

湯瑪斯先生說：「經驗告訴我，在你無法獲知有關顧客的確切資料以前，最穩妥的辦法就是要先假設那名顧客是位懇切、誠實、可靠的人，願意並且急於付清欠帳。一旦讓他相信原本的帳日是對的，他就會毫不遲疑地付款。換句話說或許更加明確，相信人都是誠實的，都願意履行自己應盡的義務。這種情況的例外非常少。而且我相信，就算是那些有意詐騙的人，如果你能讓他感覺到你認為他是個誠實、公道、正直的人，那麼在大多數時候他仍會做出積極的反應。」

原則十

訴諸他人更高尚的動機。

11
電影、電視都那麼做，你何不試試呢？

這是一個戲劇化的時代，僅只陳述眞理還不夠，
你必須用吸引人的手法，使眞理更加生動、
有趣也更富戲劇化地展現。

那是幾年前的事，「費城晚報」遭到惡意謠言攻擊。一則流言四處散佈，告誡各廣告商說「費城晚報」的廣告多於新聞，內容貧乏、報導不力，已經失去對讀者的吸引力。這家晚報必須立刻採取措施壓制謠言的傳播。

但應該採取什麼樣的行動呢？

下面就是他們所採用的方法：

「費城晚報」把一天中各版面刊登的所有閱讀資料都剪下來，加以分類編成一本書出版，書名就叫「一天」。這本書居然有307頁，和一本精裝的硬皮書差不多，而這些卻是該報在一天內提供給讀者的資訊。更重要的是，它們的售價不是幾美元，而只有幾美分。

這本書的出版，充分地顯示了「費城晚報」新聞豐富、資料詳實的特點，這種方法遠比畫圖表、列數字或是單純空談更清楚，也更有趣，給人的印象更深刻。

這是一個戲劇化的時代，僅只陳述真理還不夠，你必須用吸引人的手法，使真理更加生動、有趣也更富戲劇化地展現。你需要演技。

電影是如此，電視也是如此。因此，如果你想贏得他人的注意，也必須去做同樣的事情。

那些佈置櫥窗的專業人士深刻地瞭解「戲劇化」的驚人力量。例如：有一家鼠藥製造商專門為零售商提供了一個展示櫥窗，裡面放了2隻活老鼠，用來證實這種鼠藥的功效。結果，在有活鼠展示的一星期內鼠藥的銷售量是平時的5倍。

在電視廣告中，更是有很多運用戲劇化手法進行產品促銷的例子。當你晚上坐在電視機前看節目時，只需稍加分析就可看出專家們在每一個廣告中的表現手法，例如有一種胃藥在試管中成功地改變了酸的顏色，而另一種胃藥卻無法做到；一種品牌的肥皂、洗衣粉能把有油污的衣物洗得非常乾淨，而另一種品牌卻會留下污漬；你會看到一輛汽車飛馳駛過一系列彎道……這類廣告的效果比只用嘴說要好得多。常用的手法還有表現使用者快樂的神情，以顯示他們對產品非常滿意。這一切都是為了戲劇化地呈現該商品所具有的優勢——而且的確可以引起觀眾購買的慾望。

你也可以用戲劇化的方式來表現你的商業理念，或是任何一件生活中出現的事物，這其實非常容易。吉姆·伊曼斯是國民現金出納機公司在維吉亞州裡奇蒙士的一名推銷員，他向我們講述自己是如何用戲劇化的演示手段達到促銷的目的。

「上個星期，我到我家附近一家雜貨店，看到他用的收銀機是一種非常老舊的型號。於是我走到他身邊，對他說：『實際上，當每一位顧客走過你櫃檯的時候，你都在往外扔錢呢。』說著，我還將一把硬幣扔在地上。這立刻引起了老闆的注意。我剛剛的那番話應該已經引起了他的興趣，硬幣落在地上的聲音使他完全停了下來。於是，我從他那裡拿到了更新所有收銀機的訂單。」

這個方法在家庭生活中也同樣有效。在過去，當男人向心中的愛人求婚時，他會只說些甜言蜜語嗎？不，他會跪下來，這才表示自己所說的是認真的。儘管我們現在求婚已經不再下跪了，但還是有許多男人在求婚時會事先營造一個浪漫的氛圍。

用戲劇化的手段表現自己的期望，這對小孩子也行得通。阿拉巴馬州伯明罕市的喬・方特先生，總是為如何讓自己5歲的兒子和3歲的女兒乖乖收拾玩具而發愁，為了達到目的，他發明了一列「火車」。兒子喬伊是騎著三輪車的工程師（凱西・鐘斯車長），女兒珍妮特的四輪車連在後面。晚上珍妮特會把所有的「煤」裝到「貨車」（她的四輪車）上，然後自己也跳上車，讓哥哥「開著」車載著她在房間裡繞行。這樣房子就能被清理得乾乾淨淨——完全用不著說教、訓斥或威嚇。

印第安那州密莎瓦卡市的瑪麗・凱薩琳・伍爾夫在工作上遇到了一些問題，她認為必須與老闆討論一下。週一的早上，她要求和老闆面談，卻被告知說他很忙，需要和秘書安排時間，這周的晚些時候再和他見面。秘書又說老闆本周的日程已經排滿了，不過她會儘量安排。

伍爾夫女士這樣描述事情的經過：

「整整一個星期我都沒有得到秘書的回音。每次向她問起，她總是可以給我老闆不能見我的理由。直到週五早上，我依舊沒能得到確切的答覆。我真的很希望能在週末之前見到老闆，和他討論一下目前的問題，於是，我就問自己究竟怎樣才能讓他與我面談。

「最後我是這麼做的。我向老闆寫了一封正式的信，在信中我表示，我知道老闆整個星期都非常忙，但是我想和他談的事情也是很重要的。隨信我附了一封覆函，還有一個寫有自己名字的信封，請他親自或交代秘書填好，然後寄回給我。覆函的內容如下：

伍爾夫女士，我能在×月×日×點抽出×分鐘時間與你見面。

「我在上午11點將信投入老闆桌上的公文盒裡。下午2點我檢查信箱時，就收到了那天上午我隨信附帶的信封。老闆親自向我回信，表示當天下午他可以抽出10分鐘時間接見我，和我談談我的問題。我終於見到了老闆，和他談了一個多小時，終於解決我的困難。

「如果我沒有用戲劇化的手法表現出自己希望見他的真切期望，只怕現在還在等著預約呢。」

詹姆斯．普頓先生想要寫一篇很長的市場報告。他的公司剛為一家頂級的潤膚霜品牌完成一次詳細的市場調查，那些商業對手的資料必須馬上提交，而那個客戶正是廣告界實力最雄厚——也是最難纏的一個。

但是他的第一次接洽還沒開始就宣告失敗了。

「第一次我走進去，」普頓先生說，「我發現自己偏離了主題，開始大談特談起調查方法來，他爭吵，我也爭吵，他說我錯了，而我竭力想證明自己是正確的。」

「最後，我吵贏了，我對這個結果也頗為滿意——可是我的時間已經到了，面談結束，而我還沒來得及談到調查結果呢。

「第二次，我不再費心理會那些數字和資料，而是直接去找那位客戶，用戲劇化的手法展示我的調查結果。

「當我走進他的辦公室時，他正忙著接電話。等他放下聽筒，我打開手提箱，取出32瓶潤膚霜擺在他的辦公桌上——他知道的全部產品，他市場上所有的競爭對手。

「在每一個瓶子上我都貼了一張標籤，上面寫著市場調查的結果。每張標籤上的內容都非常簡明扼要，生動有趣。

「然後發生了什麼？」

「我們沒有爭吵。這種方法打開了一個與以往不同、全新的局面。他一個接一個地拿起瓶子，閱讀上面的說明。接著，我們開始了友好的談話。他又問了若干其他的問題，顯然對調查結果產生了極大的興趣。本來他只給我10分鐘時間，可是10分鐘過去了，20分鐘過去了，40分鐘、1個小時過去了，我們還在討論。

「報告的內容與上次完全相同，可是這次我選擇了戲劇化的手法進行展示，再加上一點演技，所得的結果就截然不同了。」

原則十一

戲劇化地展示你的觀點。

12
當你無計可施，不妨試試這個

超越別人的慾望和爭強好勝的心理，
這些都是對人最爲有效的精神激勵。
競賽能夠滿足人們對超越、被重視感覺的渴望。

以前，司華伯的手下有一位廠長，無法讓自己所管理的工人按時完成生產配額。

司華伯就問他說：「這究竟怎麼回事？像你這麼能幹的人，怎麼也不能讓那些工人達到預期的生產量？」

那位廠長回答說：「我也不知道是怎麼回事。各種方法我都試過了，不管是好言勸誘還是推動鼓勵，或者用降職甚至開除來威脅他們，全都沒用，那些工人就是不肯好好幹活。」

他們的談話正好在工廠日夜班交替的時候。司華伯向那位廠長要了一隻粉筆，轉身走向離他最近的一個工人，問道：「今天你們這班生產了幾爐？」

工人回答：「6爐。」

司華伯聽了以後一句話都沒說，只是在地上用粉筆寫了個大大的「6」字，就轉身走了。

當夜班工人來接班時，看見這個「6」字，就問這是什麼意思。

日班工人回答：「大老闆今天過來了，他問我們今天生產了幾爐鋼，我說是6爐，他在地板上寫了這個『6』以後就走了。」

第二天早晨，司華伯又去視察那家工廠，發現夜班工人已經把「6」字擦掉，換上了一個大大的「7」字。

當白班工人第二天早上接班時，看到地上新寫的「7」字。哦，這就證明夜班工人的工作效率比日班工人強嗎？那好，他們決定要給夜班工人一點顏色瞧瞧。於是他們加倍熱心、勤快地工作，那晚日班快要結束時，工人們得意地留下一個大得出奇的「10」字——從此，生產情況就漸漸好轉了。

沒過多久，這家原本工作一度落後的鋼廠比公司其他任何一家鋼廠的產量都高。

這是什麼原因呢？

讓我們用查理斯·司華伯的話來解釋吧：「要想圓滿地完成一件事，其方法就是激起競爭。我指的當然不是骯髒、以賺錢為目的的競爭，而是一種超越別人的慾望。」

超越別人的慾望和爭強好勝的挑戰心理，這些都是對人最為有效的精神激勵。

如果沒有這種「挑戰」，希歐多爾·羅斯福也不會成為美國總統。當時，這位勇敢的騎士剛從古巴歸來，就被推選為紐約州長的候選人。可是反對黨卻指責羅斯福說他已經不是紐約的合法居民了，這讓羅斯福感到心慌，想要就此退出競選。當時來自紐約的參議員湯瑪斯·寇里爾·伯拉德用了激將法，拋出一個挑戰：他轉身對羅斯福大聲說：「難道聖胡安山的英雄竟然是個膽小鬼嗎？」

就這樣一句話，使羅斯福留了下來堅持戰鬥——後來的種種演變，歷史都有詳盡的記載。一個挑戰不僅改變了羅斯福的一生，還深深影響了整個國家的未來。

「只要是人都會恐懼，但是勇者會克服恐懼勇往直前，這樣做的結果或許是死亡，但更多的時候會是勝利。」這是古希臘國王禁衛軍的座右銘。還有什麼比克服這樣的恐懼更具挑戰性呢？

在艾爾·史密斯任紐約州長時也用過這個方法。當時魔鬼島西端坐落著最為惡名昭彰的「星星監獄」。這座監獄沒有典獄長，關於它的醜聞和謠言滿天飛。史密斯需要一位勇敢堅毅的人——或者說一個鐵人，去治理「星星監獄」。可是誰能夠勝任這個職位呢？他找到了新漢普頓的路易斯·勞斯。

當勞斯來到他面前時，史密斯愉快地說：「派你去管理『星星監獄』怎麼樣？那需要一個有經驗的人！」

勞斯感到非常為難。他瞭解「星星監獄」的危險性。被派去那裡做典獄長是項政治任務，隨時會因變幻莫測的政治而發生變動。那裡的獄長像走馬燈一樣換個不停，其中一個甚至只做了3個星期。他需要為自己的前途考慮，真的值得冒險嗎？

史密斯見他猶疑不決的樣子，就往椅背上一靠，微笑著說：「年輕人，我不會怪你想要退縮，的確，那裡不是一個太平的地方，所以必須有一個大人物去坐鎮。」

這裡史密斯抛出了一個挑戰，不是嗎？勞斯當然想試著做一下那份只有「大人物」才能夠勝任的工作。

於是他去了，而且任職了很長一段時間，成為那時美國最著名的一位典獄長。勞斯所著的「星星兩萬年」一書暢銷全國，賣出幾十萬冊。他參加過廣播節目，先後有幾十部電影都取材於他在獄中的生活故事。他「人道化」對待罪犯的理念，創造了眾多監獄改革的奇蹟。

費爾斯通輪胎和橡膠公司的創始人哈維·費爾斯通曾經說過：「我從不認為僅靠高額的薪資就可以聚集那些優秀的人才，並留住他們為我工作。我想吸引力來自於工作本身。」偉大的行為學家弗雷德里克．赫茨伯格也贊同這種觀點。他曾經對數千人的工作態度做了深入的研究，這些人的範圍非常廣泛，既包括工廠工人，也包括高級主管。你認為他發現最富激勵性的因素——工作中最有刺激性的那一點是什麼呢？金錢？良好的工作條件？福利待遇？不，都不是。激勵人們勤奮工作的最主要因素就是工作本身。如果那份工作饒有趣味、讓人振奮，工人就會渴望去做它，也會盡力去做好它。

每一個成功者都熱愛競爭以及自我表現的機會，熱衷於能夠顯示自我的價值、證明自己勝過別人比別人優越的機會。這造就了那些離奇古怪的競技比賽：競走、賽豬、吃餡餅比賽等等。競賽能夠滿足人們對超越、被重視感覺的渴望。

原則十二

提出一個挑戰。

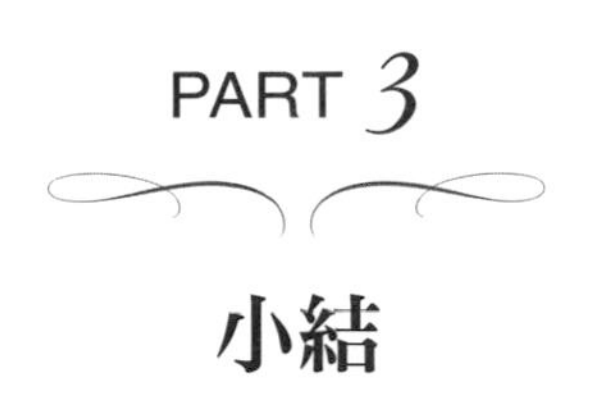

小結

如何贏得別人的認同

原則一

從爭論中獲益的唯一方法就是避免辯論。

●

原則二

尊重別人的意見，永遠不要對對方說：「你錯了。」

●

原則三

如果你錯了，就迅速、坦率地承認。

●

原則四

從友善的方法開始。

●

原則五

讓對方立刻回答「是！是！」。

●

原則六

儘量讓別人多說話。

●

原則七

讓對方感覺這個主意是他想出來的。

●

原則八

真誠地站在他人立場上看問題。

●

原則九

同情對方的想法和願望。

●

原則十

訴諸他人更高尚的動機。

●

原則十一

用戲劇化的方法表達你的觀點。

●

原則十二

提出一個挑戰。

PART 4

做一個領導者：如何贏得贊同

Be a Leader: How to Change People Without Giving Offense or Arousing Resentment

1
如果一定要批評
請從這裡開始

聽過別人對我們的稱讚以後，
即使再聽到一些令人不愉快的話，
也會比較容易接受。

在卡爾文・柯立芝任職總統期間，我有一位朋友曾經應邀於週末至白宮做客。當他走進總統的私人辦公室時，正好聽到柯立芝總統對一位女秘書說：「今早妳穿的裙子漂亮極了，妳真是個迷人的女孩子。」

這大概是一貫沉默寡言的柯立芝總統一生當中對一位秘書所能做出的最高稱讚了。由於這實在太出乎意料、不同尋常了，那位女秘書臉上立刻泛出一層豔麗的紅暈。接著，柯立芝總統說：「不過別太高興，我剛才的話是為了讓妳好過一些。從現在起，我希望妳對標點符號得使用能更注意一些。」

或許總統的做法太過明顯了，可是他所使用的心理技巧卻非常高妙。聽過別人對我們的稱讚以後，即使再聽到一些令人不愉快的話，也會比較容易接受。

理髮師在替人刮臉之前會先塗上一層肥皂泡沫——麥金利在1896年競選總統時就採用了這一方式。當時有一名共和黨的重要黨員，絞盡腦汁寫出了一篇演講稿，並且自認寫得非常成功，即使是西塞羅、派翠克·亨利及丹尼爾·韋伯斯特等人加起來也不及他。他非常高興地在麥金利面前把這篇「不朽的」演講稿大聲朗誦一遍。這篇演講稿雖然有不少可取之處，但並非盡善盡美，麥金利聽後斷定它並不適合競選之用，一旦發表出去，很可能會引發一輪批評浪潮。可是麥金利不想傷害他的感情，他不允許自己扼殺這位黨員的一腔熱忱，但局勢卻迫使他不得不說「不」。我們且看他是如何巧妙處理這件事的。

麥金利這樣說：「我的朋友，這實在是一篇氣勢恢宏、精彩絕倫的演講稿。我想沒有人能寫出更好的了。它在許多場合中是絕對適用的，可是，如果是在這次特殊場合是不是也同樣適用呢？從你的立場上看，它確實是非常合適和切題的；可是我必須站在全黨的立場上來考慮這份演講稿公開後可能產生的影響。現在請你回家去，根據我特別指出的那些要點再重新撰寫一篇演講稿，並送一份副本給我。」

那位先生照辦了。這次麥金利用藍筆對重寫的第二篇演講稿又做了修改。後來那個人成為了那次競選活動中最有力的一位演講者。

下文是在林肯所寫的信中知名度排名第二的信件（林肯最著名的一封信，是寫給畢克斯貝夫人以表哀悼之情的，因為她的5個兒子都已犧牲在戰場上）。林肯這封信可能只花5分鐘就寫完了，可是，它在1926年舉行的一次公開拍賣中卻以12000美元的高價賣出。順道一提，這個數目比林肯50年辛勤工作所得積蓄的總和還多。這封信是林肯在1863年4月26日，也就是內戰最黑暗的時期寫的，對方是約瑟夫·胡克將軍。當時，林肯手下將軍所率領的聯邦軍隊已經連續第18個月遭遇慘敗，到處都是愚蠢而無意義的自相殘殺。全國上下人心惶惶、譁然一片，數千名士兵臨陣脫逃，甚至連參議院的共和黨議員也發動內訌，想強迫林肯離開白宮。林肯也曾說過：「我們如今已到生死存亡的危急時刻，我覺得甚至連上帝都在反對我們，我無法看到一絲希望的曙光。」而這封信就是在這樣黑暗、哀傷、混亂的形勢下寫出來的。

我在此寫出這封信的主要目的，是為了展示林肯是如何設法改變一位固執的將領，而當時戰爭的成敗、全國的命運，就取決於他的行動。

這大概是林肯當上總統後所寫措辭最為嚴厲的一封信了。但你仍能在其中看到，林肯總統在指出胡克將軍的嚴重失誤之前，首先稱讚了他。

是的，那些都是非常嚴重的錯誤，但林肯並沒有那樣措辭。林肯在信中的用語更為保守，也更富於策略，他是這樣寫的：「有些事情我對你並不十分滿意。」言語多麼機智、手腕多麼高明！

下面就是林肯總統寫給胡克將軍的信：

我已經任命你為波托馬可軍隊的司令官。當然，我的這項任命是有其充足的理由。可是我想最好還是讓你知道，有些事情我對你並不十分滿意。

我堅信你是一位睿智勇敢的戰士，我當然對此感到非常欣慰。同時我也相信，你不會把政治與你軍隊的職守混為一談，這方面你同樣做得不錯。你對自己有著堅強的信心——這種美德不僅是不可或缺，也是彌足珍貴的。

你很有雄心壯志，這在一定範圍內是有益無害的。但我想在伯恩賽德將軍領導軍隊時，你放縱自己的野心，極力阻撓他的行動。在這件事上，不管對你的國家，還是對一位功勳卓著、光榮的同僚軍官來說，都是一樁極大的錯誤。

我曾經聽說，並且因言辭確鑿而不由得我不信，你最近說過

> 現在軍隊和政府都需要一位獨裁的領袖。當然，我並非是出於這個原因，正相反，是我並未顧及這個因素，才把軍隊的指揮權交到了你的手上。
>
> 只有戰爭中贏得勝利的將軍才有成為獨裁者的資格。而眼下我迫切地期望你在軍事上獲得勝利，因此才會不惜冒著獨裁的危險。
>
> 政府將盡一切力量給予支持，正如以往及今後對其他所有將領的支持一樣。對於你以前灌輸給軍隊和軍官的那些思想——對上司命令的批評和不信任，我深感擔憂，現在它們都將回報到你身上。我會竭盡所能地幫助你肅清這些危險的思想。
>
> 軍隊中蔓延這樣的思想，不管是你還是拿破崙——如果他還活在這個世界上，都將無法從軍隊中取得任何進展。現在的情勢下，你千萬小心，不要過於匆忙、輕率從事，而要有充沛的精力和不眠不休的前進動力，把勝利一次次地帶給我們。

你不是柯立芝，不是麥金利，也不是林肯，你更想知道這一原則在日常的商業活動中是否同樣適用，對不對？下面我們就以費城華克公司的卡伍先生為例，來看一看這條原則的作用。

華克公司承包了費城的一項建築工程，要建設一座辦公大廈，並被要求在指定日期內竣工。本來事情進行得非常順利，工程眼看就要完成了。這時候，承包建築外部銅工裝飾的分包商突然說他無法如期交貨。什麼！難道整個建築工程都要因此停頓下來嗎？不能如期完工，就必須交付巨額的賠款。僅僅因為那個承包銅工裝飾的分包商，就會讓公司蒙受那樣巨大的損失。

長途電話、爭辯、強烈的譴責，都沒有半點用處。於是卡伍被公司派到紐約找那個分包商當面交涉。

卡伍先生走進分包商的辦公室，簡單地自我介紹之後這樣對他說：「你知不知道，你的名字在布魯克林是獨一無二的？」這個分包商聽後感到非常驚訝，他連連搖頭說：「不，我真的不知道。」

卡伍先生又說：「今天早上我下火車，用電話簿查找你的住址，發現在布魯克林電話本中你是唯一取這個名字的人。」

那個分包商詫異地說：「我一直都不知道這件事。」於是他開始興致勃勃地翻看電話簿，果然是這樣。分包商很自豪地說：「這真不是個普通的名字。我的祖籍是荷蘭，祖先們遷來紐約已經有200年了。」接著他花了好幾分鐘時間興奮地談論自己的家庭和祖先們。卡伍等他把這件事說完後，又開始讚美他擁有一家規模如此龐大的工廠，並拿它與自己曾經到過的許多類似工廠比較，說「這一家無疑是我所見過最為整潔、乾淨的銅廠。」

分包商說：「沒錯，經營這家工廠耗費了我畢生的精力，我為它感到萬分自豪。你願意參觀我的工廠嗎？」

在參觀的過程中，卡伍先生連連盛讚工廠的組織管理系統，告訴那個分包商這家工廠比其他競爭者的要好，並解釋了它的優勢在何處，同時也讚美了廠房裡幾種特殊機器。分包商告訴卡伍先生，那幾台機器是他自己發明的。他用了很長時間為卡伍先生演示這種機器的使用方法，講解它們的特殊功能以及製造出的產品是如何精良。他堅持邀請卡伍先生共進午餐。請注意，直到現在，卡伍先生對他此次的來意還隻字未提。

吃完午飯，分包商說：「現在我們言歸正傳吧。我自然知道你來這裡的目的。可是卻沒想到我們的會面能這樣愉快。」他笑著說道：「你可以先回費城轉達我的承諾，即使不得不耽誤其他生意，我也保證你們所需的材料會準時生產出來並運到。」

卡伍先生自始至終沒有提過任何要求，可是他卻非常順利、完滿地達到目的。所有裝飾材料全部如期運到，建築工程也沒有受到任何的影響，在合約約定日期如期完成了。

如果卡伍先生像一般人遇到這種情況時一樣，採用爭執吵鬧的辦法，能夠取得這樣理想的結果嗎？

桃樂絲・魯布盧斯基女士是聯邦信用合作社紐澤西州福特蒙馬斯市分行的經理，她在我的課堂上敘述自己是如何幫助手下員工提高工作效率的。

「最近我們新雇了一個女孩做出納培訓生。她和顧客的關係非常好，處理問題的準確率和效率也很高，可是有一天結帳時，卻發生了問題。

「出納部經理來找我，強烈要求開除這個女孩。她說：『由於她結帳太慢而耽誤大家的工作進度。我不知道教過她多少遍了，可是她太笨了，就是學不會。一定得解雇她。』」

「第二天我觀察了一下，發現那個女孩處理日常業務時非常迅速準確，與顧客們相處得也很好。」

「可是沒過多久，我就發現她在結帳時確實存在問題。下班之後我找她談話，她顯得非常不安和沮喪。我先是誇獎了她的工作熱情和對客戶的友善態度，以及她工作的準確性和高效率。隨後我建議我們一起把收銀機的使用程序複習一下。她感覺到我對她的信任，按照我的建議去做，很快就掌握了要領。從那以後，她再也沒為我們帶來任何麻煩。」

用讚美的方式開始，就好像牙醫會先給病人打麻醉劑一樣。病人的牙仍然要被鑽孔，可是麻醉劑卻能減輕疼痛。所以作為領導者，應當能夠加以運用。

原則一

用讚美和真誠的欣賞作開始。

2
如何批評才不致招怨

對那些不願接受直接批評的敏感人們，
如果可以間接地使其注意到所犯的錯誤，
往往會收到非常神奇的效果。

有一天中午，查理斯・司華伯偶然路過他一家鋼鐵廠，看見有幾個工人正在吸煙，而在那些工人的頭頂上就懸著一塊「禁止吸煙」的牌子。司華伯是否會指著那塊牌子質問工人說：「你們難道不識字嗎？」不，他沒有，那絕不是司華伯會有的舉動。相反，他走到那幾個工人面前，掏出煙盒分給他們每人一支雪茄，對他們說：「嗨，孩子們，請到外面抽這支煙，我將非常感激。」那些工人明白自己違反了規定——但他們也非常欽佩司華伯，他非但沒有責備他們，還給了他們每人一支雪茄作禮物，使工人們覺得受到尊重。一個像這樣的人，誰會不喜歡呢？

約翰・華納梅克也曾運用過同樣的方法。華納梅克是費城一家很具規模百貨公司的老闆，他習慣每天到百貨公司巡視一次。有一回，他看見有位顧客等在櫃檯前，可是卻沒有人分神理會他。店員們在幹什麼？哦，他們都聚集在櫃檯的另一邊，聊得正開心。華納梅克沒有說話，他悄悄地走到櫃檯裡，自己接待了那位顧客，然後把已經成交的商品交給店員包裝，就離開繼續巡視去了。

人們常常批評官員不接見民眾。他們都是些大忙人，但大部分時候是因為他們的助手對自己的上司過度保護，不想讓他們因分神接見太多來訪者而產生負擔。卡爾・蘭福特曾經在迪斯奈樂園的故鄉——佛羅里達州奧蘭多市做了許多年市長，他經常告誡下屬，要放民眾來見他。他宣佈自己奉行「開門政策」。可是，當社區民眾想來見他時，仍舊是被秘書和行政官員們拒之門外。

最後，這位市長找到了解決之道。他把自己辦公室的大門拆掉了。助手們當然聽說了這件事，從他的門被拆除以後，這位市長終於真正做到「行政公開」。

如果想改變別人又不會遭到對方的怨恨，說起來很簡單，只需要換兩個字，就會產生截然不同的效果。

許多人在開始批評他人之前，都會真誠地讚美對方一番，隨後就會說「但是」，後面跟著批評的內容。例如，想要改變一個孩子漫不經心的學習態度，我們或許會說：「強尼，我們真的為你感到驕傲，你這學期的成績有了顯著進步。『但是』，如果你能在代數上更努力一些的話，就更好了。」

在這種情況下，很可能強尼在聽到「但是」之前的話時還很高興，而當他聽到了「但是」這兩個字，馬上就會懷疑前面稱讚的真誠度。對他來說，前文的稱讚只是批評他錯誤的一個引子而已。由於讚美的可信度遭到質疑，我們或許就不能達到改變他學習態度的目的了。

這裡只需把「但是」改成「而且」，就可以輕易解決這個問題。「我們真的為你感到驕傲，強尼，你這學期的成績有了顯著進步。而且如果你下學期能夠保持這種努力的態度，你的代數成績一定能趕上別人。」

現在強尼一定會接受這一稱讚，因為你並沒有把失敗的推論綴在後面。我們已經間接地讓他瞭解我們希望他能有所改變，所以他也會盡力達成我們的期望。

對那些不願接受直接批評的敏感人們，如果可以間接地使其注意到所犯的錯誤，往往會收到非常神奇的效果。瑪姬·雅各女士住在羅德島的溫沙克，她曾在我的班上講述了自己是如何使一群偷懶的建築工人幫她蓋好房子並在事後清理乾淨的。

工程最初幾天，當雅各女士下班回家之後，發現滿院都是木屑。她不想找那些工人理論，因為他們的工程技術還算不錯。於是等工人們走了以後，她就和孩子們把地上的碎木清掃乾淨，整整齊齊地堆放在角落。第二天早晨，她把工頭叫到一旁說：「我非常高興昨晚院子那麼乾淨，也沒有讓鄰居覺得不便。」那天以後，工人們每天都會清理好木屑堆在一邊，工頭也會每天過來檢查一下一天工作之後院子的狀況。

後備軍人和正規軍之間有一個很大的區別，就是是否理髮。後備軍人認為他們只是普通的老百姓（在大多數情況下他們的確是），因此非常不願意把自己的頭髮剪短。

美國陸軍第542分校的士官長哈利·凱撒在帶領後備軍官時，就遇到了這個問題。與以往正規軍的士官長們一樣，他也可以向士兵們怒吼或是威脅。可是他並不想那樣做，而是間接地表達自己的意見。

「先生們，」他說道，「你們都是領導者，而身教總是要比言傳有效。你們必須為自己所領導的人們做出表率。你們都應當知道軍隊對理髮的規定。今天我也想去理髮，而我的頭髮比你們之中某些人要短得多。你們不妨照照鏡子，如果你們想做個榜樣的話，我會幫你們安排時間到營區的理髮室剪髮。」

這番話的效果是可以預料的。有幾個人主動去照了鏡子，然後下午到理髮室按規定剪短頭髮。第二天早晨，凱撒又評價說，他看到隊伍中有些人已經具備了領導者的氣質。

1887年3月8日，善於講道的亨利・華德・比切爾去世了。第二個星期日，萊曼・亞伯特受邀於比切爾的葬禮發表演講。他急於做得盡善盡美，所以認真撰寫了草稿，並像福樓拜對待他的作品那樣一再修改潤色才終於完成。然後他把稿子讀給妻子聽。實際上這篇演講稿並不理想，就像大多數的一樣。如果他的妻子沒有足夠的見解，肯定會對他說：「萊曼，這篇演講稿糟透了，根本就不能用。如果你照著講的話，聽眾絕對會睡著的，它聽起來跟一本百科全書一樣；你已經講道這麼多年，應當明白如何做得更好。天啊，你為什麼不能像常人一樣講話，為什麼不能自然一些？如果你去念這篇稿子，一定會讓你自己蒙羞的。」

她或許會向丈夫這樣說，而如果她真的這麼說了，你也清楚後果會怎樣，而她當然也知道。所以她只是對丈夫說，如果把這篇演講稿拿到「北美評論」去發表，的確是一篇非常好的文章。這就等於說，她雖然讚美丈夫的作品，同時又巧妙地向丈夫暗示這篇演講稿並不適合講道。亞伯特讀懂了妻子的暗示，乾脆把自己絞盡腦汁寫好的稿子撕碎，沒用講稿就自然地完成了講道。

因此，改正他人錯誤的一個有效方法是：

原則二

間接地引起別人對自己錯誤的注意。

3
先談你自己的錯誤

如果做出批評的人能先謙虛地承認自己也不是完美無缺的，
然後再去指出別人的錯誤，
那麼批評也就比較容易讓人接受了。

幾年前，我的侄女約瑟芬．卡內基來到紐約做我的秘書。當時約瑟芬才19歲，高中畢業3年，幾乎沒有什麼工作經驗。她逐漸成為蘇伊士運河以西地區最為稱職的秘書之一。可是剛開始的時候，她實在有待改進。有一天，我剛想批評她，突然停下來對自己說：「慢著，戴爾．卡內基，先等一等，你的年紀比約瑟芬大一倍，你處事的經驗更是高過她一萬倍。你怎麼能要求她具備你的觀點、你的判斷力和你自動自發的精神呢——即使它們都是很平常的。戴爾，等一等，當你19歲的時候正在做些什麼？還記得你當時那些笨拙和愚蠢的失誤與舉動嗎？還記得你……的時候嗎？」

在真誠、公正地考慮過這些事以後，我得出了結論——約瑟芬比我19歲的時候要強多了——而且，我必須慚愧地承認，我並沒有經常誇獎約瑟芬。

因此，從那之後，當我要提醒約瑟芬她的錯誤時，都會這樣說：「約瑟芬，妳犯了一個錯誤，可是天知道，它絕對不比我所犯過的錯更糟。判斷力不是天生的，它只能從經驗中得來。而且妳比我在妳這麼大年紀的時候要強得多。我曾經犯過許多愚蠢可笑的錯誤，因此我絕不願意批評妳或是任何人。可是，如果能這樣去做，妳想是不是要更明智一些？」

如果做出批評的人能首先謙虛地承認自己也不是完美無缺的，然後再去指出別人的錯誤，那麼批評也就比較容易讓人接受了。

迪利斯通先生是加拿大曼尼托巴省布蘭頓市的一名工程師，他發現新秘書在工作上存在一些問題，當秘書將他所口授的信件送到他面前要他簽名時，他會發現每一頁都有兩三處拼寫錯誤。迪利斯通先生他是如何處理此事的：

「與許多工程師一樣，我的英文拼寫也不太好。許多年來我一直隨身攜帶一個小本子，記下我容易拼錯的單字。當我發現單單指出錯誤並不能使秘書做到寫完後反覆檢查和不確定時查字典時，我就決定改變策略。當秘書又出現了拼寫錯誤時，我就坐到打字機旁對她說：

「『這個字好像不太對。我也經常拼錯這個字。這就是我開始做這個拼寫本的原因（我打開拼寫本，翻到那一頁）。啊，在這兒呢。我現在非常注意拼寫，因為收信人往往會透過收到的信件來評判我們，而出現拼寫錯誤會顯得我們很不專業。』」

「我不知道她是不是借鑒了我的經驗，不過自從那次談話之後，她的拼寫錯誤就明顯地減少了。」

氣質優雅、風度翩翩的布洛親王，早在1909年就已經深切認識到這種方法的重要性。布洛親王曾任德國的總理大臣，當時正值德國凱薩王朝的最後一位皇帝——威廉二世在位的時期，這位德皇目空一切，傲慢自大，大力建設陸軍和海軍，並聲稱要征服世界。

有一次，這位皇帝做了件令人震驚的蠢事。他發表的一番言論，荒謬得令人難以置信，不僅整個歐洲為之震動，甚至在世界各地都產生爆炸性的反響。例如，他說他是唯一一個對英國人友善的德國人，他建立了一支海軍來對抗日本。他還說，他靠一個人的力量就拯救英國，使英國逃過了向法、俄兩國屈辱稱臣的命運。他又聲稱英國羅伯特爵士之所以能夠在南非戰勝布林人，也都是出於他的計畫。最糟糕的是，這位自大的皇帝竟然在訪問英國時，把這些喪失理智、自吹自擂的話就當著英國民眾的面發表了出來，甚至還允許「每日電訊」按原文發表這些荒謬可笑的言論。

在過去100多年的和平年代之中，沒有一位歐洲的國王曾經說出過如此駭人聽聞的話來。霎時輿論譁然，歐洲各國如同野蜂一般騷動起來。英國人激憤不已，德國的政治家們更是驚駭萬分。在這樣的形勢下，威廉二世也逐漸感覺到事態的嚴重，開始有些慌張，於是他向布洛親王——當時的總理大臣暗示，要他代為受過。沒錯，德皇想讓布洛親王對外宣稱一切都是他的責任，是他慫恿德皇說出那些引起軒然大波的話來的。

布洛親王並沒有同意，他這樣說：「但是陛下，恐怕不管是德國人還是英國人，都不會相信陛下的那些話是出於我的建議。」

這話剛一出口，布洛親王立刻發覺自己犯了一個極其嚴重的錯誤。果然，德皇的反應非常迅速和強烈。他憤怒地咆哮說：「你覺得我就是一頭笨驢，只會去犯那些連你都不至於犯的錯誤，是不是！」

布洛親王知道自己應該先稱讚皇帝一番，然後再指出他的錯誤，可是話已經說出去了，他只有退而求其次，努力地在批評之後對皇帝加以讚美。結果，奇蹟出現了。

布洛親王恭敬地說：「陛下，我絕對不是那樣的意思。事實上，陛下在許多方面都遠勝於我，當然這不僅包括和陸軍、海軍有關的知識，更為重要的是在自然科學方面。陛下每次提及晴雨錶、無線電報或X射線等科學原理時，我總會為自己的無知而深感羞愧。我對自然科學一無所知，化學和物理更是一竅不通，連最為普通的自然現象也不能解釋，因此非常欽佩陛下的學識。萬幸的是，我稍微知道一點歷史知識，同時也有一些政治才能，特別是外交手段，才可略微彌補一下我在其他方面的無知。」

德皇滿意地笑了，布洛親王熱情地稱讚了他。親王的話抬高了皇帝，貶低了自己。聽了布洛這番解釋之後，不管是他做的任何事德皇都願意原諒。威廉熱忱地說：「我以前不是常和你說，我們兩人是可以互相取長補短、相輔相成的嗎？我們需要齊心協力、精誠合作，而且我們一定能這麼做。」

皇帝熱情地與布洛親王握手——不止一次，而是很多很多次。那天下午他顯得尤為激動，緊握雙拳叫道：「如果有人敢和我說布洛親王不好，我就一拳打扁他的鼻子！」

布洛親王的自救非常及時——但是，儘管他是個手腕靈活的外交官，卻還是做錯了一件事。他應該在開始時先談自己的短處和德皇的長處，而不是暗示德皇是一個智力不足、需要人保護的人。

如果只是幾句貶抑自己和稱讚對方的話，就能夠使盛怒中的傲慢德皇轉變為一位熱誠可靠的朋友，試想一下——謙遜和稱讚在我們的日常生活當中將造成怎樣驚人的效果啊。如我們能運用得當，這種方法必然能夠幫助我們在人際交往中創造出不可思議的奇蹟。

承認自己的錯誤——即使它們還沒有得到改正，也依然有助於幫助別人改變他的行為。最近，這件事在馬里蘭州提蒙尼姆市的克拉倫斯．周哈森先生身上得到了證實，當時他撞見15歲的兒子正想要嘗試抽根煙。

「當然，我不希望看到大衛吸煙，」周哈森先生說，「可是他的媽媽和我都吸煙。我們為他樹立了非常不好的榜樣。我對大衛說，我就是在他這麼大的時候開始抽煙的，最後尼古丁戰勝了我，讓我上了癮，現在已經幾乎不可能戒掉了。我還提醒他說，我的咳嗽非常厲害，如果他也開始學著吸煙，那麼過不了多久就會變得和我一樣。」

「我並沒有阻止他吸煙，也沒有用吸煙的危害來威脅嚇唬他。我所做的只是告訴他我是怎樣吸煙成癮以及是如何深受其害。」

「兒子聽了我的話，想了一想，決定在高中畢業之前不吸煙。而一年一年地過去了，大衛再也沒有吸過煙，甚至連想都沒想過。」

「那次談話的另一個結果是，我也決定戒煙。並且由於家人的大力支持，我成功了。」

一位好領導應當遵循這條原則：

原則三

在批評別人之前，先講一講你自己的錯誤。

4
沒有人喜歡被命令

粗暴無禮的命令會導致長時間的怨忿——
即便命令的初衷只是糾正一個極爲明顯的錯誤。
採用提問的方式不僅能使一個命令聽起來更順耳，
更能激發對方的創造力。

我曾經有幸能與美國著名傳記作家伊達．塔貝爾女士一起用餐。當時這本書正在寫作當中，交談時我把這件事告訴了她，於是我們開始討論「為人處世」這一重要問題。塔貝爾女士對我說，當她撰寫楊歐文的傳記時，訪問過一位曾與楊先生在同一間辦公室工作過3年的人。那個人說，在3年的共處時間裡，他從沒聽到楊歐文向任何一個人說過一句直接命令的話。楊歐文始終只是提出建議，而非下達命令。例如，楊歐文從來不說：「做這個、做那個」或者「別做這個、別做那個。」他平時總使用的措辭是「你不妨考慮一下」或者「你覺得這樣合適嗎？」。當他口述完一封信後，經常會問：「你認為如何？」他看過助理寫的信稿之後，會這樣說：「我們這樣說可能會比較好一點。」他總是給別人自己親手做事的機會，不會直接告訴助手應當怎樣去做，他讓他們透過實踐，從自己的錯誤中學習經驗。

楊歐文使用的這種技巧能夠使人容易地改正自己的錯誤。這種方法不會傷害對方的自尊，還能讓人獲得被重視的感覺；很容易贏得對方真誠的合作，而不是反抗或對立。

粗暴無禮的命令會導致長時間的怨忿——即便命令的初衷只是糾正一個極為明顯的錯誤。丹・桑塔瑞利是賓夕法尼亞州懷俄明市一所職業學校的教師，他在課堂上為我們講了一件事：他的一個學生違規停車堵住了學校的大門。學校的另一位老師非常惱火地衝進教室，不客氣地問：「誰的車把大門堵住了？」那個學生回答了，他又兇惡地怒吼道：「馬上把車開走，不然我就用鐵鏈把它拖走！」

這件事確實是那個學生做錯了，車不應該停在那裡。可是自從那天過後，不單是這位學生對老師的行為感到憤怒，全班的同學也都處處和他作對，讓他此後的工作非常不順利。

他是否可以用不同的方式處理這件事呢？假如他能態度友善地問一句：「門口的那輛車是誰的？」然後用建議的口吻說如果能把車開走，別人的車就可以進出了，這位學生肯定會很樂意把車挪開，而且他和班上的同學也不會那麼生氣和反感了。

採用提問的方式不僅能使一個命令聽起來更順耳，更能激發對方的創造力。假如一個人能夠參與命令的決定過程，那他接受命令的可能性自然也會更高。

伊安・麥克唐納是南非約翰尼斯堡一家小工廠的經理，這家工廠專門生產精密零件。有一次他幸運地拿到一大筆訂單，可是他清楚自己不可能按期交貨。工作是工廠早就安排好的，而且這份訂單所要求的時間實在太緊，看來他們的確沒有能力接下這份訂單。

麥克唐納先生並沒有要求工人們加班加點地趕訂單，而是把工人們全部召集在一起，將目前面臨的問題講給他們聽，並告訴他們如果這份訂單能夠如期完成，對工廠及工人自己的意義有多麼重大。然後他向工人們提出了問題：

「我們有什麼辦法來完成這份訂單嗎？」

「有沒有人能想出些別的辦法克服目前的困難，讓我們能夠接下這份訂單？」

「有沒有辦法調整工作時間和人員安排，能對解決問題有幫助？」

員工們想出了很多辦法，並且都堅持讓他接下那份訂單。他們用「我們能做到」的態度和決心，最終接下了訂單，並如期交貨。一位有影響力的領袖會：

原則四

提出問題，而不是直接下命令。

5
顧全對方的面子

即使我們能肯定自己是對的，別人是錯的，
但是如果不顧全對方的面子，
就會嚴重傷害到對方的自尊。

幾年前，美國通用電氣公司遇到一件棘手的事情——撤去查理斯．斯坦梅茲的部長職位。斯坦梅茲是電學方面第一流的天才，可是他卻擔任會計部的部長，對這個職位應做的工作完全不瞭解。公司又不敢得罪他，因為斯坦梅茲是公司不可或缺的人才，而且感情又非常敏感細膩。所以，公司特別為他設計了一個新頭銜，請他擔任通用電氣公司顧問工程師。雖然職務的名稱換了，其實他的工作並沒有變，公司另派他人去擔任會計部主管。

斯坦梅茲很高興。通用電氣公司的主管們也都很滿意。他們在平和的氣氛中，成功調動一位敏感而神經質的明星人物，而沒有發生任何不愉快的事情——因為他們讓斯坦梅茲保住了面子。

顧全一個人的面子是件多麼重要的事啊！可是我們卻很少有人會想到這一點。我們肆意地踐踏蹂躪他人的感情，不留一絲餘地，挑剔別人的錯誤，發出恐嚇，當著別人的面批評孩子或員工，絲毫沒有考慮到會傷害別人的自尊。其實，我們只需要花上幾分鐘的時間想一想，說上一兩句體恤的話，真正地去理解他人的觀點，就可以在很大程度上減少這種傷害。

下次如果我們想要訓斥或辭退雇員時，一定要記住這一點。

「辭退員工並不是一件有趣的事，對於被辭退的人來說，當然更是如此。」（現在我正在引述會計師馬歇爾・格蘭傑寫來的一封信）「由於我們的工作季節性很強，所以每次稅收的高峰過去以後，我都必須辭退一批員工。」

「在我們這個行業中有一句老話——『沒有人願意掄斧頭』。結果這就形成了一種慣例，讓事情解決地越快越好。我們通常會說：『史密斯先生，請坐。現在這個季度已經過去，我們似乎已經沒有什麼工作可以給你做了。當然，我相信你也能理解，你只是在我們忙不過來的時候才受雇幫忙之類的話。』」

「這些話會讓那些被解雇者失望，並且產生一種『被人丟棄』的感覺。他們大多數都是終身在會計行業裡討生活的人，而對於這些草率辭退他們的機構，他們自然也不會有什麼特別的喜愛。

「最近我決定，當想要辭退那些季節性的雇員時，再多花一點技巧和心思，顯得體貼一些。在仔細考察過每個人冬季中的工作成績之後，我把準備解雇的人招來，這樣對他說：『史密斯先生，你這一季度的工作表現非常好（如果確實很好的話）。上一次公司派你到紐華克市做的那個專案的確非常艱苦，但是你卻做得有聲有色，順利地完成任務。我們希望你能知道，公司真誠地以你這樣的人才為榮。你非常能幹，無論到什麼地方工作都必將前途遠大。希望你不要忘記，公司很相信你，也一定會支持你。』

「這樣說的結果如何呢？那些被辭退的人心裡好過多了，不再覺得自己受了委屈，或是『被遺棄』。他們知道如果我們能有工作機會的話，一定會留下他們。當公司下一次需要人手時，他們會抱著熱烈深切的感情再度加入我們。」

在一期講習班中，有兩名學員曾經講述了挑剔錯誤的負面影響與保全對方面子的正面結果。

賓夕法尼亞州哈里斯堡的弗雷德·克拉克先生談到一件發生在他公司裡的事：「在一次內部的生產會議中，公司的一位副總經理就某個非常尖銳的問題質問我們一名生產監督員。那個副總經理的語調帶有很強的攻擊性，嚴厲地指責監督員在處理中的不當之處。監督員不想在同僚面前太過尷尬和窘迫，因此回答得比較含混。這使得副總經理發起火來，他當場痛罵這名監督員，並指責他說謊。

「不管此前有著多麼好的工作關係，經過這次衝突也全毀了。這位監督員本來還算是一個表現不錯的員工，可是從那以後就不肯努力工作了。幾個月以後他離開公司到我們的競爭對手那裡，而且據我所知，他在那兒表現得非常稱職。」

班上另一位學員安娜·馬左尼則說起她工作中一件與此非常類似的事，但是處理方式和結果完全不同。馬左尼女士是一位食品包裝行業的市場行銷專家，而她所接手的第一份工作就是為某種新產品做市場調查。她在課堂上說：「調查結果出來以後，我極為震驚。由於我在設計階段犯了一個嚴重的錯誤，以至於整個調查必須重頭來過。更糟糕的是，在下次開會提交專案報告之前，我都沒有時間和我的老闆討論這件事。」

「當輪到我作報告時，我簡直怕得發抖。我盡力使自己不致崩潰，因為我清楚自己絕對不能哭，否則會讓那些男人覺得女人太情緒化而不能勝任管理工作。我的報告非常短，也坦率地指出這次發生的錯誤，我會在下次會議之前重新提交一份報告。我說完坐下，想著這回老闆肯定會發火。

「但是他並沒有那麼做。老闆只是感謝我的工作，並強調說在一個新專案中犯錯並不稀奇，而且他有信心，我的第二次調查結果會更準確，對公司更有意義。他在眾人面前肯定了我，說我一定已經盡了力，失敗的原因只是缺少一些經驗，而不是能力。

「我昂首闊步地離開了會場，心裡想著下一次絕對不會再令老闆失望。」

即使我們能肯定自己是對的，別人是錯的，但是如果不顧全對方的面子，就會嚴重傷害到對方的自尊。法國富有傳奇色彩的飛行先驅、著名作家安東尼·聖埃克蘇佩里曾經寫道：「我沒有權利說或做任何事去貶低他人的自尊。我覺得他怎麼樣不重要，重要的是他如何看待自己。傷害他人的自尊是一種犯罪。」

一位真正的領袖會始終遵行：

原則五

顧全他人的面子。

6
如何激勵人們成功

讚美之於人的精神就像溫暖的太陽，
沒有它我們就不能開花和成長。
然而，大多數人卻只想給別人批評的寒風，
而吝惜給予讚美的暖陽。
——傑斯・賴爾

彼得・巴羅和我是老朋友了，他馴養狗和馬，一輩子都跟著馬戲團和雜技表演團到處巡演。我很喜歡看他訓練新狗的過程。我注意到只要受訓的狗在動作上稍有進步，巴羅就會拍拍牠以示讚揚，還會餵肉給牠吃，總之會做出許多事來激勵牠。

這並不是什麼新鮮的事。馴獸師幾個世紀以來一直都在用同樣的技巧。

讓我感到奇怪的是，當我們想要改變一個人的想法時，為什麼不試試馴狗所用的技巧呢？我們為什麼不能用肉來代替皮鞭呢？換句話說，我們為什麼不能用稱讚來代替指責呢？即使別人僅是取得極微小的進步，我們也不要吝惜讚美，因為這樣可以激勵他不斷前進，做得更好。

心理學家傑斯・賴爾在其著作「我沒什麼了不起，但這是真我」書中寫道：「讚美之於人的精神就像溫暖的陽光，沒有它我們就不能開花和成長。然而，大多數人卻只想給別人批評的寒風，而吝惜給予讚美的暖陽。」

回顧我過去的生活，可以看出，在以往幾個生命的轉折之處，就是因為幾句讚美的話而深刻地改變了我的一生。在你的人生中是否也有過同樣的情形呢？歷史上因為稱讚而助人成功的例證不勝枚舉。

例如，很久以前，有個10歲的孩子在那不勒斯一家工廠裡做工，那孩子從小就渴望成為一名歌唱家。可是他的第一位老師就打擊了他。那位老師對他說：「你唱不了歌，你天生就沒有好嗓子，發出來的聲音就像風刮過百葉窗一樣難聽。」

可是那男孩的母親——一個貧苦的農家婦女——卻擁抱自己的孩子，熱烈地稱讚他，告訴兒子說他有唱歌的才能，而且她已經看到了他的進步。母親節衣縮食，甚至光著腳去做工，就為了省下錢來給兒子付音樂班的學費。這位農村婦女堅持不斷的鼓勵和稱讚，終於改變這個男孩的人生。或許你也聽說過這孩子的名字，他就是恩里科·卡盧梭——他所在的時代最偉大的歌唱家。

19世紀初期，倫敦有個年輕人渴望成為一名作家。然而所有的事情都非常不順利，好像一切都在跟他作對。他只上過不超過4年學，父親因為還不起債被關進監獄，因此這個年輕人時常為饑餓所苦。後來他找到一份工作，在一間滿地跑著老鼠的貨倉裡為墨水瓶黏貼標籤。晚上他就和另外兩個來自倫敦貧民窟的骯髒頑童一塊住在樓頂的小暗房裡。他對自己的寫作能力毫無自信，只敢在夜裡悄悄把第一次完成的稿子投入郵箱，生怕被人看見遭到嘲笑。雖然他寄出的那些稿子接連不斷地被退回，但他依舊堅持不懈地寫稿、投稿。最後，他終於能迎接生命中偉大的一天，他的一篇稿子被雜誌採用了。雖說他連一先令稿費也沒得到，但採用他稿件的那位編輯真誠地稱讚了他的作品。有編輯承認他的才能，這個年輕人高興極了，在街上漫無目的地走來走去，興奮得淚流滿面。

這篇發表的稿件贏得社會的贊許和承認，改變了年輕人的一生。如果沒有那位編輯的鼓勵，這個年輕人一輩子就要在滿是老鼠的貨倉裡度過了。或許你也聽說過這個年輕人的名字，他就是英國大文學家查理斯．狄更斯。

倫敦還有另外一個男孩，靠在一家乾貨店裡當店員為生。他每天早晨5點鐘就必須起床打掃店鋪，有如奴隸般一天要做滿14個小時的苦工。這簡直是苦役，他從心裡鄙視這份工作。如此過了兩年，年輕人實在不堪忍受了。一天早晨，他剛起床，還沒吃早飯就一口氣走了15哩路找他的母親，當時她在別人家裡做管家。

年輕人崩潰了。他像瘋了似的向他母親哭泣哀求，賭咒發誓說再也不回那家店工作了。如果他必須留下，就要去自殺。他還向以前的老校長寫了一封長長的、充滿悲劇色彩的信，說他的心已經碎了，不想再活下去。老校長安慰性地讚美了他一番，肯定地說他是個聰明的孩子，應該得到一份更適合他的工作，並給他一個學校教員的職位。

這次鼓勵改變了那個年輕人的前途，並為英國文學史寫下不朽的一頁。因為那個年輕人此後開始寫作，創作許多暢銷作品，用他的筆賺進了上百萬美元。或許你已經知道那位年輕人是誰了，他就是赫伯特．威爾斯。

用讚揚代替批評，是斯金納教授教學的基本觀點。這位世界上最偉大的當代心理學家透過對動物和人的試驗，證明了如果減少批評增加誇獎，受試者就會多做好事，不好的行為則會因為缺乏關注而大為減少。

北卡羅來州洛磯山的約翰．林傑波夫就用這種方式來對待他的孩子。就像許多家庭中的情況一樣，父母動不動就對孩子大吼大叫。在大多數情況下，經過這樣的時期之後，孩子會變得更壞，而不是更好。似乎看不出是什麼好的解決之道。

林傑波夫先生決定試試在講習班上學到的方法。他說：「我們決定試著用稱讚來代替責罵錯誤。當我們看到孩子們總是做錯事，的確很難做到這一點，要找些事情來真心稱讚他們真是不容易。我們設法尋找那些值得誇獎的地方。在一兩天之內，孩子們不再重複以前做過的那些令人不快的事情。接著，其他的錯誤也減少甚至消失了，並開始按照我們誇獎的樣子去行動。他們甚至更進一步，努力把事情做好。這結果簡直好得讓我們不敢置信。當然，這種情況並不能一直持續下去，但比起先前要好上許多。我們不必再像以前那樣斥責孩子們了，他們做好的事情遠遠多於做錯的事情。」而這全是好方法的功勞——讚美他們最微小的進步，而不是一味指責別人的過失。

這種方法在工作中也同樣適用。加州森林山的凱斯．羅伯先生就在工作中運用了這一原理。他的印刷廠承接了許多要做工細緻、品質精良的業務訂單，可是有一位印刷工人是個新手，對工作不太適應，這讓他的上司很不高興，認為這是由於他的工作態度不夠積極，想要解雇他。

羅伯先生得知這件事以後，親自來到印刷廠，與這位年輕工人進行一次談話。他說自己對年輕人剛剛上手的工作成果非常滿意，並指出這是他在公司裡所看過品質最好的產品了。羅伯先生還詳細地列舉產品究竟好在哪裡，以及這位年輕人為公司做出的重要貢獻。

你覺得這是否足以影響這位年輕印刷工人對公司的態度和感情？幾天以後，情況就有了很大的改善。那個工人後來對同事們說起了那次談話，說羅伯先生非常欣賞他生產的產品呢。從那天起，他真正成為了一名忠誠、細緻的好員工。

羅伯先生並沒有空洞地奉承那個印刷工，說些「你做得很好」之類的漂亮話，他詳盡地列舉出工人的工作究竟好在何處。因為他讚美的是特定的成就，而不是空洞地奉承，這樣的讚美對被讚美者來說意義尤其重大。每個人都喜歡聽讚美的話，只有具體的讚美才能讓人感受到誠意，感受到那不是為了讓某人一時高興而說出的違心之論。

要記住，我們都渴望被認同和讚美，而且會盡其所能地去得到它。但是，沒有人會喜歡那種言不由衷的阿諛奉承。

讓我再重複一遍：本書中所學的各項原則，只有在真心實意的前提下才適用。我絕不想向您推薦什麼陰謀詭計，只是在討論一種全新的生活方式。

講到如何改變一個人，假如你我願意激勵我們所見到的每一個人，讓他們認識到自己心中潛藏著的內在寶藏，那麼，我們所能做的很可能不只是改變他們的想法，甚至會改變他們一生的命運！

這話誇張嗎？讓我們來看看這位美國有史以來最為傑出的心理學家、哲學家威廉·詹姆斯所留下的名言吧：

> 與我們所應取得的成就相比，現在的狀態幾乎算是半夢半醒，只是利用了我們身心資源中很小的一部分。廣義地說，人的潛力還沒有完全開發出來。其實人本來擁有各種能力，卻從來不去運用它們。

是的，正在讀這句話的你也同樣擁有各種潛在的能力，但你卻不習慣去運用。而其中尚未被你充分利用的潛能之一，就是稱讚別人、激勵別人，讓他們也認識到自己身上同樣蘊含著無盡的可能性。

能力會因批評而萎縮，卻會在讚美之下開出美麗的花朵。所以，如果想要成為一位更有影響力的領導，要運用：

原則六

稱讚他人最微小的進步，而且要稱讚他的每一次進步。 做到「誠於嘉許，寬於稱道」。

7
給人一個好名聲

給人一個美好的名譽，
他就會盡其所能地去實現它，
而不願意使你感到失望。

如果有個曾經工作勤奮的雇員開始變得不負責任，你會怎麼做？當然，你可以解雇他，可是這解決不了任何實質性的問題。你也可以斥責他，可是這往往會招來怨恨。亨利・漢克是印第安那州洛維爾市一家大型卡車經銷商的服務部經理，他手下有一個技工的工作品質不斷下滑。然而漢克先生並沒有對他怒吼或威脅，而是把他叫到自己的辦公室，與他進行一次坦誠的談話。

「比爾，」漢克先生說，「你是一名非常出色的技工。你在這條生產線上已經做了許多年了，以前在你這修過車的顧客都感到很滿意。事實上，我們收到了許多對你工作的讚揚。可是，最近一段時間，你完成一項工作所需的時間加長了，而且品質也趕不上從前的水準。因為以前你是一名那麼優秀的技工，所以如果我對你目前的工作不太滿意，我想你一定也很想知道。也許我們可以一起研究一下，想辦法解決這個問題。」

比爾回答說，他以前並未意識到自己沒有盡到責任，並且向漢克先生保證現在所從事的工作他完全有能力勝任，今後一定會努力改進，保質保量地完成份內工作。

那他做到了沒有？你可以肯定他絕對做到了。他再次變回一名優秀而高效的技工。有了漢克先生給予的榮譽，他除了努力工作使自己與這好名聲相稱，至少與以前做的一樣好之外，還能做什麼呢？

包德文鐵路機車工廠的總經理撒姆爾．華克萊說過：「對一般人來說，如果你能得到他的敬重，並且也對他具有的某種能力表示敬重的話，他就會很樂意接受你的領導。」

換句話說，如果你想改變一個人某方面的缺點，就應當表示出這項品質是他早已擁有的優點之一。莎士比亞說過：「如果你沒有某種美德，就假定你有。」如果你希望某人能具備一種美德，那麼你可以假定並公開宣稱他已經擁有這樣的美德了。給人一個美好的名譽，他就會盡其所能地去實現它，而不願意使你感到失望。

吉爾吉特．利布蘭克在她的作品「我與梅特林克的一生」一書中，曾經描寫一個低卑的比利時女傭的驚人變化。

利布蘭克女士這樣寫道：「隔壁旅館有個女傭每天都會來為我送飯，人們都叫她『洗碗的瑪麗』。因為她一開始只是廚房裡的一個雜工。她長得簡直像個怪物，一對鬥雞眼，兩條彎腿，不管從肉體上還是精神上來說都沒什麼可取之處。

「有一天，當她用通紅的雙手端著一盤麵來給我時，我坦率地對她說：『瑪麗，你知不知道自己有多少內在的寶藏啊！』」

「瑪麗平時似乎習慣於壓抑自己的感情，生怕會因失誤而惹禍，因此她呆呆地站了一會兒，然後把盤子放到桌子上，才嘆了口氣認真地對我說：『夫人，我以前從來沒有這樣想過。』她對我的話沒有懷疑，也沒有提出什麼問題，她只是回到廚房，重複我所說的話。這就是信仰的力量，沒有人敢嘲笑她。從那天開始，甚至有人開始體貼她了。不過最神奇的變化發生在一向謙卑的瑪麗身上。她相信自己確實有著許多看不見的優點：她開始注意修飾她的面容和身體，使她那原本枯萎了的身體重新煥發出青春光彩來，並掩蓋了她天生的缺陷。

「過了2個月，她宣佈她就要與廚師的侄子結婚了。她對我說：『我要做太太了！』她真誠地向我道謝，感謝我當初那一句小小的讚美改變了她的人生。」

吉爾吉特・利布蘭克女士給了「洗碗的瑪麗」一個美好的名譽讓她為之努力，而這個美名最終改變了她的一生。

比爾・派克是佛羅里達州德托那海灘一家食品公司的業務代表，他對公司新推出的系列食品感到非常興奮，但是一家大型食品商場不肯進貨，這讓比爾感到有些挫敗。他為這個拒絕苦惱了一整天，終於決定下午回家前再去那家公司碰碰運氣。

「傑克，」比爾說道，「我早上離開以後，就意識到其實我並沒有讓你真正瞭解我們公司最新推出的產品。假如你能再給我一些時間讓我介紹完剩餘的幾點，我會非常感激。我很敬重你願意聽人說話的雅量，而且如果事實證明你的決定的確需要改變的話，你的寬容大度會使你及時修正它。」

傑克會拒絕繼續聽比爾的介紹嗎？不，為了這樣的好名聲，他是不會拒絕的。

一天早上，愛爾蘭都柏林市的一位牙科醫生馬丁・費茲夫感到非常震驚——他的一位病人指出她用的漱口杯托盤不乾淨。的確，她用的是紙杯而不是托盤來漱口，但是使用生鏽設備的醫生顯然不夠專業。

病人離開後，費茲夫醫生提前關閉了他的私人診所，坐下來向女傭布裡吉特寫了個便條，這位女傭每週為醫生打掃2次衛生。他寫道：

親愛的布裡吉特：

最近很少看到妳。我想我應該抽出時間對妳為我做的清潔工作表示謝意。順道一提，我想我以前也提到過，每週2次、每次2小時的時間太有限了，如果你有空閒的話，我想請你隨時來我這裡工作半小時，做一些你覺得應當經常做的事情，例如清理漱口杯的托盤之類。當然，我會為你這些額外的付出支付報酬。

「第二天，當我走進辦公室的時候，」費茲夫醫生說，「我的桌子擦得就像鏡子一樣光亮，椅子也是一樣，我還差點因此而滑倒。當我走進診室，看到閃閃發亮的鉻製托盤，它從來沒有這般光潔耀眼過。我給了女傭一個美譽，讓她去為之奮鬥，而且只為了那樣一句小小的讚美，她就盡了最大的努力。哦，她額外用了多少時間呢？你猜得對——點都沒有。」

有這樣一句古話：「給人一個壞名聲，就能夠吊死他。」那麼給他一個好名聲呢？讓我們來看看會發生些什麼。

露絲・霍普金斯是紐約布魯克林市的一位4年級教師，當她在新學期第一天看到班上學生的名冊時，她因新學期開始而興奮雀躍的心情被憂慮所取代。今年她的班上有一個全校最調皮的「壞孩子」湯姆。3年級的時候教湯姆的老師總是向同事和校長以及其他任何他可以找到的人抱怨，說湯姆總是惡作劇，嚴重違紀，打男同學，捉弄女同學，甚至對老師無禮，而且似乎有越來越惡劣的趨勢。不過他有一個值得稱讚的優點，那就是他能夠很快、很輕鬆地掌握所學的知識。

霍普金斯女士決定面對湯姆這個「問題學生」。當她第一次問候自己的新學生時，對每個人都做了些評價：「羅絲，妳的裙子真漂亮。」「愛麗西亞，我聽說妳畫畫得非常好。」當輪到湯姆時，她直視著孩子的眼睛對他說：「湯姆，我知道你是個天生的領導者。今年我要靠你來幫助我把這個班變成4年級最好的一個班。」在開始的幾天中，她反覆強調這一點，並誇獎湯姆所做的一切，還說他的行為表明湯姆是一個很好的學生。只要給予他值得奮鬥的美名，即使只是一個9歲的孩子也不會令你失望——而且他真的做到了。

因此，如果你想在不引起對方反感的情況下改變一個人的態度或行為，成為一名優秀的領導者，要記住：

原則七

給人一個美名，讓他去為此努力。

8
使錯誤看起來容易改正

如果你告訴你的孩子、配偶或是下屬，
說他在某件事上的作法愚蠢至極，毫無天分，
他所做的事情完全不對，
那麼你等於是完全扼殺了他進取的動力。

我有一個年近40歲卻仍然單身的朋友不久前訂婚了。他的未婚妻勸他去學跳舞。他告訴我這件事時說：「天曉得，我的確該去學跳舞——我現在的舞技就像我20年前剛開始學跳舞的時候一樣，一點長進也沒有。我請的第一個老師——或許她說的是真話——他告訴我，我的舞步根本不對，必須從頭學起，把以前學的通通忘掉。這讓我很灰心。我實在無心再學下去，所以就辭退了她。」

「我請來的第二個老師，她說的或許不是真話，可是我聽了卻非常高興。她輕描淡寫地說，雖說我跳的舞步有些過時，但基本的步子還是不錯的，她還使我確信就算想學會幾種流行的新舞步也不會有多麼困難。第一個老師不斷地挑毛病，澆熄了我學習的熱情；第二個老師卻恰好相反，她不斷地稱讚我的正確之處，將那些錯誤儘量最小化。她肯定地對我說：『你有一種天生的韻律感，你本該是位天才舞蹈家。』可是我自己清楚，我以往是、將來也只會是一位四流的舞者。可是，在我心裡卻依然希望認為她說的話是真的。沒錯，或許是我所付的學費讓她說出那些話的，但又何必說穿呢？」

「無論如何，我現在舞跳得要比以前好得多，而這都要歸功於她說我有一種『天生的韻律感』。我非常感謝她，她的話鼓勵了我，給了我希望，使我願意努力去改進。」

如果你告訴你的孩子、配偶或是下屬，說他在某件事上的做法愚蠢至極，毫無天分，他所做的事情完全不對，那麼你等於是完全扼殺了他進取的動力。但若能用一種相反的做法，多給他們一些鼓勵，就能把事情變得很容易，讓對方知道你對他有信心，他能做好一件事，在這項工作上他還有許多尚未發掘出來的才幹——這些都會使他付出最大的努力，爭取做得更好。

洛維爾·湯瑪斯是一位人際關係方面的藝術大師，他正是採用了這個方法。他會給你信心，給你勇氣和信任來鼓勵你。例如，前不久我有幸和湯瑪斯夫婦共度週末，在星期六晚上，他們約我一起圍著火堆玩橋牌。打橋牌？我嗎？我對橋牌一竅不通，這個遊戲對我來說始終是個神秘的謎。哦，不，不，我不可能去打什麼橋牌的。

可是湯瑪斯說：「為什麼不來呢，戴爾？這東西沒什麼技巧可言，只要記憶和一點判斷力就行了。你不是寫過關於記憶方面的文章嗎，所以橋牌對你來說再容易不過了，正合你所長。」

於是轉眼間，我幾乎還沒反應過來自己究竟做了什麼，就發現自己已經有生以來第一次坐在橋牌桌上了。而這一切都是由於湯瑪斯說我有玩橋牌的天賦，讓我覺得這種遊戲並不難。

談到橋牌，我想起了伊利·考伯森先生。他所寫有關橋牌的書籍已經被譯成了12種語言，銷量不下100萬冊。可是，他曾經親口對我說——如果不是有一位年輕少婦肯定他，說他有這方面的天賦，他一定不會選擇橋牌作為職業。

當他1922年來到美國時，本來是打算找一份哲學或社會學教師的工作，可是沒有成功。

後來他又試著去推銷過煤炭，結果也失敗了。

他又試著推銷咖啡，同樣一無所成。

雖然他此前也曾玩過橋牌，但那時候他從未想到自己有朝一日會去教橋牌。他不但牌技不精，而且非常固執。他總是提出各種各樣的問題，還會扯出一堆的麻煩事，所以誰也不願意和他一起玩牌。

後來，他遇到一位美麗的橋牌教師約瑟芬·狄倫女士，與她墜入愛河並結了婚。狄倫注意到他總會十分仔細地分析手裡的牌，於是就對丈夫說，他潛藏著了不起的橋牌天賦。考伯森對我說，正是由於狄倫對他的鼓勵，也僅僅是因為這個鼓勵，才使他後來成為了橋牌專家。

克拉倫斯·瓊斯是俄亥俄州辛辛那提市講習班的一名教師，他為我們講述友善的鼓勵以及使錯誤看起來容易改正這一技巧是如何改變了他兒子的生活。

「1970年，當時我15歲的兒子大衛搬來辛辛那提與我同住。他以前的生活很是坎坷，1958年他在一起交通事故中撞到了頭，在前額留下一道非常醜陋的疤痕。1960年我和妻子離婚，他和他的媽媽一起搬去德州的達拉斯市。他15歲之前的學校生活都是在特殊班中度過，在達拉斯市的教育系統中那是專門給學習能力不足的孩子開設的課程。或許是由於那道疤痕的因素，學校的管理者們認為他的腦子也受了傷，不可能跟得上普通的教學進度。他的教育比同齡人落後了2年，因此15歲還在讀七年級。他還不懂得乘法表，還在扳著手指算數，閱讀也只是勉勉強強。」

「事情還是有好的一面的。大衛喜歡在廣播或電視臺工作，希望將來能夠成為一名電視業的技術工程師。我鼓勵了他的想法，同時指出要實現理想，他需要一定的數學知識才能勝任專業訓練。我決定幫助他學好數學，使他成為這一領域的專家。我們做了4套卡片，乘法、除法、加法和減法。如果大衛能夠給出正確的答案，就把那張卡片抽出來，扔到廢棄的那一堆裡。如果大衛答錯了，我會告訴他正確答案，然後把那張卡抽出來，放到需要重複的卡片堆裡，直到最後卡片全部扔完。他每答對一張卡片，我都對他大加讚賞，尤其是他曾經答錯的卡片。每天晚上我們都會學習一遍需要重複的卡片堆，直到一張卡片也不剩。每天晚上的練習都會用碼錶計時。我對大衛承諾說，如果他能夠在8分鐘之內答對所有的卡片並不出現錯誤，以後晚上就不再做這種練習了。一開始，這對大衛來說似乎是不可能完成的任務。第一天晚上他用了52分鐘，第二天晚上只用了48分鐘，接著是45、44、41分鐘、40分鐘以下。每次時間的縮短我們都會慶祝一番。我叫來妻子，我們都會擁抱他，並一起跳捷格舞。到了那個月月底，大衛已經能在8分鐘內完美地答對所有的卡片。當他有了一些微小的進步，他會要求再做一遍。透過這種方法，他發現一件奇妙的事：學習原來是如此的簡單、快樂。」

「理所當然地，他的代數成績有了飛躍性的進步。當他學會乘法以後，就會發現代數實在是令人驚訝的簡單。當他的數學考試得了B時，自己都嚇了一跳。這可是從沒有過的事情。許多其他的變化也在以令人難以置信的速度發生著，他的閱讀進步迅速，而且他在繪畫方面的天賦也漸漸顯露出來。在那一學年稍晚的時候，他的自然老師安排他做一個科學展覽。他選擇用一套高度複雜的模型來說明槓桿原理。這不僅需要繪畫和模型製作技術，還要求具備應用數學知識。那個展覽得到了學校自然科學展覽會的頭獎，並入選參加市裡的比賽，在整個辛辛那提市的競賽中獲得第三名。」

「就是這樣。這就是一個因為考試不及格而留級2年、被人告知有『腦損傷』、被同班同學稱為『殭屍怪物』、被說腦子裡的東西一定都從額前的傷口流出去了——這樣的孩子，突然間發現自己其實完全具備學習和辦事的能力。結果怎麼樣？從8年級的最後1/4學期開始，直到高中，他每次都高居光榮榜上。高中時就入選成為國家榮譽協會成員。一旦他發現學習其實很容易，他的一生便因此而改變了。」

所以，如果你想幫助他人進步，請記住：

原則八

多用鼓勵，使別人的錯誤看起來更容易改正。

9
使人們樂意做你建議的事

不要承諾那些無法辦到的事，要忘掉個人利益，
全心全意地爲別人的利益著想。
要時常自問什麼才是別人眞正需要的。

1915年，全美上下驚駭不已，在一年多的時間裡，歐洲各國彼此殘殺，規模之大為人類戰爭史上前所未有。和平能夠實現嗎？當時沒有人知道。但是，威爾遜總統決心要為這件事努力，他準備派出一位代表作為和平特使，到歐洲與列強會商。

當時的國務卿威廉・詹寧斯・布萊恩是最有力的和平宣導者，希望能夠負責這件事。他看出這是個絕佳的機會——辦成了就可以建功立業，名垂後世。可是威爾遜總統卻委派了另一個人——他的好友和智囊霍斯上校。這對於霍斯上校來說可是件不容易的事，他必須把這件事告知布萊恩，又不能引起布萊恩的憤怒。

「當布萊恩聽說我要作為和平特使趕赴歐洲的時候，他顯然感到非常失望。」霍斯上校在他的日記中寫道：「布萊恩表示，他早已準備親自前去斡旋⋯⋯

「我回答說：『總統認為派任何一位政府官員前去都不合適。如果布萊恩去，將會引起人們更多的關注。人們會感到奇怪，美國政府為什麼會派國務卿來這裡？』」

你是否聽出這話中的暗示？霍斯上校實際上是在說由於布萊恩的職位太重要了，以致於不適合負責這項工作——而布萊恩感到非常滿意。

機敏而老於世故的霍斯上校，做到了處理人際關係時一條重要原則，那就是：「永遠使別人樂意去做你所建議的事。」

伍德羅・威爾遜總統在邀請威廉・吉布斯・麥卡杜做他的閣員時，也運用了同一規則。能受邀與總統共事對任何人來說都是最高榮譽，可是威爾遜總統的做法卻讓麥卡杜感到備受重視。下面是麥卡杜親口講述的事情經過：「他（威爾遜總統）說他正在組織內閣，如果我能參與其中，接受財政部長一職，他會感到非常高興。他的話令人非常開心，而且給我一種印象，如果我接受了這項榮譽，就好比是幫了他一個大忙。」

可是不幸的是，威爾遜總統沒能堅持一貫地運用這技巧。如果他能事事如此，歷史或許就要改寫了。例如，在美國加入國際聯盟這件事上，威爾遜並沒有讓參議院與共和黨滿意。當時總統拒絕讓伊萊休・魯特、查理斯・伊凡・休斯或是亨利・卡伯特・洛奇等著名的共和黨領袖隨行，反而帶了自己黨內的無名人士前去參加和平會議。他斥責共和黨，讓他們覺得創辦國聯絕對不是他們的主意，而是總統自己的意思，而且不允許他們插手參與此事。威爾遜這種對人際關係的粗率處置，摧毀了他的政治生涯，損害了他的健康，甚至縮短了他的壽命，並使美國最終未能加入國聯，此舉改變了其後世界歷史的走向。

並不是只有政治家和外交官們才需要運用「使人們樂意做你所建議的事」這一處事技巧。印第安那州韋恩堡的戴爾・費里爾就介紹自己是如何運用這一方法，鼓勵他的孩子心甘情願地去做分配給他的家務。

「傑夫的工作之一就是撿梨樹下掉落的梨，使後面收拾的人不必停下手中的工作去拾起它們。可是傑夫不喜歡這份工作，通常他要麼是一點都不做，要麼就做得非常不認真，讓打掃的人不得不費力去撿那些他漏下的梨子。我並沒有和他面對面地對質。有一天我對他說：『傑夫，我打算和你做筆交易。你每撿滿一籃子的梨，我就付你一美元。但是在你工作完之後，地上如果還有掉落的梨，每剩一個梨我扣你一美元。這個買賣怎麼樣？』就像你想的那樣，他不僅撿起了全部的梨，而且我還要看著他免得他去樹上摘梨填滿那些還有空隙的籃子。」

我認識一個人，出於一些原因他不得不拒絕許多演講的邀約，來自朋友的邀請或是那些盛情難卻的人們的邀請。然而，他回絕地非常巧妙，對方雖然沒有達到目的，但還是會感到非常滿意。他是怎樣做的呢？他並不單純又是告訴別人說自己太忙抽不出時間，或是太這樣太那樣。不，不是的。他會在婉拒的同時表示對邀請的感激，同時也感到非常抱歉，接著他會提出一位能夠代替他的人。換句話說，他不會讓人有機會為自己的推辭感到不愉快，他能使對方立刻想到還可以邀請其他人做演講。

甘特．施密特參加我們講習班在西德的課程，說起過這樣一件事：他的一家食品店裡有位員工總是把價錢的標籤貼錯，使得架上的商品與下面的標籤不符，這引起了混亂，顧客們也紛紛抱怨。提醒、責備、質問，各種方法都試過了，可是收效甚微。最後，施密特把她叫到辦公室，告訴她自己已經任命她擔任商場的價錢標籤監督員，職責就是必須保證所有貨架上的商品標價準確。這項新工作和新頭銜完全改變了她的態度，此後她的工作一直非常出色。

你覺得這太幼稚了？或許是的。當拿破崙發明榮譽勳章，並先後頒發了15000枚十字徽章給他的士兵，提升他手下的18位將軍為「法國元帥」，稱他的軍隊為「偉大軍隊」的時候，也有人用「幼稚」形容這種做法，還有人批評拿破崙把「玩具」送給那些出生入死的軍人。拿破崙是這樣回答的：「是的，人就是受玩具支配的。」

這種授予人榮譽或頭銜的做法，拿破崙可以用，你同樣也可以用。例如，我的一位朋友——住在紐約斯卡斯代爾的歐內斯廷·琴德女士，她家有一塊草坪，頑皮的孩子總是在上面跑來跑去，把草都踩壞了。琴德女士非常煩惱，不管勸告還是嚇唬都不管用，最後她想出一個辦法。她從孩子裡找出一個最壞的，授予他一個頭銜，讓他有一種權威感。她請那孩子做她的「偵探」，專門管理她的草地，不讓其他孩子踐踏。這個辦法果然有效。那個「偵探」在後面的院子裡生了一堆火，把一根鐵棍燒得紅紅的，恐嚇那些孩子說誰敢再去踩草地，他就用燒紅的鐵棍去燙他。

作為一位有影響力的領袖，要想改變別人的態度或行為，就一定要把下面的大綱牢牢地記在腦子裡：

1. 做人真誠。不要承諾那些無法辦到的事，要忘掉個人利益，全心全意地為別人的利益著想。
2. 要確切地知道自己想要別人去做什麼。
3. 要有同情心。要時常自問什麼才是別人真正需要的。
4. 要想想如果別人按照你的建議去做了，那對他有什麼好處。
5. 將那些他能得到的好處與他的需求和期望結合起來。
6. 當你向別人提要求時，要讓對方覺得他將會因此而獲益。

我們可以簡單地命令：「約翰，明天會有客人來，我希望倉庫能乾淨一些。所以你把它打掃一下，把貨物放到架子上排列整齊，櫃檯也要擦得乾乾淨淨的。」或者我們可以換一種方式，告訴他能從中得到哪些利益：「約翰，我們有件事必須去完成。假如我們現在做好了，以後就不用再做了。明天我會帶幾個客人來看我們的設備，還想讓他們參觀一下倉庫，但那裡現在很亂，如果你能打掃一下，把貨物放到架子上排整齊，再擦擦櫃檯，這樣不但能使我們看起來整潔、工作效率很高，你也為樹立公司的良好形象出了一份力。」

約翰會樂意按照你的建議去做嗎？或許不是非常高興，但絕對比你不告訴他可能得到的利益的情況下心情要好。假如你知道約翰以乾淨整潔的倉庫為榮，並且很關心公司形象的話，他會更加樂意與你合作。這也能讓約翰瞭解到，這項工作是非做不可的，如果他現在做完，以後就不必重複勞動了。

如果你認為這種方法無論什麼時候都能從別人那裡得到愉快積極的反應，那就太天真了。不過大多數人的經驗表明，用這個方法比不用它更容易改變別人的態度。假如你只能增加10%的成功機率，也就等於比原來提高了10%的領導效率——而這正是你的利益所在。

如果你運用這種技巧，會讓人們更樂意地去做你希望他們做的事情。

原則九

使別人樂意去做你所建議的事。

PART 4

小結

成為領導者

領袖的工作往往需要改變他人的態度或行為，

為了圓滿地實現這一目的，提出如下建議：

原則一

用讚美和真誠的欣賞作開始。

●

原則二

間接地指出別人的錯誤。

●

原則三

在批評別人之前，不妨先談談自己的過錯。

●

原則四

提出問題，而不要直接下命令。

●

原則五

顧全他人的面子。

●

原則六

稱讚他人最微小的進步，而且要稱讚他的每一個進步。

做到「誠於嘉許，寬於稱道」。

●

原則七

給人一個美名，讓他為此努力。

●

原則八

多用鼓勵，使別人的錯誤看起來容易改正。

●

原則九

使別人樂意去做你所建議的事。

PART 5

創造奇蹟的信件

Letters That Produced

Miraculous Results

創造奇蹟的信件

我們每一個人都希望得到他人的欣賞和重視，
甚至到了會不顧一切，什麼事都願意做的地步。
但是，沒有人會想要不誠懇的、虛僞的諂媚。

我敢打賭，我知道你現在正在想些什麼。你大概正對自己這樣說：「『創造奇蹟的信件！』太可笑了，這簡直是賣狗皮膏藥的廣告！」

如果你產生了這樣的想法，我也不會責怪你。倘若是我在15年前拿起這樣的一本書，或許也會有同樣的想法。此時你是不是還在懷疑？嗯，我喜歡有懷疑精神的人，在20歲以前，我一直住在密蘇里州——我也信奉眼見憑實，喜歡那些不輕信的人。因為人類歷史中的每一次思想進步，幾乎都是由那些喜好懷疑、發問，勇於挑戰以及實事求是的人們推動的。

做人應該誠實。我使用「創造奇蹟的信件」這樣的題目準確嗎？不，坦白地說，這個說法還不夠準確。實事求是地說，這個標題還過於保守，把事實處理地太輕描淡寫了！本章所收錄的某些信件，它們所獲得的結果被評論為比奇蹟還要好上一倍。哦，這話是誰說的？是肯·戴克，美國最著名的銷售專家之一，曾經擔任約翰·梅維爾公司的業務部經理，現在則是比德公司的廣告部經理，同時他還是全美廣告協會的主席。

戴克先生說，他以前寄給那些經銷商的詢問函件，極少能得到佔發出信函總數5%~8%的覆函。如果回信的數量達到發信數的15%，他就認為是很不錯的結果了。他還告訴我說，如果回信比例能夠高達20%，那就是奇蹟了。

然而，戴克先生所寫的一封信函——就是在本章中披露出來的這封，竟然得到了42.5%的回覆率。換句話說，這效果比「奇蹟」還要好上一倍。對此你可不能一笑置之，因為這封信不是兒戲、意外或是偶然的結果，還有其他的幾十封信函，都獲得了與之相同的效果。

他是怎麼做到的呢？下面是戴克先生的說明：「在我加入卡內基先生的『高效演講技巧與人際關係』講習班後，信件的效力立刻增加了。我意識到自己過去所用的方法完全是錯誤的。我開始試著應用這本書上所教的每一條原則，結果我發出用以調查市場訊息的信函，竟然比原來增加了500%到800%的效力。」

這是信件原文。這封信請求收信者稍微給予一點幫助。它謙虛的語氣和措辭，使人獲得一種高貴、重要的感覺，當然就會樂意去做些事情。我把自己讀信的感受標註在括弧裡。

> 親愛的布蘭克先生：
>
> 我不知道你是否介意幫我解決一點小困難？

（讓我們先把情況理清楚。試想一下，如果一個遠在印第安那州的木材商突然收到一封來自紐約梅維爾公司某位高級主管的信函，而在這封信一開頭，那個紐約的高級主管就誠懇地請求對方幫他解決一個困難。我可以想像印第安那州那位木材商肯定會這樣對自己說：

「好吧！如果這個紐約的先生真是遇到了什麼困難，那他算是找對人了。我一向是慷慨、樂於助人的。下面就讓我看看他到底遇到什麼難題。」）

去年，我曾成功地說服公司，使他們相信為了能夠增加各地木材代理商的銷售量，最迫切的需求是在年末進行直接的函件宣傳，並由我們約翰．梅維爾公司負擔全部的費用。

（這位印第安那州的木材經銷商看到這裡，或許會說：「當然應該由他們負擔這筆費用。公司獲得大部分利潤，從中賺了好幾百萬美元，而我還在為付房租發愁……現在看看這個傢伙的困難究竟是什麼？」）

最近，我向1600位經銷商寄出了關於採用這種直接函寄推銷法的調查表，已經非常榮幸地收得數百封覆函，經銷商們紛紛表示他們贊成這項合作，也已取得了顯著的成果。

基於這樣的結果，我們接著完成並發佈了一項新的直函宣傳計畫，相信你也會非常喜歡它。

可是，今天早上我們公司的總經理與我討論去年所實施的計畫報告時，就像經理通常會做的那樣，問起我究竟由這項計畫獲得了多少新業務？因此，我想藉由你的幫助來回答他。

（「藉由你的幫助來回答他」，這句話實在是太妙了，那位紐約的高級主管說的都是實在話，而他也給了遠在印第安那州的一位代理商誠實而懇切的重視。這裡需要注意的是：戴克並沒有浪費時間在誇耀他的公司是如何重要。而是直接向對方承認，他是如何地依賴他，需要對方的幫助。戴克坦白說如果沒有這位經銷商的協助，他甚至無法向總經理作一次圓滿的報告。當然，印第安那州的經銷商也是一個普通人，也會喜歡聽到這樣的話。）

我想請你幫忙的事情是：

一、在來函附上的明信片中告訴我，去年的直函宣傳計畫幫助你成功地贏得多少建造屋頂及屋頂裝修方面的生意；

二、請你告訴我這些業務的總營業額，最好能詳細到美元、美分的程度（根據工程的總造價）。

如果你肯撥冗回函，我不勝感激。我一定會珍惜地使用你所提供的資料，非常感謝你的好意。

您忠誠的朋友

業務部經理 戴克

（請注意這裡，在信件的最後一段中，戴克先生非常謙遜而輕描淡寫地提到「我」，卻十分強調「你」，還要注意他的稱讚是多麼熱烈：「將不勝感激」、「非常感謝你的好意」。）

這封信其實很簡單，不是嗎？它不過是請對方幫自己一個小忙，卻帶來了奇蹟——因為它的態度和措辭使對方感覺受到寶貴的重視。

不論你是想推銷石棉屋頂材料，還是坐著福特汽車到歐洲旅行，這心理學原理都會奏效。

舉例來說：有一次，我和荷馬．克羅伊開車去法國內地旅行，結果迷了路。我們把那部T型的「老爺車」停下，詢問當地的村民如何才能開到下一個城鎮。

然而，這個問題卻在小鎮上引起騷動。那裡的人都是些穿著木鞋的農民，在他們的印象中所有美國人都是有錢人，而且汽車在那一帶也是非常罕見的。駕著汽車在法國內地旅行的美國人肯定是百萬富翁，也許就是汽車大王亨利．福特的堂兄堂弟。可是他們的確知道一些我們所不知道的事。雖然我們比他們有錢，但我們一樣要把帽子摘下來恭敬有禮地向他們問路，這使他們感覺受到了重視。於是所有人立刻爭相接話，其中有一個人甚至擔心這樣難得的機會被人搶走，還叫旁邊的人都安靜下來，以便能獨享這種為我們指路帶來的快感。

你可以自己試一試。當你下次去一個陌生的地方時，站到一個看起來經濟、社會階層都比你低的人面前，對他說：「不知你是否願意幫我一個忙，請你告訴我如何才能到某個地方，好嗎？」

富蘭克林就曾經用這個方法把一個頑固的仇敵變成自己終生的朋友。富蘭克林年輕的時候，將所有的積蓄都投資到一家小印刷廠裡。隨後，他又設法使自己被推舉為費城議會的秘書。藉職務之便，他成功地攬到許多承印公函的業務。這為他帶來了可觀的利潤，因此這個秘書的位置對他來說，是非常重要的，他希望能夠長期地保住它。可是，他的前方卻出現了一個很大的障礙：議會中最富有、最有能力的一位議員對富蘭克林極為反感，他不但不喜歡他，而且還會在公開演講中毀謗富蘭克林。

這件事對富蘭克林來說非常的危險。所以，富蘭克林決心要讓那個議員喜歡他。不過，他要如何去做呢？這可是個難題，他主動去為仇人做些事？不，那會引起對方的懷疑，說不定還會遭到輕視。富蘭克林是個非常聰明、老練圓滑的人，他絕不會那樣輕易地讓自己誤入陷阱。他的方法恰恰相反，他請那個敵人幫他一個忙。

富蘭克林並非只是單純地請求那人借他10美元。不，絕不是那樣的。富蘭克林所求於那人的，是一件讓對方高興的事情——能夠觸動他的虛榮心，讓他感到被認可，並且可以很巧妙地表示出富蘭克林對他的學識和成就由衷的欽佩。下面是富蘭克林所寫的事情經過。

「我聽說在他圖書館裡有一本極其罕見的書，於是就寫了一封信給他，表示我非常希望能夠借閱他所收藏的那本書，請求他幫我一個忙，借我看幾天。

「他很快就叫人把我要借的書送來。大約過了一個星期，我如約把書還給他，同時又附上一封信，表示我對他此次幫助的由衷感激。

「幾天後我們再次見面時，他主動開口與我說話——他此前從來沒有這樣做過——並且非常客氣友好。從那以後，他表示不管任何事情都願意幫助我，後來我們成了很好的朋友，這份友誼一直持續到他去世。」

今天距富蘭克林去世已經有150年了，可是他所應用的心理學原理，這種請別人幫忙的心理策略，現在仍然對我們大有裨益。

例如，我的講習班裡有個學生叫艾伯特．愛姆賽爾，他運用這種心理學原理就獲得了很大的成功。愛姆賽爾多年來一直推銷水管和熱氣材料。他一直費盡腦筋想要和布魯克林的一個水管工做買賣。這位水管工的生意做得很大，而且信用也非常好，但是愛姆賽爾從一開始就遭到了拒絕。這個水管工比較粗線條，是個態度蠻橫、行為粗暴、令人厭惡的人物，並對這些無禮的行為頗感自豪。他坐在自己的辦公桌後面，嘴上叼著一支粗大的雪茄，每次當愛姆賽爾進去拜訪時，水管工都會衝他大吼：「我今天什麼也不要！別來浪費我的時間，也別再浪費你自己的時間，趕快滾！」

後來，有一天愛姆賽爾嘗試了一種新方法——一個可以幫他打開業務、交上朋友，並能得到許多訂貨合約的好方法。當時愛姆賽爾的公司正打算在長島的皇后村買棟房子，新開一家分公司。那房子正好跟那水管工的房子相鄰，而且他在那兒也做了很多生意，很熟悉當地的情況。所以，當愛姆賽爾這一次去見那個水管工的時候，就對他說：「先生，今天我不是來向你推銷商品的，我來是想請你幫個小忙。如果你方便的話，只要抽出一分鐘的時間給我就夠了。」

水管工用手擺弄了一下雪茄，說：「哼，也好。有什麼話？快說！」

愛姆賽爾說：「我的公司正計畫在皇后村開一家分公司，我相信你對那裡的情況比任何人都清楚，所以就來向你討教一些意見，你看這是不是種明智的做法？」

這是以往從來沒有發生過的事情。許多年來這個水管工一直對推銷員咆哮怒喝，透過把他們驅逐出去來獲得被重視的感覺。可是現在，竟然有個推銷員來向他請教。的的確確是一位大公司的推銷員親自前來徵求他的意見，請他指點自己應當怎麼做。

水管工拉過一張椅子，對愛姆賽爾說：「坐下吧。」這一次，他花了整整1小時的時間，非常詳細地為我講解皇后村水管業方面的情況，歷數了這裡水管市場的特殊地位和優點。他不僅贊成在這裡開設分公司，還替愛姆賽爾制定了包括購置地產、採購貨物以及開門營業的一系列完整計畫。他在為一家頗具規模的水管業公司制定營業方針——這讓他感覺受到寶貴的重視。隨後兩人從公事談到私事，水管工變得非常友善，甚至還和愛姆賽爾談起自己家庭中的困擾和衝突。

愛姆賽爾說：「那天晚上我離開的時候，不僅口袋裡裝著一大批訂貨合約，而且還為今後的業務發展打下了堅實的基礎。我現在和這個過去對我怒吼咆哮的人一起打高爾夫。他的態度之所以發生如此徹底的轉變，都要歸功於我請他幫了一次忙，使他感覺受到了重視。」

下面讓我們來看看戴克先生的另一封信，請再次注意他是如何巧妙地運用這種「請幫我一個忙」的心理技巧。

幾年前，由於他所調查的商人、承包商和建築師都不肯為他回信，使得戴克先生感到非常苦惱。那時候，他寄給建築師、工程師們的信件，往往連1%的覆函都收不到。他就想，如果有2%的回函就算是不錯了，如果能達到3%的話就更好了。10%如何呢？那簡直是一個奇蹟。可是下面這封信，差不多得到了50%的回覆率——也就是說，已經比「奇蹟」多出了4倍。這結果是多麼令人滿意啊！而且這封信只有兩三頁。它成功的秘訣就是——在字裡行間都充滿友善的建議與合作精神。

這裡是原信。請注意他其中所運用的心理學原理，以及有些地方詞句的用法，都與前文收錄的那封大體相同。當你讀這封信時，仔細體會字裡行間的潛臺詞，要儘量分析收信人在讀信時的心裡感受，找出使它的效果比「奇蹟」還好4倍的原因所在。

親愛的杜伊先生：

我不知道你肯不肯幫我解決一個小困難？

大約在一年前，我曾向公司建議說，建築師們最需要的東西之一就是一本商品目錄——裡面要詳細列出公司所有的建築材料，並且說明這些材料在建造和改裝房屋時的用途。

如今我們出版了一種目錄，現在隨函寄上一本——這是本公司開發此類出版物中的第一種。只是目前公司的存書已經不多，我向經理提議再版，他說（就像經理通常會做的那樣）他不反對這個重印計畫，但是我必須要提供充分的資料以證明這種目錄確實已經達到了印製的目的。

當然，想完成經理的要求，我必須仰賴你的幫助，因此我特意用早上7點的快遞請你以及全國其他19位建築師來做我的評判員。

為了避免造成你的麻煩，我已經在信後附上幾個簡短的問題，如蒙賜答，或加上你想加上的任何評語，我將感激不盡。隨信附有貼好郵票的信封，敬希不吝示下。

當然，我絕對不敢勉強你來做這件事，可是對我來說，這本目錄是否應當停印，或是根據你的經驗、建議做一修訂後重印，均將以你的回覆為準。無論如何，我都十分感激你的合作，再次致以謝意。

您真誠的朋友，

業務部經理肯．戴克

這裡需要提醒一句：根據我以往的經驗，有的人看過這信後，會機械地照搬同樣的心理學方法。然而，他們用以鼓起對方自尊心的方法，並非出於真誠的欣賞，而是運用諂媚或虛偽的手段。這樣的做法是絕不會產生效果的。

請記住：我們每一個人都希望得到他人的欣賞和重視，甚至到了會不顧一切，什麼事都願意做的地步。但是，沒有人會想要不誠懇的、虛偽的諂媚。

請允許我再重複一遍：這本書中所提倡的各項原則，應用之時必須發自內心才會收到效果。我絕不是在教人們奸詐的騙術。我在這裡所講的一切，都只是一種全新的生活方式。

PART 6

使你的家庭更幸福的7種方法

Seven Rules for

Making Your

Home Life Happier

1
不要自掘婚姻的墳墓

地獄中的魔鬼所發明種種毀滅愛情的惡毒手段中，
嘮叨是最可怕的一種，
就像眼鏡毒蛇一樣，一旦被咬就絕無生望。

75年前，拿破崙·波拿巴的侄兒，法國皇帝拿破崙三世，和當時世界上最美麗的女人——瑪麗·尤琴女伯爵墜入了情網，很快地，他們就結婚了。雖然他的那些大臣們紛紛指出，尤琴女伯爵不過是西班牙一個並不顯赫的伯爵之女，可是拿破崙三世卻回答說：「這又有什麼關係呢？」的確，她的優雅、她的青春、她的魅力、她的美貌，都讓法國皇帝感到無上的幸福。拿破崙三世甚至表示，就算全國人都反對，他也會堅持到底。在一次激烈的爭論中他公然宣佈說：「我已經選擇了一位我所敬愛的女人做我的妻子，我不會娶一個我素不相識的人。」

拿破崙三世與他的新婚夫人擁有著健康、權力、聲望、美貌、愛情——這一切都是如此的完美和浪漫，婚姻的聖火從來沒有像他們這對一樣明亮和熾熱。

可是，沒過多久，這股熾烈、明亮的聖火就開始搖曳不定，漸漸冷卻下來，最後只剩下一堆塵灰。拿破崙三世可以使尤琴女伯爵成為法國皇后，可是即使他傾盡法國的全部財富、獻上他全身心的愛情、祭出他不容侵犯的國王權威，也無法制止她的無理取鬧和喋喋不休。尤琴終日飽受嫉妒疑懼的困擾和折磨，惶惶不安，這使她無視皇帝的命令，甚至不能容忍拿破崙三世有任何隱私。她會在皇帝正在處理國家大事時突然闖進他的辦公室，她會打斷正在討論中的重要會議。總之，她絕不允許拿破崙三世不在自己的視線之內，總是怕皇帝會和其他女人混在一起。

尤琴皇后還經常會去找她的姐姐，向她喋喋不休地訴苦、哭泣、說威脅的話，不斷地抱怨自己的丈夫。她會強行闖進他的書房，暴跳如雷，惡言謾罵。拿破崙三世雖然貴為一國皇帝，擁有無數富麗的宮室，卻找不到一間小屋作為安身之地。

尤琴不停的吵鬧最終獲得的結果是什麼？下面就是答案。我現在就引用萊茵哈特的名著「拿破崙與尤琴——一幕帝國的悲喜劇」一書中的話來表述：「從那以後，拿破崙三世時常在晚間、在一個親信的陪伴之下從皇宮的一扇小門潛出，用軟帽遮住眼睛，真的去與一位正在等待他的美麗女人幽會。或者他會在巴黎城內漫遊，觀賞神仙故事中國王也看不到的街道夜間美景，盡情呼吸自由的空氣。」

這就是尤琴嘮叨的後果。的確，她高居法國皇后的寶座，她有傾國傾城的美貌，可是不管有多麼美麗和尊貴，都不能在喋喋不休的嘮叨抱怨中維持愛情。尤琴曾失聲痛哭說：「我最害怕的事情終於降臨到我身上了。」降臨到她身上？其實一切都是她咎由自取，自己找來的。這個可憐的女人，不幸的境遇完全源於她的嫉妒，還有喋喋不休的嘮叨。地獄中的魔鬼所發明種種毀滅愛情的惡毒手段中，嘮叨是最可怕的一種，就像眼鏡毒蛇一樣，一旦被咬就絕無生望。

俄國大文豪托爾斯泰的妻子同樣領悟了這個道理，可惜為時已晚。在她臨死之前對女兒們懺悔說：「你們父親之所以會去世，都是我的過錯。」她的女兒們沒有回答，全都失聲痛哭起來。她們明白母親說的都是實在話，她們都知道母親是用不斷的抱怨、長久的批評、永無止境的嘮叨，最終讓她的丈夫走上死亡之路的。然而，無論從哪方面來說，托爾斯泰伯爵和他的妻子都應當是非常幸福美滿的一對。他們處在優越的環境裡，托爾斯泰伯爵是世界上最著名的小說家之一，那兩部巨著「戰爭與和平」和「安娜・卡列尼娜」，將永遠在世界文壇上閃耀光輝。

托爾斯泰是如此著名，備受人們愛戴，以致於他的崇拜者們甚至終日追隨在他身邊，將他所說的每一句話都忠誠地記錄下來。即使他只說了一句：「我想我該去睡覺了！」這樣平淡無奇的日常閒話，也會被逐字記錄在案。現在的俄國政府正準備著手將他說過的所有字句都刊印成書，合起來共有100卷。

除了顯赫的名聲外，托爾斯泰和他的妻子還擁有財產、社會地位和可愛的孩子們。普天之下再也沒有像他們這樣美滿的姻緣了。他們的結合實在是太幸福、太熱烈了，以致於他們跪在地上向萬能的上帝禱告，希望這樣的快樂能夠一直持續下去。可是後來，不幸的怪事發生了，托爾斯泰漸漸地改變了，完全成了另外一個人。他對自己以往所寫的鴻篇巨著感到羞愧，並把剩餘的生命用來寫作小冊子，宣傳熱愛和平、消弭戰爭和解除貧困。

他曾經深深地懺悔自己在年輕時候所犯下的各種過錯和罪惡——甚至包括謀殺，而希望真正去遵從耶穌基督的教導。他捐出所有的田地和財產，過著貧苦的生活。他親自去田間工作，砍樹、堆草，自己動手做鞋子，打掃房間，用木碗盛飯，並儘量嘗試著去愛他的仇敵。

托爾斯泰的一生是一幕悲劇，而這悲劇的根源正是他的婚姻。他的妻子生活奢侈、愛慕虛榮，可是他卻對此不屑一顧。妻子渴望顯赫的名譽、來自社會源源不斷的讚美。可是，對托爾斯泰來說這些東西毫無意義。妻子追求金錢和財產，而托爾斯泰卻認為財富和私產都是一種罪惡。多年以來，妻子不斷地吵鬧、謾罵、哭叫，因為托爾斯泰堅持放棄他所有作品的版權，不收任何一分稿費或版稅，可是他的妻子卻希望從那些作品中賺取財富。當托爾斯泰反對她的意見時，她就會像瘋了一樣地哭鬧，歇斯底里地在地板上打滾，她曾經手拿著一瓶鴉片煙膏威脅說要自殺，還曾恫嚇丈夫說要去跳井。

在他們的生活中，有一件我認為是歷史上最為悲慘的一幕。我先前曾經提到過，他們的婚姻一開始是非常美滿的，可是經過48年後，托爾斯泰已經無法忍受再看到自己妻子一眼。在某天晚上，這個年老色衰的女人渴望著愛情，她跪在丈夫的膝前央求他朗誦50年前他為她所寫的日記，這份日記中滿含著丈夫對她的濃情蜜意。當他讀到那些一去不復返的甜蜜時光時，兩人都傷感地痛哭起來。生活的現實與他們許久以前所擁有的浪漫回憶，是多麼的不同啊！

最後，當托爾斯泰82歲的時候，再也無法忍受家庭帶給他的折磨和痛苦，在1910年10月一個大雪紛飛的夜晚，一個人逃出家門，逃離了他的妻子，投進了寒冷的黑夜，不知去向。

11天後，托爾斯泰因患上肺炎在一個小車站裡去世了，而他臨死前的請求竟然是不讓妻子趕到他的身邊。這就是托爾斯泰夫人一直以來抱怨、吵鬧和歇斯底里所付出的代價。

也許讀者會認為她的某些嘮叨也是情有可原的。是的，我們可以認可這樣的說法，可是這並非我們所討論的要點。關鍵的問題在於，她那種喋喋不休的吵鬧，是否給了她某些幫助？還是把事情弄得更糟了呢？「我想我真是精神失常了！」

這是托爾斯泰夫人醒悟後做出的感慨，可惜已經太晚了。

林肯總統一生中最大的悲劇，同樣是他的婚姻。

請注意，不是他的被刺，而是他的婚姻。當布斯向他開槍時，他甚至沒有感覺到自己受了傷，原因是他實際上每天都生活在痛苦中。他做律師時的合夥人哈頓形容林肯總統婚後23年來所過的日子時曾說：「他一直『處在由於婚姻不幸所造成的痛苦之中』。「婚姻不幸」這個詞還不足以形容，在那幾乎長達1/4世紀的時間裡，林肯夫人始終不停地喋喋不休，使林肯的一生難以安寧。

她總是抱怨、批評自己的丈夫，認為林肯所做的一切，沒有一件事是對的。

她抱怨林肯走路沒有活力，動作一點也不斯文，舉手投足簡直呆板得像印第安人。她甚至學丈夫走路的樣子來嘲笑他，教育他走路要讓腳尖先著地，就像她從萊星頓市孟德爾夫人的寄宿學校裡學到的那樣。

她嫌林肯那長得和頭成直角的大耳朵難看，還說丈夫的鼻子不夠挺直，嘴唇前突，手腳太大，偏偏腦袋又太小，比例失調，外表看上去就像個癆病鬼。

亞伯拉罕・林肯和他的妻子瑪麗・陶德・林肯，在每一個方面都完全相反：不管是教養、出身、性情、品味，還是智慧和外貌，他們都水火不容，彼此厭恨和敵視。

當代最著名研究林肯的權威——已故參議員阿爾伯特・貝芙麗奇曾經這樣寫道：「林肯夫人那尖銳刺耳的聲音，隔著一條街都能聽得清清楚楚。她不斷怒吼，凡住在附近的鄰居都聽得見那憤怒的責罵聲。她憤怒的表達方式並不限於言語，她發洩的方式簡直數不勝數。」

有這樣一個例子：當時林肯夫婦才結婚不久，和歐莉夫人一起居住——她是春田鎮上一位醫生的遺孀，因生活所迫，不得不出租房屋來貼補家用。

有一天早晨，林肯夫婦正在吃早餐，不知林肯做錯了什麼事，他妻子突然暴跳如雷，林肯夫人在盛怒之下端起桌上的一杯熱咖啡，朝丈夫的臉上就潑了過去，她這樣做的時候還有許多住客在場。林肯一言不發，只是忍著氣坐在那裡。還是歐莉夫人走過去，用一塊毛巾替林肯把臉上和衣衫上的咖啡擦淨。

林肯夫人的嫉妒是如此愚蠢和兇暴，幾乎達到了讓人難以置信的程度。只要讀幾段她在公共場合所做的那些丟人事，即使在75年後的今天，仍會令人吃驚不已。她最後終於精神失常——如果我們為此厚道地說一句，她的脾氣只是受到了最初精神錯亂的影響。

所有的那些嘮叨、責罵和喋喋不休，是不是把林肯改變了呢？從某些方面來說，是的。這些確實改變了林肯對妻子的態度，使他對這樁不幸的婚姻後悔不已，讓他想盡辦法避免與她見面。

春田鎮一共有11位律師，他們不可能都擠在同一個地方糊口謀生。因此他們經常騎著馬，隨著當時擔任法官的大衛．大衛斯先生一起去外地一個縣一個縣地開庭審案——只有這樣，他們才有機會在第八司法區中攬到業務。

其他的律師都希望能在星期六返回春田鎮與家人共度週末。可是林肯卻不想回去，他害怕回家。每年的春季3個月和秋季3個月，他都會隨著巡迴法庭去各地辦案，寧願留在他鄉也不想走近春田。他年復一年地這樣生活，寧願投宿在條件惡劣的鄉村旅店中，也不願回家去面對脾氣暴躁、喋喋不休的妻子。

這就是林肯夫人、尤琴皇后和托爾斯泰夫人嘮嘮叨叨所導致的結果。她們為自己人生所帶來的，除了一幕悲劇，什麼也沒有。她們把自己珍愛的一切，以及曾經甜美的愛情，全都這樣毀滅了。

貝絲・海姆伯格曾經在紐約的一家民事法庭中工作了11年，批閱過數以千計的離婚案件。她得出的一個結論是：男人之所以會離棄家庭，一個主要原因就在於他們的妻子又吵又鬧，喋喋不休。「波士頓郵報」也曾登出過這樣的話：「許多妻子正在不斷地挖掘她們婚姻的墳墓。」

因此，要想保持你的家庭美滿、幸福

原則一

切莫喋喋不休。

2
愛他，就給他自由

我們與人交往應當學習的第一件事，
就是不要去干涉他人原本尋求快樂的特殊方法，
如果這種方法沒有對我們造成巨大妨礙的話。
——亨利・詹姆斯

英國的大政治家迪斯雷利說：「我一生或許會做出不少愚行，可是我絕不打算為了愛情而結婚。」是的，他的確沒有為愛情結婚。他在35歲前一直單身，後來，他向一個有錢的寡婦求婚，對方比他的年紀大15歲，已經度過50個寒暑，頭髮也花白了。這是愛情嗎？不，當然不是。她也清楚地知道迪斯雷利並不愛她，只是為了金錢才娶她，所以那位老寡婦只要求了一件事，她請他再等一年，以便給她一個機會觀察迪斯雷利的人品。一年終了，他們結婚了。

這些話聽起來特別俗氣，枯燥乏味，就像做了一次買賣，是不是？然而，讓人難以置信的是，在眾多破碎的婚姻之中，迪斯雷利與這位年老寡婦的結合，卻成為了被人稱頌的最美滿婚姻的光輝典範。

迪斯雷利所選的這位有錢寡婦，既不年輕，也不漂亮，更不聰明，甚至全都差得很遠。她對文學歷史一竅不通，在談話中錯誤百出，往往成為被譏笑的對象。例如，「她永遠也弄不清楚，究竟是先有希臘，還是先有羅馬。」她在衣飾裝扮的品味很古怪，對屋子的裝潢陳設也偏離常規。可是，在處理婚姻生活中最重要的事情——如何對待男人方面，她卻是一位天才，一位真正的、偉大的天才。

她從不試圖在智慧上與迪斯雷利一較高低。當迪斯雷利跟那些機智敏銳的貴夫人們周旋了一個下午，精疲力竭地回到家裡時，妻子瑪麗·安妮的陪伴能夠使他立刻放鬆下來。在這個家庭裡愉快的氣氛不斷累積，成為迪斯雷利心靈休憩的地方。和這個年長的妻子在一起，享受她帶給他的寵愛和溫暖，成為迪斯雷利一生中最美好的時光。她是他的賢內助、他的親信、他的顧問。每天晚上，迪斯雷利從眾議院匆匆忙忙地趕回家中，把自己白天所看到、聽到的新聞告訴妻子。而且最重要的是，只要他努力去做的事，她都堅信他絕對不會失敗。

瑪麗·安妮婚後的30年，都在為迪斯雷利而活，而且只為他一個人。甚至於認為，她的財產之所以有價值的原因，也是為了能使丈夫的生活更安逸一些。她得到的回報是：她成了丈夫心中的女神。迪斯雷利是在她去世之後才受封為伯爵的。可是當他自己還是一介平民時，就陳請維多利亞女皇封授瑪麗·安妮為貴族。所以在1868年，瑪利·安妮被封立為比肯菲爾德女子爵。

無論瑪麗在眾人面前表現得有多麼愚蠢、笨拙，迪斯雷利從不批評她，他從未對她說過一句責備的話。如果有人嘲笑瑪麗，迪斯雷利就會立即站出來，強烈而忠誠地為她辯護。瑪麗·安妮並不是個完美的女人，可是在她婚後的30年歲月中，她一直不知疲倦地談論她的丈夫，始終熱情地讚美他、欽佩他。這樣做的結果呢？迪斯雷利說：「我們結婚30年來，我從來沒厭倦過她。」（雖然有些人會因為瑪麗·安妮不知道歷史，就認為她一定非常愚蠢。）

就迪斯雷利而言，他經常毫不隱諱地坦承瑪麗·安妮是他一生中最重要的人。這樣做的回報是，瑪麗·安妮經常對她的朋友們說：「我很感謝他的善舉，使我的一生成為了永不謝幕的幸福喜劇。」這對夫婦之間經常會開一個小玩笑。迪斯雷利會說：「妳知道的，我當初和妳結婚僅僅是為了妳的錢。」瑪麗・安妮會笑著回答：「沒錯，可是如果你有機會重新開始的話，一定會為了愛我而和我結婚的，對不對？」迪斯雷利也承認她是對的。的確，瑪麗・安妮並非十全十美。可是迪斯雷利有足夠的智慧，使她保持原有的本色。

正如亨利・詹姆斯曾經說過的那樣：「我們與人交往應當學習的第一件事，就是不要去干涉他人原本尋求快樂的特殊方法，如果這種方法沒有對我們造成巨大妨礙的話。」

這些話非常重要，值得我們再重述一遍：「我們與人交往應當學習的第一件事，就是不要去干涉他人原本尋求快樂的特殊方法，如果這種方法沒有對我們造成巨大妨礙的話。」

或者用禮蘭・福斯特・伍德在他所著的「在家庭中共同成長」一書中的話來說：「婚姻的成功，絕不僅僅是尋找一個適當的人，還包括你該如何成為一個適當的人。」

因此，要想保持你的家庭美滿、幸福：

原則二

不要嘗試改造你的伴侶。

3
不要做無謂的批評

為什麼如此之多甜蜜浪漫的美夢，
會在結婚以後全部破滅呢?其中一個重要原因，
就是那些無用的、令人心碎的批評。

迪斯雷利在政治生涯中最強而有力的勁敵是格萊斯頓。他們兩個人所遇每一件可爭辯的國家大事，都會令其產生衝突。然而，有一件事他們卻是完全相同的，那就是兩人婚姻生活都非常快樂。

威廉·格萊斯頓和凱薩琳·格萊斯頓夫婦共同渡過了59年美滿的生活，在近60年的時間裡他們一直相親相愛。我們可以想像格萊斯頓這位英國歷史上最尊貴的首相，握著他妻子的手在爐邊地毯上跳舞、唱歌的那幕情景：

丈夫衣衫襤褸，妻子服飾亦陋；
人生總有沉浮，應當同甘共苦。

格萊斯頓在公共場合是一位令人敬畏的人物，可是在家裡，他從來不曾批評過任何人。

每當他早晨下樓吃飯，看到家裡還有人在睡懶覺沒起床時，他會運用一種溫柔的方法表達自己的責備。他會提高嗓子唱一首歌，讓整棟房子充滿他的歌聲，以此來告訴還沒有起床的家人，全英國最忙的人正獨自一人在樓下等著他們一起用早餐。格萊斯頓隨時保持著他外交官的風度，他體貼別人，並竭力自我克制，避免批評家庭中的人和事。

俄國女皇凱薩琳也經常這樣做。她統治著世界上面積最為遼闊的帝國之一，掌握著千萬民眾生殺予奪的大權。她在政治上可稱為一個殘忍的暴君，接連發動無意義的戰爭，一句話就判處她的敵人死刑。可是，如果她的廚師將肉烤焦了，她卻一句話也不會說，只是微笑著吃下去。她這種寬容的態度，是值得大多數美國丈夫們效仿的。

多羅西・迪克斯是美國研究不幸婚姻的權威。她提出這樣的見解：在所有的婚姻中，有50%以上是失敗的；那麼為什麼如此之多甜蜜浪漫的美夢，會在結婚以後全部破滅呢？其中一個重要原因，就是那些無用的、令人心碎的批評。

因此，如果你想讓自己的家庭生活幸福快樂，請記住：

原則三

不要批評。

4
使每個人都快樂的方法

如果一個妻子想要從丈夫身上獲得歡愉，
那她一定要從他的欣賞和熱愛中尋找。
如果這些欣賞和熱愛是眞誠的，
那麼丈夫也會從中得到快樂和幸福。

洛杉磯家庭關係研究會的會長保羅・鮑比諾曾這樣表示：「大多數男士在挑選太太時，並不是去尋找一個精明幹練的女子，而是找一個長得漂亮、能滿足他虛榮心，並可以使他們感覺超人一等的女人。所以就會發生這樣的事情：當一位任經理的未婚女性被某男士邀請共同進餐時，這位女經理很可能會在餐桌上自然地搬出她在高等學府學到的『現代哲學主要思潮』作為話題，甚至在結束後堅持付自己的餐費。結果，她以後都又單獨一個人用餐了。」

「反過來講，一個從沒上過大學的女打字員，被一位男士邀請共進午餐時，她會用熱情的目光注視著男伴，帶著仰慕的神情說：『真的，我太喜歡聽了，請你再說些自己的事情吧。』結果，這位男士會對別人說：『她雖然並不特別漂亮，可是我以前從未遇到過比她更會說話的人。』」

男士們應該用心思讚賞女性在追求美麗方面所做的努力。例如，她們的面部修飾或是美麗可愛的服裝。可是男士們卻經常忘記——雖然他們原本也知道——女人是多麼的重視衣著打扮。如果有一對男女共同在街上遇到了另外一對男女，那個女人很少會注意到對面過來的男子，而總是習慣性地關注對面的另一個女人是如何打扮的。

幾年前，我的祖母在她98歲高齡去世了。她離世前不久，我們曾經拿了一張30多年前拍下的她的照片給她看。儘管祖母的眼睛已經昏花看不清楚照片，但她提出的唯一問題是：「當時我穿著什麼樣的衣服？」我們不妨試想一下，一位已近風燭殘年、臥床不起的老太太，一個世紀的時光幾乎耗盡了她全部的精力，她記憶力衰退的程度甚至已使她無法認出自己的女兒，可是她依然希望得知，在那張30多年前的舊照片上，自己穿的衣服是什麼樣子。老祖母提出那個問題時，我就陪在她的床邊，這件事為我留下了難以磨滅的印象。

正在讀這段文字的男士們，或許已經想不起自己五年前所穿外衣和襯衫的款式了，而且也根本沒有去記它的心思。可是對女人來講，事情就不大相同了——而我們美國的男士們應當認識到這一點。法國上流社會的男人們就懂得對女人的衣服帽子表示讚賞，而且在一天晚上就會反覆讚美許多次，5000萬法國人都這樣做，絕對不會有錯！在我的剪報中曾節錄下這樣一篇故事，儘管我知道實際上它並沒有發生過，但其中卻蘊含著一種真理，因此我要在這裡把故事轉述一遍。

這個故事愚蠢可笑，講的是一個農家婦女，經過一整天艱苦的工作之後，在等著吃飯的幾個男人面前放了一大堆乾草。那些男人非常生氣，質問她是不是發瘋了？那位婦女回答說：「哦！我怎麼知道你們其實在意這些？我已經替你們這些男人做了20多年的飯，那麼久的時間裡我可從沒聽到一句話，讓我知道你們吃的原來不是草。」

在俄國沙皇時代，莫斯科和聖彼德堡那些養尊處優的貴族們，在這些方面都十分注重禮貌。當時上流社會有一種習慣，當他們享受過一桌可口的佳餚後，一定要請主人把廚師叫到餐廳裡，當面讚美他們。

為什麼不用同樣的方法來對待你的妻子呢？下次當她把炸雞做得非常美味可口時，你不妨告訴她，這盤菜燒得非常好，讓你吃得十分滿足。讓她知道你懂得欣賞她的手藝，並不是在吃草。或者，就像德克薩斯．吉恩常說的那樣，「好好捧一捧這個小女人」。

當你想要這樣做時，不妨讓你妻子知道她在你的快樂中佔有多麼重要的地位。迪斯雷利是英國一位非常偉大的政治家，但是就像我們前文所寫的那樣，他會對世人毫不羞愧地坦承：「我非常感激我的妻子。」

有一天，當我翻看一本雜誌時，無意中看到一段採訪好萊塢著名電影明星埃迪．康特的文字，上面是這樣寫的：

「我妻子對我幫助很多，比世界上任何人都多。當我還是個小孩子的時候，她就是我青梅竹馬的好夥伴，引領、鼓勵我勇往直前。我們結婚後，她把能省下來的每一美元都積累起來，拿去投資再投資，為我賺取了一大筆財產。現在我們有5個活潑可愛的孩子，她永遠會為我佈置一個溫暖甜蜜的家。如果我曾取得過任何的成就，那都完全歸功於我的妻子。」

在好萊塢，婚姻等於一種冒險，甚至倫敦的路易保險公司也不願意承保。在少數幾對著名的美滿婚姻中，巴克斯特夫婦正是其中的典範。巴克斯特夫人婚前的名字是維尼弗雷德．布瀨遜，她放棄了如日中天的舞臺表演生涯步入婚姻的殿堂。可是她的犧牲並沒有損害到他們幸福的生活。她的丈夫華納．巴克斯特曾經說：「她雖然失去了舞臺上無數的掌聲和讚美，但是我已經盡了最大努力，隨時隨地在她身旁，讓她可以不斷聽到我對她由衷的讚美。如果一個妻子想要從丈夫身上獲得歡愉，那她一定要從他的欣賞和熱愛中尋找。如果這些欣賞和熱愛是真誠的，那麼丈夫也會從中得到快樂和幸福。」

事情就是這樣的。所以，如果你希望保持你的家庭生活美滿、幸福，需要牢記：

原則四

給予真誠的讚賞。

5
對女人最有意義的事

這才是婚姻穩定持久的原因所在——一連串的細節。
機會只有一次，所以，凡我所能做的任何善事，
或是我能向任何人表達的一點善心，讓我現在就去做吧！
不要遲延，不要忽視，因爲——機不可失，失不再來。

自古以來，鮮花就被認為是代表愛情的語言。其實買花不需要花多少錢，尤其是在花季的時候，街頭巷尾都可以看到賣花的人。可是，一般來說，很少有哪個做丈夫的會時常帶一束水仙花回家給妻子。你或許以為水仙花都像蘭花一樣昂貴，或是像阿爾卑斯山陡峭懸崖上的火絨花一樣稀有。

為什麼一定要等妻子生病住進醫院，才捧著一束鮮花去看望？為什麼不在明天晚上下班回家時就為她帶回幾朵玫瑰花呢？如果你願意，不妨試一試，看看會產生怎樣的效果。

喬治．柯恩是百老匯裡最忙的一位，但他卻堅持每天向母親打兩通電話，直到她老人家離開人世。你是不是覺得柯恩每次打電話給母親，都會有什麼重要新聞要告訴她？不，不是的。這種小事的意義在於，時常對你所敬愛的人表示你想念著她，希望她過得幸福快樂；而她的幸福和快樂對你來說格外寶貴，你也會與她有同樣的感受。

女人對自己的生日或是什麼紀念日都會非常重視，而其中的原因至今仍是一個有關女人心理的未解之謎。通常情況下，男人們即使把

所有特殊的日子都忘得乾乾淨淨，也能將就著過上一輩子，可是有幾個日子卻是不應當忘記的，1492年，1776年，妻子的生日，他和妻子的結婚紀念日。如果實在無法將全部記住，那麼你可以不記前面兩個時間，但一定要記住後面兩個！

芝加哥大法官約瑟夫・賽巴斯曾經審理過40000件離婚案，並且透過調解使2000對夫婦重歸於好。他這樣說：「大多數婚姻不能快樂美滿，其根源都只是一些微不足道的小事。拿一件簡單的事情為例，如果妻子能夠每天早晨對即將離家上班的丈夫揮揮手說聲『再見！』就可以使許多家庭免於離婚的不幸結局。」

羅伯特・白朗寧與他的妻子伊莉莎白・巴瑞特・白朗寧的婚姻，堪稱是史上最值得歌頌的一對了。他們永遠留心著從細微之處所傳達的愛意，夫妻彼此間的體諒使他們的愛情得以永恆。白朗寧對他患病的妻子體貼得無微不至。他妻子有一次在給她妹妹的信中寫道：「現在我開始很自然地去想，自己或許真的是一位天使。」

很多男士總是對夫妻間每天發生的瑣碎小事不夠細心和注意，正如蓋羅・麥道斯在「圖書評論」一文中所說的那樣：「美國的家庭的確需要一些新的東西。比如，許多女人喜歡在床上吃早餐，這是她們對自己的一種放縱。對女人來說，在床上吃早餐就像私人俱樂部之於男人一樣重要。」

這才是婚姻穩定持久的原因所在——一連串的細節。忽視這些細節的夫妻，他們的婚姻肯定會出現不幸。艾德娜・聖文森特・米萊在她的一首短詩中說得非常好：

> 「並非是失去的愛破壞了我的美好時光，而是生活中的瑣事導致愛情的消亡。」

這首詩太好了，絕對值得我們牢牢記住。雷諾是美國處理離婚案件最為方便快捷的地方。法院每星期工作6天，辦理的離婚案件數量是結婚登記的1/10。

你以為在這些破碎的婚姻中，有多少是真正由於悲劇而導致分離的呢？我敢保證，只是極少數。如果你有這個時間從早到晚坐在雷諾法院裡，聽那些怨偶們敘述離婚的理由，你就會知道，愛情正是由於那些細微的小事而被逐漸消磨殆盡的。

現在把下面這幾句話剪下來貼在你的帽子裡或是鏡子上，讓你每天早晨刮鬍子時都能看到：

「機會只有一次，所以，凡我所能做的任何善事，或是我能向任何人表達的一點善心，讓我現在就去做吧！不要遲延，不要忽視，因為——機不可失，失不再來。」

所以，如果你希望保持你的家庭美滿、幸福，需要記住：

原則五

多注意瑣碎細微的小事情。

6
如果你想快樂，請不要忽略了這些

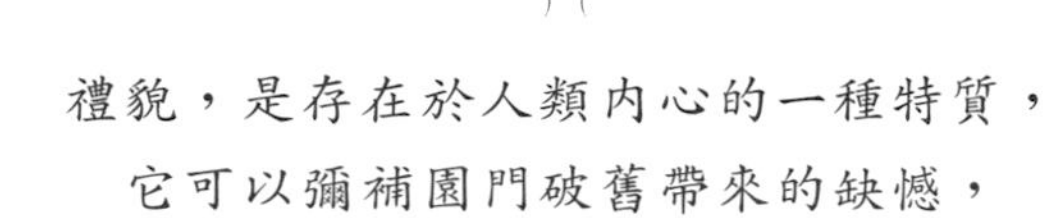

禮貌，是存在於人類內心的一種特質，
它可以彌補園門破舊帶來的缺憾，
而使人專注於園內美麗的鮮花。
——亨利．克雷．雷森納

沃爾特．丹魯什和詹姆斯．布萊恩的女兒結了婚（布萊恩是美國最偉大的演說家之一，曾經被題名為總統候選人）。

自從幾年前他們兩人在蘇格蘭的安德魯．卡內基家中相識以後，就一直過著幸福快樂的生活。這對美滿夫妻相處的秘訣是什麼呢？

丹魯什夫人這樣解釋：「我們選擇自己的伴侶時必須格外審慎小心。除此之外，婚後注意彼此的禮貌是非常重要的。年輕的妻子們不妨用對待客人的方式，溫婉有禮地與丈夫相處。不管什麼樣的丈夫都會害怕自己妻子是個罵街的潑婦。」

無禮和粗暴都會摧毀愛情的果實。我相信誰都知道這一點，但我們對待客人卻總是比對待自己的親人還要有禮貌得多。例如，我們絕不會插嘴對著一位客人說：「老天！你又在說這些陳腔濫調了！」我們絕對不會在未經他人許可的情況下拆閱對方的私人信件。當然，我們也不會去窺探別人的隱私和秘密。但是，我們對與自己最接近、最親密的家人，只要發現他們一絲的過錯，就會公然斥責，甚至讓他們覺得屈辱。

請允許我再引用迪克斯的一句話：「有一件令人驚訝同時卻又千真萬確的事，那就是只有我們自己的家人，才會對我們說出刻薄、侮辱或是傷感情的話。」

亨利．克雷．雷森納說過：「禮貌，是存在於人類內心的一種特質，它可以彌補園門破舊帶來的缺憾，而使人專注於園內美麗的鮮花。」我們婚後的生活離不開禮貌，就像汽車離不開汽油一樣。

奧利弗．溫德爾．霍爾姆斯雖然因「早餐桌上的獨裁者」一書而受到廣大讀者的喜愛，但事實上他對家人卻是體貼諒解、無微不至的。即使他心裡有什麼不愉快的事，也總是儘量把自己的憂煩掩藏，從不在臉上表現出來讓家人知道。

霍爾姆斯可以做到這一點。可是我們大多數人又是怎麼做的呢？很多人白天在辦公室做錯了一件事，或是搞砸了一筆生意買賣，被老闆、經理批評了幾句，累得頭昏腦脹，再不就是錯過了5點50分的火車，就巴不得趕回家，把一天工作所受的那股「窩囊氣」全都發洩到家人身上。

在荷蘭有一種風俗，人們在進屋之前，要把鞋子脫在門外。我們應當向荷蘭人學習這種方法，在回家進門以前，把一天工作中所遇到煩惱和不如意，通通留在外面，輕鬆愉快地跨進家門。

威廉．詹姆斯曾經寫過一篇題為「人類的某種盲目」的文章，值得我們跑一趟附近的圖書館借來閱讀。他在文中這樣寫道：「這篇文章所要討論人類的盲目和愚蠢就是，每當我們遇到跟自己感受不同的動物或人時，都會感到深切的困擾和痛苦。」

「這種盲目的愚蠢使我們每個人都深受其苦。」許多男士們從來不會跟顧客或是同事們大聲說話，卻會毫無顧慮地向他們的妻子發脾氣。然而，如果為了個人幸福著想，這些人應該知道，婚姻遠比他們的事業更為重要，更加不可缺少。

對於大多數人來說，獲得美滿的婚姻要遠比做一個孤獨幽居的天才要幸福快樂得多。俄國的傑出小說家屠格涅夫廣受文明世界的敬仰，可是他卻說過這樣的話：「只要在某個地方，有一個女人關心著我是不是可以早點回家吃晚飯，我寧願放棄我所有的天賦和一切作品。」

那麼，我們獲得幸福婚姻的機會究竟有多少呢？正如前文所提到的，多羅西・迪克斯女士曾經表示，一半以上的婚姻都是失敗的，可是保羅・鮑比諾博士的意見卻非如此。他說：「一個男人在婚姻上成功的機會，遠比他在事業上的成功機會來得多。在所有的雜貨商人中，有70%以上都是失敗的，可是步入婚姻殿堂的男女中，有70%是成功的。」

關於婚姻的問題，多羅西・迪克斯女士是這樣總結的，她說：「與婚姻相比，出生只不過是人生中短暫的一幕，甚至死亡也只是小事一樁。」

「女人始終無法理解，為什麼男人不能把家庭也看作一項事業，就像他們追求事業上的成功一樣去精心構築一個甜蜜美滿的家庭。」

「但是，雖然對於一個男人來說，娶到一個適合自己的妻子與擁有一個和諧美滿的家庭比賺上100萬美元還要重要，但100個男人中卻沒有任何一個，能認真地思考和真誠地努力，以期他們的婚姻可以走向成功。他們把這一生中最重要的事情交給了命運，成功或是失敗都只能聽天由命。女人們永遠無法理解，為什麼那些男人不能在她們的身上也運用一點外交手腕？當然，溫和的態度本身就可以平息許多衝突了。」

「每個男人都清楚，只要能讓他的妻子高興，那麼就可以不求回報、不講條件地差遣她去做任何一件事。他也知道，如果能稱讚自己的妻子兩句，誇獎她多麼能幹，把家裡收拾得井井有條而且幫了他的大忙，她甚至願意為丈夫花出最後一分錢。每個男人都知道，如果他讚美自己的妻子幾句，說她穿上去年做的那套衣服是如何的美麗，她就會取消今年再訂製一套巴黎新款時裝的計畫了。同樣他們也知道，他們可以用親吻使妻子的眼睛閉起來，直到她像蝙蝠那樣看不到東西。只要能在她的唇上留下熱情的一吻，就能讓她啞如牡蠣。」

「而每一個做妻子的，也同樣知道自己的丈夫早就明白了這一切，因為她已經為他預備好了一張完整的圖表，讓他按照上面寫的去做。可是，對於自己的丈夫她卻不知道是應該熱愛他還是應該討厭他。因為她的丈夫寧可跟她爭吵，吃難以下嚥的飯菜，然後再花些錢為她買些新衣、新車、珠寶之類的，卻不願意讚美她幾句，就是不想按她所渴望的方式來滿足她。」

因此，如果你想保持家庭的美滿快樂，必須記住的：

原則六

要有禮貌。

7
不要做一個「婚姻的文盲」

幸福的結合極少是完全聽憑機會的，
它們都要依靠人爲的營造，
而且必須是細心謹愼的選擇和計畫，
就好像建房子的建築師所做的那樣。
——布特費爾

凱薩琳·貝蒙特·大衛斯博士是社會衛生機構的總幹事，曾勸導過1000位已婚女士，請她們坦誠地回答一些關於她們個人的問題。大衛斯博士所獲得的結果令人驚詫——普遍地說，美國成年人的性生活都不快樂。當大衛斯博士研究這1000位已婚女士的回答之後，鄭重地發表了自己的見解：她指出美國離婚的主要原因之一，就是夫婦雙方的性生活不和諧。

喬治·漢密爾頓博士的調查結果同樣證明了這一點。他前後共花費4年時間，調查了100個男人和100個女人的婚姻生活。漢密爾頓博士提出了大約400個問題，逐一單獨詢問各個男女，請他們描述自己婚後的性生活。同時，漢密爾頓博士也與這些男女詳細討論他們所遇到的各個問題。他的研究十分細緻徹底，以致於花費了4年的光陰。由於這項工作在社會學上極其重要，因此引起了許多著名慈善家的注意，紛紛解囊資助。如果你想知道那次調查的結果，不妨讀一讀漢密爾頓和麥克高文二人合著的「婚姻的癥結」一書。

那麼，婚姻的癥結究竟是什麼呢？漢密爾頓博士說：「只有那些盲目武斷、極端偏執的精神病理學家們才會認為，婚姻生活中大多數衝突的根源不是性生活的不和諧。而事實上，無論其他的方面怎樣，只要夫妻之間的性生活十分美滿，許多其他因素導致的摩擦就都能迎刃而解了。」

保羅·鮑比諾博士是洛杉磯家庭關係研究所的所長，曾經分析研究過幾千人的婚姻情況，是美國研究家庭生活方面最著名的專家之一。按照鮑比諾博士的意見，婚姻的失敗通常是由於以下4種因素引起的。他按照這樣的順序將4種情況排列如下：

一、性生活不和諧。

二、在如何休閒的意見上存在分歧。

三、經濟困難。

四、心理、生理或情緒上的不穩定和異常現象。

請您注意，以上4點原因是依其重要性而做出排列的，而「性生活不和諧」居於首位，令人感到奇怪的是，「經濟困難」只排在了第三位。

所有研究離婚問題的專家都認為夫妻間性生活的配合是十分重要的。例如，幾年以前辛辛那提市家庭關係法院的一位法官霍夫曼——他見證過幾千個家庭悲劇——宣稱：「在所有的離婚案件中，十之八九是由於性生活發生了問題。」

著名的心理學家約翰·沃特森曾經說過：「性是人們所公認生活中一個最重要的問題，而大多數婚姻的破裂也正是由性生活的矛盾引起的。」

多年以來，我的講習班上也有好幾個醫生曾經在他們的演講中談到這個問題，他們說的話也大體相同。那麼，在20世紀，我們讀了那麼多書，受過那麼多年的教育，卻因為對這種最為自然原始的「性本能」缺乏瞭解而導致原本幸福的婚姻最終破裂，豈不是太可憐了嗎？

奧利佛・布特費爾牧師在衛理會做了18年的傳教工作後，突然放棄了原本的事業，轉而去擔任紐約市家庭指導服務中心的主任，後來他也同許多年輕人一樣結了婚。他曾說過：「早年我還在做牧師的時候，就從經驗中總結出，許許多多來教堂結婚的男女們，雖然有著長久而美好的羅曼史，也想要擁有甜美的婚姻生活，可是對結婚方面的知識卻一無所知，是婚姻的文盲。」婚姻的文盲！

布特費爾又說：「我們把婚姻之中互相調適的大問題，全都交付給命運。在這樣盲目的情況下，我們的離婚率竟然只有16%，這簡直是個奇蹟。其實有許多夫妻的結合並不是真正的結婚，他們只是尚未離婚而已。他們生活在地獄之中。」

布特費爾博士還說：「幸福的結合極少是完全聽憑機會的，它們都要依靠人為的營造，而且必須是細心謹慎的選擇和計畫，就好像建房子的建築師所做的那樣。」

布特費爾博士為了協助這項計畫的進行，多年以來一直堅持著一種做法：凡是前來請他證婚的男女們都必須坦白地與他討論自己未來的計畫。根據這些討論所獲得的資訊，布特費爾得出了一個結論：那些急於成婚的男男女女大多都是「婚姻的文盲」。

「性，」布特費爾博士說，「只是婚後生活中諸多快樂滿足的事項之一。但是，必須先把這層關係調理順當，否則其他什麼事都不用談了。」

可是又該如何理順這層關係呢？請讓我再次引用布特費爾博士的話來解釋：「礙於情面而在感情上保持緘默，必須代之以客觀的討論，以及對待婚姻生活的超然態度。而想要獲得這種能力最有效方法，就是閱讀一部內容豐富、旨趣高尚的好書。除了我所寫的那部

「結婚與性的和諧」一書外，我手邊也常備幾本這方面的書。」

「在所有能找到的這類書中，有3部我認為最值得大眾閱讀參考，它們是伊莎貝爾・沙頓所著的『婚姻中的性技巧』、馬克思・愛克斯納所著的『婚姻中的性生活』，以及赫勒拿・萊特所著的『婚姻中的性因素』。」

因此，如果想要使你的家庭生活更加幸福美滿，需要牢記：

原則七

閱讀一本有關婚姻中性生活的好書。

1933年6月出版的一期「美國雜誌」上刊登了愛麥特・克魯其爾寫的一篇文章，題名是「為什麼婚姻會出現問題」。下面這幾個問題是從那篇文章中摘錄下來的，或許你會覺得這些問題值得一答。如果你對這個問題的答案是肯定的，就可以為自己加上10分。

給丈夫們的問題：

一、你是否還像過去一樣「追求」你的妻子？偶爾會買一束鮮花送給她；記住她的生日和你們的結婚紀念日；或經常給她一些出乎意料的體貼和柔情？

二、你是否會極其小心，從來不在別人面前批評她？

三、除了家庭開支所需的費用之外，你是否會另外給她一些錢，讓她可以隨意使用？

四、你是否會盡力去瞭解她各種女性方面的情緒問題，並且在她極其疲憊，或是情緒不穩、緊張易怒的時候幫助她渡過難關？

五、你能否拿出至少一半的休閒時間與妻子共處？

六、除非透過比較顯出她的長處，此外你是否會注意巧妙地避免將她的烹飪技術或是家務本領，與你的母親或是朋友的妻子作比較？

七、你對妻子的思想，例如她的社交活動、所讀的書籍、她對公共問題的看法等是否同樣會有一定的興趣？

八、你能否讓她與其他男士共舞並接受他們的殷勤照顧，而不會加以嫉妒評論？

九、你是否會機警地尋求機會稱讚你的妻子，並表示你對她的欽佩？

十、她替你做了一些瑣事，比如釘鈕扣、補襪子，以及把你的衣服送去洗衣店，你是否感激她，有沒有向她說過謝謝？

給妻子們的問題：

一、你是否能讓你的丈夫有充分的自由去從事他所喜歡的事業，不去批評他的同事或干涉他選用的女秘書，讓丈夫擁有他自己的時間？

二、你是否會盡力使你的家庭充滿幸福、融洽的氣氛？

三、你是否總會變更家裡的食譜，使你的丈夫坐在餐桌上時，還不能確定將會吃些什麼東西？

四、你對你丈夫的事業是否有足夠的瞭解，使你能夠與他進行有益的探討並提出自己的見解？

五、你是否能夠勇敢、輕鬆地處理家庭所遇到的經濟困難，而不去批評自己丈夫的過錯，或者拿其他更為成功的人來跟他做不利的比較？

六、你是否特別努力地嘗試著使自己和丈夫的母親或其他的親戚和睦相處？

七、在選擇衣服時，是否會考慮丈夫對顏色和款式的喜好？

八、當你和你丈夫的意見相左時，你是否會為了家庭和睦而做出一些容忍讓步？

九、你是否會努力學習丈夫所喜歡的運動或娛樂活動，以便你可以和他共度休閒時光？

十、你是否會留意每天的新聞、新書和新思想，使你在這些方面的興趣與丈夫一致？

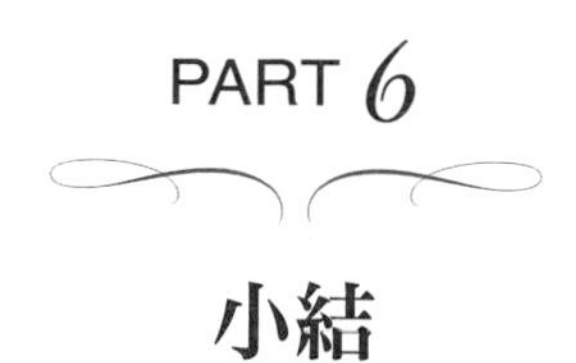

小結

使你的家庭更幸福的7種方法

原則一

切莫喋喋不休。

●

原則二

不要嘗試改造你的伴侶。

●

原則三

不要批評。

●

原則四

給予真誠的讚賞。

●

原則五

平時多注意瑣碎細微的小事情。

●

原則六

要有禮貌。

●

原則七

讀一本有關婚姻中性生活的好書。

Memo

人性的弱點 佳句精選

PART *1*
與人相處的技巧

1．如欲採蜜，勿蹴蜂房

30年前我就已經認識到，責備他人是件愚蠢的事。
我不會去抱怨上帝沒能把天賦和智慧平均分配，
因為光是克服自己的缺陷就已經夠我忙的了。

—約翰．華納梅格．***P.28***

I learned thirty years ago that it is foolish to scold.
I have enough trouble overcoming my own limitations
without fretting over the fact that God has not seen fit to distribute
evenly the gift of intelligence.

— ***John Wanamaker***

我們都渴望被讚揚，同時畏懼被指責。

—漢斯．塞理．***P.29***

As much as we thirst for approval, we dread condemnation.

— ***Hans Selye***

改變自己要比糾正別人獲益更多，
同時可能遭遇的風險也要小得多。

— ***P.36***

That is a lot more profitable than trying to improve others-
yes, and a lot less dangerous.

我從不說任何人的壞話……只說我所知道每個人的一切優點。

—班傑明．富蘭克林．***P.37***

I will speak ill of no man,
…and speak all the good I know of everybody.

— ***Benjamin Franklin***

我們要知道，在世界末日來臨之前，
就連上帝也不打算審判世人。
那麼，你我又為什麼要去指責別人呢？

—詹森博士．***P.41***

God himself, sir, does not propose to judge man
until the end of his days.
Why should you and I?

— ***Dr. Johnson***

2．與人相處最大祕訣

你我所做的每一件事都只出於兩種動機：
性衝動和成為偉人的慾望。
—西格蒙德．佛洛伊德．***P.42***

Everything you and I do springs from two motives:
the sex urge and the desire to be great.
— ***Sigmund Freud***

人類天性中最為迫切強烈的衝動，
是『成為對他人重要的人』。
—約翰．杜威．***P.42***

The deepest urge in human nature
is "the desire to be important."
— ***John Dewey***

人類天性中最深層的本質就是渴望受到別人的讚揚。
—威廉．詹姆斯．***P.43***

The deepest principle in human nature
is the craving to be appreciated.
— ***William James***

別怕攻擊你的敵人，提防諂媚你的朋友。

—奧伯利根將軍．***P.53***

Don't be afraid of enemies who attack you.
Be afraid of the friends who flatter you.

— *General Obregon*

教導我不要奉承他人，也不要接受廉價的讚美。

— ***P.53***

Teach me neither to proffer nor receive cheap praise.

我們在日常生活中最容易忽略的美德就是讚美和欣賞。

— ***P.54***

One of the most neglected virtues of
our daily existence is appreciation.

凡是我遇到的人都必然有某些方面勝過我，
而我就向他學習那些比我強的地方。

—愛默生．***P.55***

Every man I meet is my superior in some way.
In that, I learn of him.

— *Emerson*

3 · 掌握這門技巧就能掌握世界。若不懂這門技巧將會孤獨而終。

如果能夠找到一個成功秘訣的話，
那就是充分把握對方觀點的能力，
我們要同時站在對方和自己的立場上看待問題。

—亨利 · 福特 · ***P.63***

If there is any one secret of success, it lies in the ability
to get the other person's point of view and see things
from that person's angle as well as from your own.

— ***Henry Ford***

一個能夠設身處地為他人著想、理解他人想法的人，
永遠不必擔憂自己將來的前途會如何。

—歐文 · 楊 · ***P.72***

People who can put themselves in the place of other people
who can understand the workings of their minds,
need never worry about what the future has in store for them.

— ***Owen D. Young***

PART 2
讓人喜歡你的6種方法

1 · 能使你處處受歡迎的做法

一個對週遭的人漠不關心的人，
他一生必然會遇到重重的困難，
同時還會為他人帶來非常大的傷害與困擾。
—阿爾弗雷德 · 阿德勒 · ***P.82***

It is the individual who is not interested in his fellow men
who has the greatest difficulties in life and provides
the greatest injury to others. It is from among such
individuals that all human failures spring.
— ***Alfred Adler***

別人對我們產生興趣的時候，
就是我們對他們產生興趣的時候。
—普布里烏斯 · 西羅斯 · ***P.92***

We are interested in others when they are interested in us.
— ***Publilius Syrus***

2．給人留下好印象的捷徑

一個人臉上流露出的表情，遠遠比穿著打扮要重要得多。

— ***P.95***

The expression one wears on one's face is far more important than the clothes one wears on one's back.

行動比語言更響亮。

— ***P.95***

Actions speak louder than words.

微笑遠比皺眉更能傳達情意。

— ***P.96***

There's far more information in a smile than a frown.

並沒有好與壞的區別，只是不同的想法使然。

—莎士比亞．***P.100***

There is nothing either good or bad, but thinking makes it so.

— *Shakespeare*

3．如果不這樣做，就是自找麻煩

人們是那樣的重視自己的名字，
以致於為了使自己的名字能夠流傳下去而願意付出任何代價。

— ***P.110***

People are so proud of their names that
they strive to perpetuate them at any cost.

良好的禮貌和舉止是需要一些小小的犧牲的。

—愛默生．***P.113***

Good manners, are made up of petty sacrifices.

— *Emerson*

一個人的名字對那個人來說是所有語言中最甜蜜、
最重要的聲音。

— ***P.114***

A person's name is to that person the sweetest and
most important sound in any language.

4．成為健談者的簡單訣竅

很少有人能夠抗拒那聚精會神之中所隱含的恭維。

—傑克·伍德福德·***P. 116***

Few human beings are proof against the implied flattery of rapt attention.

— *Jack Woodford*

商業往來的成功其實並沒有什麼神奇之處……
專心致志地聆聽對方和你所說的話是最重要的。
因為再也沒有比這更好的恭維了。

—查理斯·伊理亞特 ·***P.117***

There is no mystery about successful business intercourse. ...
Exclusive attention to the person who is speaking to you is very important. Nothing else is so flattering as that.

— *Charles W. Eliot*

許多人去諮詢心理醫生，
實際上他們所需要的不過是一個能靜靜傾聽的人。

—讀者文摘·***P.123***

Many people call a doctor when all they want is an audience.

— *Reader's Digest*

5．如何引發別人的興趣

深入人心的最佳途徑，
就是與他談論對他來說最重要的事物。

— ***P.126***

The royal road to person's heart is to talk
about the things he or she treasures most.

談論他人感興趣的話題，
交談的雙方都能夠從中得益。

— ***P.130***

Talking in terms of the other person's
interests pays off for both parties.

6．如何使人很快喜歡你

時常讓對方感覺到他是多麼受到重視。

— ***P.132***

Always make the other person feel important.

你希望別人怎樣對待你，就先怎樣去對待別人。

—耶穌．***P.133***

Do unto others as you would have others do unto you.

我所遇到的每一個人都有比我優秀的地方，
我就向他學習這些優秀之處。

—愛默生．***P.136***

Every man I meet is my superior in some way.
In that, I learn of him.

— *Emerson*

PART 3
如何贏得別人的認同

1．你不可能在爭辯中獲勝

天底下只有一種方法能夠贏得爭論，
那就是盡量避免爭論——就像躲避毒蛇和地震一樣。

— ***P.147***

There is only one way under high heaven to get
the best of an argument -- and that is to avoid it.
Avoid it as you would avoid rattlesnakes and earthquakes.

如果你熱衷於爭論，總想反駁別人，
或許你能贏得一時的勝利，但這勝利是短暫的、虛幻的，
因為你永遠也無法得到對方的一絲好感。

—班傑明．富蘭克林．***P.149***

If you argue and rankle and contradict, you may
achieve a victory sometimes; but it will be an empty
victory because you will never get your opponent's good will.

— *Ben Franklin*

2．必然招致敵人的方式，以及如何避免四處樹敵。

教導他人卻不能使他察覺，指出人所不知的事，
使他感覺那只是自己一時忘記的事情罷了。

—亞歷山大．蒲柏．*P.155*

Men must be taught as if you taught them not,
and things unknown proposed as things forgot.

— *Alexander Pope*

你沒辦法教會一個人任何事，你只能幫助他，
讓他自己找到事情解決的辦法。

—伽利略．*P.155*

You cannot teach a man anything;
you can only help him to find it within himself.

— *Galileo*

我只清楚地知道一件事，那就是我什麼也不知道。

—蘇格拉底．*P.156*

One thing only I know, and that is that I know nothing.

— *Socrates*

我替自己定了一條規矩，絕不直接反駁任何人的觀點，
也不對自己的見解做任何確定性的斷言。

—富蘭克林・**P.161**

I made it a rule, to forbear all direct contradiction to the sentiment of others, and all positive assertion of my own.

— ***Franklin***

我是以別人而不是自己的標準來判斷他們。

—馬丁・路德・金・**P.165**

I judge people by their own principles -- not by my own.

— ***Martin Luther King***

儘快向你的反對者表示贊同。

—耶穌・**P.165**

Agree with thine adversary quickly.

— ***Jesus***

3．勇於承認自己的錯誤

擁有承認自己錯誤的勇氣可以獲得某種滿足感。

—*P.171*

There is a certain degree of satisfaction
in having the courage to admit one's errors.

一個勇於承認自已過錯的人，
卻往往能夠得到人們的諒解，
使這個人超越眾人之上，
並且給人一種尊貴、高尚的感覺。

—*P.171*

It raises one above the herd and gives one a feeling
of nobility and exultation to admit one's mistakes.

爭鬥，你永遠無法獲得滿足。
謙讓，你的收穫遠比你所期望的更多。

—*P.175*

By fighting you never get enough,
but by yielding you get more than you expected.

4 · 從友善開始

用強迫的辦法是不能讓人改變看法、與你保持一致的。

— ***P.178***

People don't want to change their minds.
They can't be forced or driven to agree with you or me.

一滴蜂蜜比一加侖膽汁捉到的蒼蠅還要多。

— ***P.179***

A drop of honey catches more flies than a gallon of gall.

溫柔、友善的力量永遠比憤怒和暴力更為強大。

— ***P.183***

Gentleness and friendliness were
always stronger than fury and force.

5．蘇格拉底的秘訣

與人談話時，不要一開始就討論意見相左的事，
而應該先強調——並且不斷強調——
你們彼此都贊同的事。

— *P.186*

In talking with people, don't begin by discussing the things on which you differ. Being by emphasizing- and keep on emphasizing- the things on which you agree.

讓對方在一開始的時候就抱著肯定的態度是極為重要的。

— *P.186*

It is of the very greatest importance that a person be started in the affirmative direction.

只有從對方的觀點去看待事情，儘量讓對方回答『是，是。』，
你才能從中得到更多的樂趣和收獲。

— *P.190*

It is much more profitable and much more interesting to look at things from the other person's viewpoint and try to get that person saying"yes,yes."

6．處理抱怨的萬全之策

給別人一個暢所欲言的機會吧，
他對於自己的事情和問題，當然要比你知道得多。

— ***P.192***

Let the other people talk themselves out.
They know more about their business and problems than you do.

即使是我們的朋友，也寧可談論他們的成就，
而不是靜靜地聽我們誇耀自己。

— ***P.196***

Even our friends would much rather talk to us about their
achievements than listen to us boast about ours.

如果你希望四處樹敵，你就表現得比你的朋友出色；
但是，如果想結交更多的朋友，就讓你的朋友表現得比你出色。

—拉．羅謝佛德．***P.196***

If you want enemies, excel your friends;
but if you want friends, let your friends excel you.

— *La Rochefoucauld*

7．如何贏得他人的合作

如果只是提出竟見，讓別人自已去想出結論，
這不是一種更為明智的做法嗎？

—*P.198*

Isn't it wiser to make suggestions
and let the other person think out the conclusion?

沒有人喜歡被強迫著去買什麼東西，
或是被人命令去做某件事情。

—*P.199*

No one likes to feel that he or she is
being sold something or told to do a thing.

在天才所完成的每項作品中，
我們都能見到那些被我們自身所排斥的想法。
當這些想法再次出現在我們面前時，
卻都已經創造了偉大的奇蹟。

—拉爾夫．瓦爾多．愛默生．*P.201*

In every work of genius we recognize our own rejected thoughts;
they come back to us with a certain alienated majesty.

— *Ralph Waldo Emerson*

8．一個為你創造奇蹟的公式

我們應當真誠地站在對方的立場上看問題。

— ***P.204***

Try honestly to put yourself in his place.

你的為人處世能否成功，
全在於你能不能以同理心去了解和接納別人的觀點。

— ***P.204***

Success in dealing with people depends on a
sympathetic grasp of the other persons' viewpoint.

當你表現出把別人的觀點和感受看得如你自己的一樣重要時，
你和對方才能在談話中達成共識。

—吉羅德．尼倫柏格．***P.205***

Cooperativeness in conversation is achieved
when you show that you consider the other person's
ideas and feelings as important as your own.

— *Gerald S. Nirenberg*

9．每個人都需要的東西

我一點都不會責怪你有那樣的感受，
如果我是你的話，一定也會有同樣的感覺。

— ***P.210***

I don't blame you one iota for feeling as you do.
If I were you I would undoubtedly feel just as you do.

同情是人類的一種普遍訴求。

—亞瑟．蓋茲博士．***P.217***

Sympathy the human species universally craves.

— *Dr. Arthur I. Gates*

為真實或想像中的不幸而『自憐』，
其實是一種普遍的心理現象。

—亞瑟．蓋茲博士．***P.217***

"Self-pity"for misfortunes real or imaginary is in
some measure, practically a universal practice.

10．每個人都喜歡的訴求

一般人通常會去做一件事，出於兩種理由：
一種是聽起來不錯的，一種是真實的。

—皮爾龐特．摩根．***P.218***

A person usually has two reasons for doing a thing;
one that sounds good and a real one.

— *J. Pierpont Morgan*

要想改變一個人的意志，就需要訴諸一個高尚的動機。

— ***P.218***

In order to change people, appeal to the nobler motives.

相信人都是誠實的，都願意履行自己應盡的義務。

— ***P.223***

To assume that people are honest and
wanting to discharge their obligations.

11．電影、電視都那麼做，你何不試試呢？

這是一個戲劇化的時代，
僅只陳述真理還不夠，
你必須用吸引人的方法，
使真理更加生動、有趣也更富戲劇化地展現。

— ***P.224***

This is the day of dramatization.
Merely stating a truth isn't enough.
The truth has to be made vivid, interesting, dramatic.

你可以用戲劇化的方式來表現你的商業理念，
或是任何一件生活中出現的事物，
這其實非常容易。

— ***P.225***

You can dramatize your ideas in business or
in any other aspect of your life.
It's easy.

12 · 當你無計可施，不妨試試這個

要想圓滿地完成一件事，
其方法就是激起競爭。
我指的當然不是骯髒 、以賺錢為目的的競爭，
而是一種超越別人的慾望。

—查理斯 · 司華伯 · ***P.230***

The way to get things done is to stimulate competition.
I do not mean in a sordid, money-getting way,
but in the desire to excel.

— ***Charles Schwab***

超越別人的慾望和爭強好勝的心理，
這些都是對人最為有效的精神激勵。

— ***P.230***

The desire to excel !
The challenge!
Throwing down the gauntlet!
An infallible way of appealing to people of spirit.

只要是人都會恐懼，
但是勇者會克服恐懼勇往直前，
這樣做的結果或許是死亡，但更多的時候會是勝利。

— ***P.231***

All men have fears,
but the brave put down their fears and
go forward,
sometimes to death, but always to victory.

每一個成功者都熱愛競爭以及自我表現的機會，
熱衷於能夠顯示自我價值、
證明自己勝過別人比別人優越的機會。

— ***P.232***

That is what every successful person loves: the game.
The chance for self-expression.
The chance to prove his or her worth, to excel, to win.

競賽能夠滿足人們對超越、被重視感覺的渴望。

— ***P.232***

The desire to excel.
The desire for a feeling of importance.

PART 4
做一個領導者，如何贏得贊同

1．如果一定要批評，請從這裡開始

聽過別人對我們的稱讚以後，
即使再聽到一些令人不愉快的話，
也會比較容易接受。

— **P.236**

It is always easier to listen to unpleasant things
after we have heard some praise of our good points.

用讚美的方式開始，
就好像牙醫會先給病人打麻醉劑一樣。
病人的牙仍然要被鑽孔，
可是麻醉劑卻能減輕疼痛。

— **P.241**

Beginning with praise is like the dentist who
begins his work with Novocain.
The patient still gets a drilling, but the Novocain is pain-killing.

2．如何批評才不致招怨

對那些不願接受直接批評的敏感人們，
如果可以間接地使其注意到所犯的錯誤，
往往會收到非常神奇的效果。

— ***P.245***

Calling attention to one's mistakes indirectly works wonders with sensitive people who may resent bitterly any direct criticism.

3．先談你自己的錯誤

如果做出批評的人能先謙虛地承認自己也不是完美無缺的，
然後再去指出別人的錯誤，那麼批評也就比較容易讓人接受了。

— ***P.248***

It isn't nearly so difficult to listen to a recital of
your faults if the person criticizing begins
by humbly admitting that he, too, is far from impeccable.

承認自己的錯誤——即使它們還沒有得到改正，
也依然有助於幫助別人改變他的行為。

— ***P.250***

Admitting one's own mistakes -- even when one hasn't corrected them -- can help convince somebody to change his behavior.

4 · 沒有人喜歡被命令

粗暴無禮的命令會導致長時間的怨忿——
即便命令的初衷只是糾正一個極為明顯的錯誤。

— ***P.253***

Resentment caused by a brash order may last a long time-
even if the order was given to correct an obviously bad situation.

採用提問的方式不僅能使一個命令聽起來更順耳，
更能激發對方的創造力。

— ***P.253***

Asking questions not only makes an order more palatable;
it often stimulates the creativity of the persons whom you ask.

假如一個人能夠參與命令的決定過程，
那他接受命令的可能性自然也會更高。

— ***P.253***

People are more likely to accept an order if they have had a
part in the decision that caused the order to be issued.

5 · 顧全對方的面子

即使我們能肯定自己是對的，別人是錯的，
但是如果不顧全對方的面子，
就會嚴重傷害到對方的自尊。
— ***P.258***

Even if we are right and the other person is definitely wrong,
we only destory ego by causing someone to lose face.

我沒有權利說或做任何事去貶低他人的自尊。
我覺得他怎麼樣不重要，
重要的是他如何看待自己。
傷害他人的自尊是一種犯罪 。
—安東尼 · 聖埃克蘇佩里 · ***P.258***

I have no right to say or do anything that diminishes a
man in his own eyes. What matters is not what I think of him,
but what he thinks of himself.
Hurting a man in his dignity is a crime.
— ***Antoine de Saint-Exupéry***

6．如何激勵人們成功

即使別人僅是取得極微小的進步，
我們也不要吝惜讚美，
因為這樣可以激勵他不斷前進，做得更好。

— ***P.259***

Let us praise even the slightest improvement.
That inspires the other person to keep on improving.

讚美之於人的精神就像溫暖的太陽，
沒有它我們就不能開花和成長。
然而，大多數人卻只想給別人批評的寒風，
而吝惜給予讚美的暖陽。

—傑斯・賴爾・***P.259***

Praise is like sunlight to the warm human spirit;
we cannot flower and growing without it. And yet,
while most of us are only too ready to apply
to others the cold wind of criticism,
we are somehow reluctant to give
our fellow the warm sunshine of praise.

— ***Jess Lair***

每個人都喜歡聽讚美的話，只有具體的讚美才能讓人感受到誠意，
感受到那不是為了讓某人一時高興而說出的違心之論。

— ***P.263***

Everybody likes to be praised, but when praise is specific,
it comes across as sincere- not something the
other person may be saying just to make one feel good.

要記住，我們都渴望被認同和讚美，而且會盡其所能地去得到它。
但是，沒有人會喜歡那種言不由衷的阿諛奉承。

— ***P.263***

Remember, we all crave appreciation and recognition,
and will do almost anything to get it.
But nobody wants insincerity. Nobody wants flattery.

能力會因批評而萎縮，
卻會在讚美之下開出美麗的花朵。

— ***P.263***

Abilities wither under criticism;
they blossom under encouragement.

7 · 給人一個好名聲

對一般人來說，如果你能得到他的敬重，
並且也對他具有的某種能力表示敬重的話，
他就會很樂意接受你的領導。

—撒姆爾 · 華克萊 · ***P.266***

The average person can be led readily if
you have his or her respect and if you
show that you respect that person for some kind of ability.

— ***Samuel Vauclain***

如果你沒有某種美德，就假定你有。

—莎士比亞 · ***P.266***

Assume a virtue, if you have it not.

— ***Shakespeare***

給人一個美好的名譽，他就會盡其所能地去實現它，
而不願意使你感到失望。

— ***P.266***

Give the other people a fine reputation to live up to, and they
will make prodigious efforts rather than see you disillusioned.

8．使錯誤看起來容易改正

如果你告訴你的孩子、配偶或是下屬，
說他在某件事上的作法愚蠢至極，毫無天分，
他所做的事情完全不對，
那麼你等於是完全扼殺了他進取的動力。

— ***P.271***

Tell your child, your spouse, or your employee that he or she is stupid or dumb at a certain thing, has no gift for it, and is doing it all wrong, and you have destroyed almost every incentive to try to improve.

多用鼓勵，使別人的錯誤看起來更容易改正。

— ***P.274***

Use encouragement. Make the fault seem easy to correct.

9．使人們樂意做你建議的事

永遠使別人樂意去做你所建議的事。

— ***P.276***

Always make the other people happy
about doing the thing you suggest.

不要承諾那些無法辦到的事，要忘掉個人利益，
全心全意地為別人的利益著想。

— ***P.278***

Do not promise anything that you cannot deliver.
Forgot about the benefits to you and
concentrate on the benefits to the other person.

要時常自問什麼才是別人真正需要的。

— ***P.278***

Ask yourself what is the other person really wants.

PART 5
創造奇蹟的信件

我們每一個人都希望得到他人的欣賞和重視，
甚至到了會不顧一切，什麼事都願意做的地步。
但是，沒有人會想要不誠懇的、虛偽的諂媚。

— *P.292*

We all crave appreciation and recognition,
and will do almost anything to get it.
But nobody wants insincerity. Nobody wants flattery.

PART 6
使你的家庭更幸福的7種方法

1．不要自掘婚姻的墳墓

地獄中的魔鬼所發明種種毀滅愛情的惡毒手段中，
嘮叨是最可怕的一種，
就像眼鏡毒蛇一樣，一旦被咬就絕無生望。

— *P.295*

Of all the sure-fire, infernal devices ever invented
by all the devils in hell for destroying love,
nagging is the deadliest. It never fails.
Like the bite of the king cobra, it always destroys, always kills.

2．愛他，就給他自由

我一生或許會做出不少愚行，
可是我絕不打算為了愛情而結婚。
—迪斯雷利．***P.301***

I may commit many follies on life,
but I never intend to marry for love.
— *Disraeli*

我們與人交往應當學習的第一件事，
就是不要去干涉他人原本尋求快樂的特殊方法，
如果這種方法沒有對我們造成巨大妨礙的話。
—亨利．詹姆斯．***P.303***

The first thing to learn in intercourse with others is
noninterference with their own peculiar ways of being happy,
provided those ways do not assume to
interfere by violence with ours.
— *Henry James*

3・不要做無謂的批評

為什麼如此之多甜蜜浪漫的美夢，
會在結婚以後全部破滅呢？
其中一個重要原因，就是那些無用的、令人心碎的批評。

— ***P.305***

Why so many romantic dreams break up on the
rocks of Reno is criticism futile, heartbreaking criticism.

4・使每個人都快樂的方法

如果一個妻子想要從丈夫身上獲得歡愉，
那她一定要從他的欣賞和熱愛中尋找。
如果這些欣賞和熱愛是真誠的，
那麼丈夫也會從中得到快樂和幸福。

— ***P.308***

If a woman is to find happiness at all in her husband,
she is to find it in his appreciation and devotion.
If that appreciation and devotion is actual,
there is the answer to his happiness also.

5．對女人最有意義的事

這才是婚姻穩定持久的原因所在——一連串的細節。

—***P.311***

That's what marriage is in the
long run series of trivial incidents.

並非是失去的愛破壞了我的美好時光，
而是生活中的瑣事導致愛情的消亡。

—艾德娜．聖文森特．米萊．***P.311***

Tis not love's going hurts my days,
but that it went in little ways.

—***Edna St. Vincent Millay***

愛情正是由於那些細微的小事而被逐漸消磨殆盡的。

—***P.312***

You'd know love "went in little ways."

6．如果你想快樂，請不要忽略了這些

無禮和粗暴都會摧毀愛情的果實。

— *P.313*

Rudeness is the cancer that devours love.

有一件令人驚訝同時卻又千真萬確的事，
那就是只有我們自己的家人，
才會對我們說出刻薄、侮辱或是傷感情的話。

—迪克斯．*P.314*

It is an amazing but true thing that practically
the only people who ever say mean,
insulting, wounding things to
us are those of our own households.

— *Dorothy Dix*

禮貌，是存在於人類內心的一種特質，
它可以彌補園門破舊帶來的缺憾，
而使人專注於園內美麗的鮮花。

—亨利．克雷．雷森納．*P.314*

Courtesy is that quality of heart that overlooks
the broken gate and calls attention to the
flowers in the yard beyond the gate.

— Henry Clay Risner

只要在某個地方，有一個女人關心著
我是不是可以早點回家吃晚飯，
我寧願放棄我所有的天賦和一切作品。

—屠格涅夫．**P.315**

I would give up all my genius, and all my books,
if there were only some woman, somewhere,
who cared whether or not I came home late for dinner.

— Turgenev

與婚姻相比，出生只不過是人生中短暫的一幕，
甚至死亡也只是小事一樁。

—多羅西．迪克斯．**P.315**

Compared with marriage,
being born is a mere episode in our careers,
and dying a trivial incident.

— Dorothy Dix

7．不要做一個「婚姻的文盲」

性是人們所公認生活中一個最重要的問題，
而大多數婚姻的破裂也正是由性生活的矛盾引起的。

—約翰．沃特森． ***P.318***

Sex is admittedly the most important subject in life.
It is admittedly the thing which causes the
most ship-wrecks in the happiness of men and women.

— ***John B. Watson***

幸福的結合極少是完全聽憑機會的，
它們都要依靠人為的營造，而且必須是細心謹慎的選擇和計畫，
就好像建房子的建築師所做的那樣。

—布特費爾． ***P.319***

Happy marriages are rarely the product of chance:
they are architectural in that
they are intelligently and deliberately planned.

— ***Dr. Butterfield***

性，只是婚後生活中諸多快樂滿足的事項之一。
但是，必須先把這層關係調理順當，
否則其他什麼事都不用談了。

—布特費爾・***P.319***

Sex is but one of the many satisfactions in married life,
but unless this relationship is right,
nothing else can be right.

— *Dr. Butterfield*

礙於情面而在感情上保持緘默，
必須代之以客觀的討論，
以及對待婚姻生活的超然態度。

—布特費爾・***P.319***

Sentimental reticence must be replaced by
an ability to discuss objectively and with
detachment attitudes and practices of married life.

— *Dr. Butterfield*

人性的弱點/戴爾・卡內基著；盛世教育譯. -- 三版.
-- 臺北市：笛藤, 2023.05
面；　公分. -- (卡內基成功學經典)
譯自：How to win friends & influence people.
ISBN 978-957-710-894-4(平裝)

1.CST: 成功法 2.CST: 人際關係

177.2　　112005931

卡內基成功學經典

人性的弱點

附全文配樂朗讀線上音檔

How to Win Friends & Influence People

2024年7月19日　三版第2刷　定價380元

著　　者	戴爾・卡內基
翻　　譯	盛世教育
內頁設計	碼非創意
封面設計	王舒玗
總 編 輯	洪季楨
編輯企畫	笛藤出版
發 行 所	八方出版股份有限公司
發 行 人	林建仲
地　　址	台北市中山區長安東路二段171號3樓3室
電　　話	(02) 2777-3682
傳　　真	(02) 2777-3672
總 經 銷	聯合發行股份有限公司
地　　址	新北市新店區寶橋路235巷6弄6號2樓
電　　話	(02)2917-8022・(02)2917-8042
製 版 廠	造極彩色印刷製版股份有限公司
地　　址	新北市中和區中山路二段380巷7號1樓
電　　話	(02)2240-0333・(02)2248-3904
郵撥帳戶	八方出版股份有限公司
郵撥帳號	19809050